Stories of Social Workers

사회복지사를 꿈꾸는 그대에게

이홍직 엮음

신정

머리말

최근 한국에서는 사회의 여러 문제를 해결하고, 욕구를 충족시켜 궁극적으로 사회구성원의 삶의 질을 향상시키고자 하는 사회복지에 관한 관심이 점차 증대되고 있다. 이러한 사회복지에 대한 관심에 발맞춰 복지 관련 예산은 꾸준히 증가하고 있으며, 복지서비스를 제공하는 사회복지사의 수도 날로 증가하고 있는 추세이다.

이러한 사회복지에 대한 관심은 한국의 청소년들에게도 마찬가지인 것 같다. 청소년들에게 사회복지사는 가장 존경하고 선호하는 직업 중의 하나로 자리잡기 시작했으며, 이에 따라 대학을 비롯한 고등교육 기관에서도 이들의 관심을 충족시키기 위해 다양한 교육 프로그램을 마련하고 있다. 규모면에서도 이제 사회복지학 분야는 대학교 입학정원기준으로는 경제, 경영군 다음으로 많은 정원을 차지하는 전공분야가 되었다. 그러나 편집인이 그간 대학입시 면접과정에서 만난 많은 사회복지학 전공 지원자들은 사회를 위해 선행을 실천하고자 하는 의지는 있으나, 사회복지 분야나 학문으로서의 사회복지학에 대한 기본적인 이해는 물론, 교육과정과 자신의 미래를 어떻게 연계시켜 자신의 꿈을 실현할 것인가에 대한 구체적인 계획은 부족해 보였다.

대학의 일차적 역할이 취업준비를 지원하는 바는 아니지만, 실업이 중요한 사회문제로 부상하는 현 시점에서 대학이 마냥 고상한 학문의 전당으로서 노동시장에서 졸업생들이 감내할 아픔에 대해서

좌시할 수만은 없는 노릇이다. 즉 훌륭한 인성과 이를 바탕으로 한 우수한 인재의 양성을 도모하는 교육기관에서는 사회복지사를 꿈꾸는 학생들에게 사회복지학 관련 지식과 기술에 관한 논의와 더불어 사회복지사로서의 가치 함양이나 사회복지실천현장의 실제에 대한 이해를 도모하는 것이 매우 중요하리라 판단된다. 비록 기존의 교육기관에서 사회복지사로서의 소양이나 철학, 가치, 그리고 현장실습이라는 교과과정을 운영하고는 있으나, 이러한 과정이 학생들의 사회복지사로서의 진로에 대한 탐색과 준비를 하는데 있어서는 여전히 부족하다는 많은 현장실무자들의 지적에 공감하며, 일련의 보완의 노력이 필요하다는 생각을 하게 되었다.

이에 본 서는 사회복지현장에서 실무를 담당하고 있는 31인의 사회복지사들로 하여금, 본인의 직장(기관) 및 담당업무, 역할의 소개, 사회복지 전반 또는 직장/직무와 관련된 자신의 이력, 경력, 도움이 된 교육과정, 현장 실습, 그리고, 이들이 기대하는 바람직한 사회복지사 상 등 미래의 사회복지사를 꿈꾸는 후학들을 위한 당부의 말을 전달할 수 있는 기회를 제공한다는 차원에서 준비되었다.

본 서는 일선 신임 사회복지사에서부터 오랜 경륜을 지닌 최고관리자까지, 청소년복지, 학교사회사업, 노인복지, 장애인복지, 정신보건사회복지, 산업복지, 여성복지, 교정복지, 가족복지, 종합복지관, 재단, 이익단체·공공부문, 문화복지 부문 등 다양한 분야에서 종사하는 분들의 목소리를 가감없이 담고자 하였다.

본 서가 미래의 사회복지사를 준비하는 학생들에게는 역할모델과 멘토를 만나, 자신의 진로를 탐색하고 그에 따른 자신의 미래를 설계하고 준비하는데 도움이 되었으면 한다. 그리고 추후에는 바로

이 학생들이 자신의 경험을 이들의 후속세대에게 들려줄 수 있기를 기대한다. 아울러 개인의 이야기를 들려준 31인의 사회복지사들에게는 본 서의 발간이 자신의 지난날을 돌이켜보고, 초심을 점검하고, 재충전할 수 있는 기회가 되었으면 한다.

마지막으로 바쁜 일정에도 시간을 내어 자신의 이야기를 가감 없이 소개해 준 31인의 사회복지사들께 감사의 뜻을 전하며, 원고의 시종을 꼼꼼히 읽어가며 편집에 도움을 준 신나연 선생님, 엄지민 양, 양슬기 양, 김아영 양 그리고 본서의 출판에 관심을 가지고 원고를 기다려 주신 도서출판 신정에도 감사의 뜻을 전한다.

편집인 이 홍 직

차례

첫 번째 꿈: 청소년복지

사회복지사만의 향기가 있다

용인시청소년수련관 관장
백소영

사회복지학이 가슴에 와 닿는 데 걸리는 시간

조금은 창피한 사실을 고백부터 하자면 사실 난 소위 사회복지의 "사"자도 모른 채 사회복지학과에 입학했다. 한번 더 솔직하자면 복잡한 방정식이나 계산을 풀고 실험을 좋아하던 나로서는 사회복지학이 머릿속에 정착되기를 스스로 거부했을지도 모른다. 그러나 다행히 사회복지학이 가슴에 와 닿는 데는 시간이 그리 오래 걸리지 않았다.

인간행동발달과 심리학 등을 배우게 되면서 나를 돌보게 되었고, 또 내가 간과하고 지나가던 삶의 면면을 이해하는 데 도움이 되었다. 특히 항상 주변에 친구가 많아 이야기 나누는 것을 즐기던 나로서는 각 학자의 이론들, 인간관계 방법이나 기술 등을 실생활에 적용해 보면서 흥미를 느끼게 되었다.

그러나 각 복지영역별 정책, 법, 이론을 배우면서 때론 지루하고 어렵게 느껴지기도 했다. 80년대 후반 당시 사회에서 사회복지학은 열악한 사회적 조건에 그저 어려운 사람을 도와주는 직업을 준비하는 것으로만 인식되어 있던 터라 비전을 가지기엔 조금은 혼란스러웠던 것 같다.

더구나 당시 사회복지 시설방문이나 실습을 통해서 사회복지현장을 돌아볼 때면 정말 딜레마를 느끼지 않을 수 없었다.

대학을 졸업하면서 끊임없는 갈등 속에 뭔가 결정하지 못한 채 사회복지에 대해서 좀더 깊이있게 공부하고자 일반대학원에 진학, 학업을 이어나갔다.

조금은 전문가로서의 자긍심을 가지고, 졸업 후 첫발을 디뎠던 곳은 우리나라에서 꽤 유명한 변호사가 지역복지발전을 위해 만든 재단으로, 지역복지 직접서비스뿐 아니라 사회복지연구소를 함께 운영하는 곳이었다. 프로그램을 개발하고 지역 욕구를 조사하면서 직접 운영을 하는 것에 보람을 느끼며 일하던 중, 정치적 배후와 사회적 비리를 저지른 변호사가 개인의 사회적 실적을 드러내기 위해 시작한 사업임을 알게 되고서는 2년을 못 넘기고 자리를 떠났던 기억이 난다.

대상자의 삶의 행로를 바꿔주기도 하는 전문직으로서의 자긍심

지금처럼 결혼이나 임신으로 인한 출산휴가, 양육 등 여성 직장인들에 대해 관대하지 않았던 당시에는 여러 가지 제약이 많아 자리를 옮겨야 하는 경우도 많았다. 사회복지 중심인 협의회, 시설협회를 거쳐 노인복지관, 아동복지기관, 가정상담소, 노인전문기관, 사회복지재단 등을 거쳐 지금의 청소년수련관에 이르기까지 20여 년간 현장을 전전했던 기억도 추억으로 돌릴 만큼 시간이 흘러 사회복지의 패러다임까지 바뀐 시대가 되었다.

임신, 출산, 양육 등의 문제로 꾸준히 한 분야 직장에 머물 수 없었던 형편에 너무나 힘들었고 자신과 싸움에 지치기도 했었지만 지금 돌이켜보면 오히려 사회복지현장에서의 다양한 경험은 나에게 또 다른 소중한 삶의 일부였다.

각 영역에서 사회복지서비스가 점점 세분화되고 확대되면서 전문직으로 발전하는 만큼 우리에게도 더 많은 전문적 지식과 기술이 요구되었다. 흔히 사람들은 의사나 변호사가 전문직인지 의심하지 않는다. 우리는 어디가 아프면 그 분야의 유명한 병원과 전문의를 찾아가서 치료를 받기를 원한다. 전문직이라는 것은 서비스를 받는 대중이 판단하는 것이다.

우리가 접하게 되는 서비스 상대가 청소년이든, 장애인이든, 어르신이든 서비스 이용자가 어떤 사회복지사를 만나서 직접, 간접 서비스(상담, 경제적·물적 지원, 정서적 지원 등)를 받느냐에 따라서 대상자의 삶의 행로가 바뀔 수 있다고 생각하면 사회복지사의 전문성은 매우 중요하고 강조되어야 한다. 단, 여기서 우리가 먼저 기억할 것은 사회복지사로서의 자긍심일 것이다.

때때로 다른 분야에 비해서 열악한 근무환경과 사회적 인식 때문에 좌절하기도 하고 포기하고도 싶지만 우리에게는 술잔을 기울이며 서로를 위로하는 힘이 있다.

사회복지현장을 경험하는 것은 개인적 시각을 넓히는 기회

10여 년 전, 내가 실천 현장에 있을 때 기억되는데 사회복지현장에서도 paper work이 강화되고 기획과 평가제 등 행정이 강조되기 시작했다.

사회복지현장에서도 쟁점이 바뀌고 실천중심과 행정중심이 병행되면서 예전에 학교 커리큘럼에 없던 다양한 분야의 아이템과 과목도 등장하기 시작했다. 현장에 있으면서 학업의 필요성을 느껴 행정대학원 석사과정을 시작했다. 실천현장의 경험에 비춰 부족했던 부분들, 새로 관심을 키운 영역(기획, NGO, 후원, 조직관리 등)이 분명했었기 때문에 충분히 검토하고 원하는 학교프로그램에 진학했다.

현장에서 근무를 하면서 학업은 또 다른 시도였고 확실히 도움이 되었다. 뭔가 쓰임을 알고, 중요성과 필요성을 알고, 연구를 한다고 해야 할까? 그래서인지 행정과 경영, 조직관리, NGO 등 좀 더 다양한 분야를 공부하는 것이 흥미로웠고 개인적으로도 시각을 넓힐 수 있는 좋은 기회였다.

예전에는 복지관, 협회 등 현장을 전전할 땐 어려서 그저 무조건 경험하고 배우는 것에만 치중했다. 슈퍼비전이 옳던 그르든, 설령 무리한 지시를 받거나 갈등이 생길지라도 일단은 무조건 수용하고 경험한 후 스스로 깨닫는 것이 내 몫이라고 생각했다. 사실 사회를 경험한다는 것, 특히 사회복지현장을 경험한다는 것은 매우 중요하면서 어려운 일이다.

"하필 내가 왜?"라는 끊임없는 갈등 속에서 가슴으로 일하는 열정

정부 지원을 받지 못하는 NGO 민간단체에서 근무했을 때의 일이다. 국내에서 고령화사회 논의가 시작되기 바로 전 당시 법인 대표가 일본에서 이미 "치매"에 대해서 공부를 하면서 관련 사업의 필요성을 느끼고 우리나라에서 치매 관련 사회복지사업을 시작하셨다. 고령화사회를 맞이하는 우리나라 입장에서 분명하게 필요한 아이템이었고 누군가 시작을 해야 하는 일임은 분명한데 아직 민간에서나 정부에서조차 인식이 안 되어 있었다. 엄밀히 말하면 정부에서 미리 예측하고 대비하여 신경 쓸 여력이 없었다는 표현이 맞을 것이다.

다른 질병과 달리 치매는 환자의 고통이 문제가 아니라 보호자, 가족이 고통을 느껴 가족해체나 경제적 갈등 등 제2, 제3의 문제 발생 우려가 컸다. 우연히 치매 가족상담을 시작하여 그들의 문제 해결을 위해서 가족들을 대상으로 치매에 대한 올바른 인식과 교육은 물론 대처방법과 서포트 그룹 프로그램 등을 기획하면서 사업을 확대해 갔다.

물론 지금에서야 이렇게 편안히 얘기할 수 있는 것은 이미 고령화사회가 되고 장기요양보험제도가 시행되고 있고 거기에 따른 정부 시책이 마련되어 있는 시점이기 때문이라 생각한다. 무엇이든 항상 첫 세팅과 스타트가 힘든 법인데 더구나 힘없는 민간 사회복지 단체에서의 사업 시작은 순탄치만은 않았다. 먼저 사업을 위한 자금이 필요했다.

사회적으로 치매에 대한 인식조차 부각이 잘 되어 있지 않은 상황에서 각 기업과 사회복지 관련 지원단체를 직접 찾아가며 사업을 설명하고 스폰서를 구해야 했고 몇 명 안 되는 직원들과 직접 사업을 운영하면서 인건비도 스스로 해결해야 했다.

사업을 기획하고 아이템과 관련된 스폰서 리스트를 확인하여 전략을 세우고 방문해서 담당자에게 설명하고……. 후원처, 소위 높은 분들 앞에서 프레젠테이션 기회라도 얻게 되면 성공이었다. 때로는 사업비를 구하러 다니면서 '내가 왜 이렇게까지 돈을 구하러 다니면서 일을 해야 하나' 비참하다는 생각이 들었던 것도 사실이고 사회복지사업을 이렇게 어렵게까지 해야 하는가 하는 딜레마는 물론 사회적 인간관계 속에서 정말 지칠 때도 많았다. 그러나 분명했던 것은 누군가 이 일을 시작해야 하고, 고통받는 사람들에 대한 정부 시책의 필요성도 알려야 한다는 책임감이었다. 그러면서도 "하필 내가 왜?"라는 끊임없는 갈등 속에서 힘들어 하기도 했었다.

때론 매스컴을 통하여 사례를 소개하기도 하고 연구 작업을 통해서 자료화하기도 하였다. 한 민간단체에서 아주 작은 규모도 치매환자로 인한 가족들의 고통을 상담하면서 시작하게 되었던 치매사업은 추후 서울시에서 각 구마다 치매지원센터를 설립하고 의학계와 간호학계와 함께 통합시스템을 구축하는 데 밑바탕이 되는 자료를 제공할 수 있었다. 지금 생각해보면 과거의 경험들이 모두 오늘의 실천 주춧돌이 되어준 것 같다.

사회복지는 머리로 하는 것이 아니라 가슴으로 하는 것이 맞다. 사람이 직장생활을 할 때 세 가지 중 하나만 만족하면 버틸 수 있다고 한다. 내가 하는 일이 좋든지, 함께 하는 사람들이 좋든지, 아니면 돈을 많이 벌 수 있든지. 물론 사람마다 각기 다른 가치관으로 직업을 선택하겠지만 사회복지는 진정 가슴으로 하지 않고서는 스스로 견뎌내지 못할 것이다. 사람을 상대로 하는 일이라 바쁘고 티도 안 나고 여유도 없고 쳇바퀴 돌듯이 정해진 프로그램에 따라 맡은 업무만 진행하게 되어 매너리즘에 빠지기도 쉽다. 일을 만들면 만들수록 바쁠 수 있고 한편으로 자칫 아무 생각 없이 정해진 일만 진행하면서 지내면 그야말로 쉬울 수도 있는 것이 사회복지현장 일 수 있다.

사람을 좋아하고, 소통하고 공유하는 것을 즐기고, 삶의 변화를 시도하는 일

스스로 노력하지 않고서는 절대 성장할 수 없는 시대에 사회복지 현장 또한 마찬가지로 저절로 이루어지는 것은 없다고 생각한다. 전문가로서의 자질을 구비하기 위해서는 시대 흐름에 맞게 끊임없이 학습해야 하고 정보도 교류해야 하며 다양한 시각에서 사회를 바라보아야 할 것이다.

얼마 전 사회복지공무원들의 연이은 자살소식으로 사회복지계가 또다시 어수선하다. 열악한 사회복지사들의 근무환경과 과다업무는 어제오늘 나온 얘기가 아니다. 그럼에도 불구하고 지금도 현장에서 대상자를 위해서 끊임없이 서비스를 제공하고 연구하는 사회복지사들이 있다.

난 현장에서 있으면서 조금 늦게 내가 가지고 있는 잠재력을 깨닫게 되었다. 사람을 좋아하고 소통하는 것을 즐기고 공유하는 나로서는 사회복지사의 기본 성향이 맞았던 것 같다. 경력을 쌓아가면서 뜻밖의 발생상황에 대한 대처방법이나 인간관계기술은 교과서에서 얻었다기보다는 현장 삶 자체에서의 터득이었다. 결국 그것이 내 자산이 된 것이다. 삶에서 사람을 상대로 변화를 시도한다는 것은 큰 의미가 있는 일이다.

삶에 적용하여 인생을 가치 있게 살아가는 데 충분한 지침이 되는 학문

사람이 살면서 각자 의미를 두는 가치가 다르겠지만, 사회복지학을 전공하고 선택한 사람들에게 자신 있게 말하고 싶다. 사회복지학은 삶에 다양하게 적용하여 삶을 가치 있게 살아가는 데 충분한 지침이 될 수 있는, 그리고 사회를 변화시키는 학문이라고 말이다.

어떤 분야든 현실에서의 제한, 딜레마 등은 존재하리라 생각한다. 자신의 소신을 지키고 근본적인 인간 愛의 마인드로 자신의 자리는 스스로가 만드는 것이다. 열정을 가지고 도전하면서 개척해 나간다면 개혁할 만한 충분한 가치가 있고 비전을 가질 수 있다는 것이다.

세상을 바꾸는 가슴에서 우러나오는 사회복지사의 향기

사람이 마흔이 넘으면 자기 얼굴에 그 삶이 묻어난다고 한다. 그만큼 자신의 얼굴에 책임을 져야 한다고 한다. 주변 현장의 사회복지사들을 보면 사회복지사들만의 향기가 있다는 생각을 한다. 그 향기는 하루아침에 배어나오는 것이 아니다. 삶의 시간 속에서, 가슴에서 우러나오는 것이다. 지금도 많은 학교에서 또는 사회에서 진정한 사회복지사를 꿈꾸고 있는 후배들에게 이 향기가 전달되었으면 좋겠다. 그리고 난 지금도 믿는다. 이런 향기가 세상을 바꿀 수 있다고.

백두산 천지의 물이 동쪽으로 흐를까, 서쪽으로 흐를까

전 서울시 서울청소년수련관 관장
정찬희

오늘 나의 선택은 무엇을 근거로 하여야 할 것인가

청소년기는 흔히들 질풍노도의 시기라고도 하고 주변인의 시기라고도 불린다. 내면적으로 보면 아동기에서 성인기로 넘어가는 중간 시기로 자신의 정체성에 대한 갈등이 첨예화 되어 앞으로 살아갈 자신의 길을 격정적으로 모색한다는 것을 말하는 것이다. 외부적으로는 자신의 내적 변화에도 불구하고 아동에도 기성세대에도 잘 어울리지 못하는, 그래서 소속이 어정쩡한 주변인의 상태인 것이다.

그러나 안정적으로 보이는 기성세대들에게도 인생이라는 긴 시간에서 보면 자신의 정체성이 안정적으로 확립된 시간은 없는 것인지도 모른다. 늘 자신의 결정에 대해 고민을 거듭하면서 무언가를 선택하고 그 결정의 결과물에 대해 때론 환호하고 때론 좌절하는 것이 우리들의 인생인 것이다.

백두산 천지에 담긴 물이 동쪽으로 흐르면 두만강이 되고 서쪽으로 흐르면 압록강이 된다. 그런 흐름을 오늘 당장에 미리 다 알고 결정하는 것은 사실상 불가능하지 않은가? 그렇다면 오늘 나의 선택은 무엇을 근거로 하여야 할 것인가?

전자공학 전공자가 청소년계에서 시작한 사회생활

대학을 입학하고 나 역시 혼란스러운 시기에 놓여 있었다. 입학 후 선배들은 신입생 환영회에서 술잔을 들어 건배를 하며 대학의 봄, 민주화 된 대학에서 대학생활을 하게 된 신입생들을 축하해 주었지만, 신학기 초부터 시위로 인해 교정엔 최류탄과 이에 대항하는 화염병이 난무하는 시간이 이어졌고, 곧 광주 5 · 18이 발생하고 휴교령이 떨어져 그 첫 학기는 그것으로 끝이었다.

2학기부터 학사일정은 다시 시작되었지만 연일 시위와 최류탄, 화염병, 경찰 병력의 교내 진입 등으로 학교는 어지러웠고 군사 훈련 반대 시위가 이어지기도 했다. 고민과 갈등을 피해 군 복무를 마치고 돌아온 학교도 여전히 시대의 갈등을 홍역처럼 앓고 있었다. 우리 부모 세대들이 6 · 25의 와중에서 인생을 디디고 일어났다면 우리는 민주화 시기에 그 과제를 온 몸으로 겪으며 시간을 보냈다고 할 수 있다. 흔히 386세대라고 불리운 우리는 우리나라의 모든 문제를 나의 문제라고 여기며 그 해답을 찾고자 지냈던 것 같다. 그래서 우리는 많이 무겁고 너무 진지하게 많은 토론, 주장을 했는지도 모르겠다. 거기에 비하면 지금의 대학생들은 훨씬 가볍고 경쾌하며 유머러스하고 자유분방하며 타자에 대해 관용적이라 생각된다. 각 시대마다 그 시대를 내면화하면서 청소년들은 자라난다.

그 시절은 내가 전공했던 전자공학과가 취업이 잘되어 그래도 잘 나가던 때였다. 군을 제대하고 복학한 우리과 동기들은 반도체를 집중 육성하기 시작한 시기에 다들 S전자, L전자, H전자 등 대기업에 취업하거나 통신공사 등에 취업을 해 사회에 첫발을 내디뎠다. 나만 유독 당시로선 직업군으로 분류되지도 않던 청소년계에 발을 들여놓고 사회생활을 시작하였다.

주어진 업무와 일의 정체성에 대해 고민했던 청소년들과 함께한 행복한 시절

대학을 입학한 후 천주교 신자였던 나는 주일학교 교사를 하게 되었으며 이를 계기로 신앙생활과 주일학교 활동에 전념(?)하였다. 어찌 보면 주일학교가 전공 같고 전자공학은 부전공같이 지냈으니 말이다. 그건 사회의 어두움에 대한 도피이기도 하고 대학생에 대한 사회적 억압으로 인한 자연스런 대안이었는지도 모르겠다. 하여튼 성당의 초·중고등부 청소년들과 함께 하는 시간이 좋았다. 그러던 차에 졸업 무렵 서울시에서 지금의 보라매공원 자리에 청소년회관을 개관하였는데, 청소년 업무를 한다는 것이 좋아 일을 시작하게 되었다.

사실 면접을 보고 취업이 되었을 당시에도 내가 하는 일이 정확히 무슨 일인지 모른 채 나의 사회생활은 시작되었다. 졸업을 앞둔 86년 12월부터 취직이 되어 일을 하게 된 것에 그저 만족하고 있었다. 또 같이 시작한 직원들 대부분이 비슷한 시기에 대학을 졸업한 또래이다 보니 퇴근 후에 몰려다니면서 즐거운 시간을 보냈다.

당시 보라매청소년회관의 주 기능은 독서실 운영이었다. 정부에서 과외와 학원을 금지한 시절이라 입시 준비를 위해서 갈 만한 곳이 독서실 밖에 없었으며 도서관에 들어가기 위해 새벽 4시부터 입구에 길게 줄을 서야 했다. 서울시에서 이에 대한 정책적 대응으로 공군 사관학교가 옮겨간 후 기숙사의 내부 시설을 변경해 2,500석의 독서실과 음악 감상, 동아리 활동 등 프로그램을 할 수 있는 시설 그리고 식당 등을 설치해 개관하였다. 시기적절한 개관으로 큰 호응을 얻으며 출발했고 독서실은 새벽 4~5시부터 줄을 서며 기다리기 시작해 6시부터 입실을 시작하면 일렬로 입장한 후 매진되는 것이 일상이었다.

나도 처음에는 독서실 파트에서 일을 시작하였다. 그러나 대학을 졸업한 직원이 독서실 내에서 할 수 있는 일은 별로 없었다. 다들 자신의 학업을 위해 공부하고 있는데 직원인 내가 할 수 있는 일이라곤 그저 시끄럽게 떠드는 이용자들에게 조용히 하라고 하는 정숙지도나 좌석 안내 정도였다.

주일 학교 교사를 할 때는 수업이 끝나기만 하면 성당으로 달려가 교리수업을 준비하고 다른 주일학교 교사들과 수다를 떨고 주일학교가 끝난 후 어쩌다 신부님이 자장면이라도 사주시면 그것만으로도 즐거웠다. 청소년들과의 만남이 좋고 즐거워 청소년 회관 직원으로 입사했는데, 월급도 생각했던 것과는 달리 만족스럽지 못했다.

청소년을 대하고 있지만 그들에게 해줄 수 있는 일이 없던 나는 그렇게 내 일에 대해 회의적인 고민을 하게 되었다. 내가 학부에서 전공했던 '전자 밥'을 먹으러 전자업계로 가야 하는 것은 아닌가? 이 고민은 이후 3년 정도 내 안에 또아리를 틀고 내 업무에 일의 정체성에 대해 질문을 던지고는 했다.

입사 후 6개월쯤 지난 87년 6월경에 인사이동이 있어서 독서실 지도 업무를 하던 나는 프로그램 부서인 기획과로 발령을 받았다. 동아리 활동을 지도하고 음악 감상실을 운영하는 등 청소년과 활동하면서 의미 있는 만남을 할 수 있는 곳으로 자리를 옮긴 것이다. 신나는 일이었다. 30～40명의 직원 중 프로그램 부서에 직원은 4～5명이 전부였다. 청소년을 위한 프로그램 예산도 너무 적었다. 서울시에서 청소년 회관을 개관한 것은 독서실 운영에 초점이 맞추어져 있었으니 프로그램에 대한 이해가 적어 프로그램 예산 편성이 쉽지 않았다. 프로그램은 진행해야 하는데 시설과 예산이 부족하다 보니 그 부족함을 매우는 것은 우리 직원들의 열정뿐이었다.

큰나무동 2층(청소년 회관 건물은 총 6동이었는데 남자 독서실은 '탐구동', 여자 독서실은 '지혜동' 중학생 독서실은 '슬기동'이었으며 프로그램 시설과 식당이 있는 건물이 '큰나무동'이었다. 큰 나무가 있는 숲의 이미지에서 방 명칭을 햇순자리, 샘물자리, 줄기자리 등으로 지었다. 당시로서는 건물 명칭도 인상적인 표현이었다) 음악 감상실에서는 저녁 식사 시간에 맞춰 음악을 틀어 주었는데 LP와 카세트 테이프로 당시의 가요를 틀어 주었다. 당시 음악을 신청하면 틀어 주는 음악다방을 흉내내서 운영한 것인데 음반을 구입할 비용은 모자라고 새로운 대중가요는 계속 나오니 새 곡을 라디오에서 카세트테이프에 녹음해 틀어 주었다. 그러니 방송에서 DJ가 노래의 앞부분에 말한 대사도 같이 녹음대기도 했다. 지금처럼 개인이 mp3를 듣는 것에 비하면 하늘과 땅 차이지만, 이용자들도 심히 탓하지 않고 들어주었다.

연극반 동아리 아이들이 한 학기 동안 준비한 작품을 무대에 올릴 공연장은 공군사관학교에서 교회로 사용하던 건물이었다. 관람석과 설교단의 높이 차이가 없는 평평한 무대에 마땅한 조명까지 없어 빌려 새로 설치해야 했다. 공연 전에 펀치며, 롱 핀이며 하는 조명을 빌려다가 교회의 천장을 기어다니며 밤늦도록 설치해 가면서 겨우겨우 공연을 했던 기억이 난다. 관람석은 철제 의자를 놓고 보는데 무대가 낮아서 배우가 낮은 자세를 취하거나 엎드리면 보이지 않았다. 그렇게 청소년 회관 초창기에는 많이 부족한 시설에서 프로그램을 진행했다.

그래도 우리는 행복했다. 청소년들과 함께 동아리실과 사무실이 구분이 없는 프로그램을 했다. 청소년들은 방과후에 혹은 토요일이나 일요일 회관에 오면 기획과 사무실에서 기타를 들고 같이 노래하고 웃고 즐기다 가위 바위 보로 자장면 내기를 하곤 했다. 여름이면 내가 기획한 행군 캠프도 떠나고 기관지인 〈보람에……〉도 발행하였다.

보라매청소년회관이 정책적으로 성공한 후에 문래청소년회관과 목동청소년회관이 연차적으로 개관하였다. 목동아파트 단지는 '86 아시안 게임'과 '88 올림픽'을 준비하면서 서울시 주거 환경 개선을 위해 조성한 곳이다. 젊은 세대들이 많이 입주를 한 곳인 데다가 당시로서는 마땅한 문화 시설이 없던 터라 목동청소년회관 수영장 회원권 구입하기가 하늘에 별따기였다. 매월 신규 회원 등록 때면 회원권 구입을 할 수 있게 해달라는 민원이 서울시에 제기되곤 했다. 서울시 입장에서는 연속 홈런을 친 셈이었다. 그러나 목동 청소년 회관은 청소년 시설에 수영장을 만들면 운영비는 자체 조달이 가능하다는 모델 사례가 되었다. 그 이후 수영장을 설치한 시설은 사회적으로 볼링, 골프, 등산 등 다양한 레저 문화가 대두되면서 점점 더 많은 유지 보수비용으로 운영에 걸림돌이 되고 말았다.

서울시에서 이렇게 청소년 회관들을 지어갈 무렵 국가적으로 '88 올림픽'이 끝났다. 업무 영역이 축소된 체육부에서 청소년업무를 이

관해서 '체육청소년부'로 개칭하면서 중앙부서에 처음으로 청소년 명칭이 들어가게 되었다. 87년 제정된 청소년 육성법이 91년에 '청소년 기본법'으로 정비되면서 청소년 지도사, 청소년 시설, 프로그램(수련거리) 등에 대한 법률적 정의와 그 제공, 설치에 관한 정책적 준거들이 확립되면서 청소년에 대한 국가적 기준이 정비되었다.

신입 시절 자신의 입사 초기 생활경험을 비망록에 잘 적어 두라

나는 청소년이 좋아서 뛰어다니며 프로그램을 진행하다가 5~6년이 지나면서 내가 지도하던 중고생들과의 격차를 느끼게 되었다. 90년대 초반 당시 랩이 처음으로 유행하게 되었을 때 잘 들리지도 않고 따라하는 것은 거의 불가능에 가까운 나를 발견한 것이었다. 프로그램 부서에서 일하는 것이 너무 재미있던 나는 과장 자리가 비어 승진을 하게 되었을 때도 선뜻 받아들이려 하지 않았었다. 그러나 청소년들과의 격차를 느낀 후 현장의 지도자보다는 다른 업무로 청소년들과 함께하는 것이 좋겠다는 생각에 열람지도과장으로 승진하게 되었다.

그때쯤 내게 스스로 묻던 나의 일과 정체성에 대한 질문이 내외부적으로 정리되었다. 토・일요일이 바쁜 나는 기업체에 근무하던 대학 동창들과 만남이 어려워지면서 자연스럽게 그들과 연락이 줄게 되었고 어쩌다 만나도 대화의 주제에서 공통성을 찾기 어렵게 되었다. 전자용어를 사용하는 대학 동창들과 청소년복지와 인간에 대한 이야기는 서로 궤가 달랐다. 나도 3년간의 정체성 갈등에서 벗어나 천사 옷을 돌려 줘도 하늘로 오르지 못하게 된 선녀처럼 청소년업으로 일생을 지내리라고 마음의 정리가 되었다. 그건 아마 평생을 소리쳐도 아침을 맞이하지는 못하지만 새벽을 외치는 소리가 되어야겠다는 자성이었다. 나는 이후 시설장이 되어 신입 직원을 선발하게 되었을 때 그 직원에게 내 신입시절의 기억에 비추어 신입 시절 자신의 입사 초기 생활경험을 비망록에 잘 적어 두라고 이야기 하곤 했다. 기관에 흡수되어 자신만의 고유한 색깔이 없어질 무렵 자신의 비망록을 꺼내 한번 읽어 보고 초심을 잊지 말라고…….

'나'를 중심으로 생각하는 사람과 "회사"를 중심으로 답변하는 사람

청소년 기본법에 의해 국가에서 청소년 지도사 과정을 시행할 때 현장 지도자인 나는 한 달간의 직무연수와 시험으로 구성된 특별과정으로 1급 국가 자격을 취득하였다. 지금은 청소년 학과를 졸업하고 2급 자격을 취득한 후 3년의 실무 경험을 갖춰야 응시 자격이 주어지는 것에 비하면 엄청난 특혜인 셈이다. 그러나 어찌하랴. 청소년 기본법이 제정되기도 전에 청소년 업무에 종사한 사람들을 흡수하지 않고는 제도의 운영이 어려운 것을.

요즘 대학을 졸업한 회사 초년생들을 보면 대게 안정적이고 정리가 잘 되어 있는 회사에 입사해서 편안하게 일을 하고 싶어 한다. 너무 당연하고 맞는 말이지만 개인의 노력과 능력이 시스템을 뛰어넘기가 어려워진 시대이다. 모든 시대는 그 시대의 과제를 안고 것 같다.

시설장인 나는 신입직원을 선발하는 면접에서 묻곤 했다. "내가 임의적으로 급여를 줄 수 있다면 본인은 얼마를 받고 싶으며 그리고 그 이유는 무엇인가?" 답변은 대체적으로 두 가지로 나뉘어졌다.

'나'를 중심으로 생각하는 사람과 "회사"를 중심으로 답변하는 사람이다. '내'가 중심이 되는 사람은 대체로 250만 원가량 받았으면 좋겠고, 저축과 영어 회화 등 약간의 자기계발과 생활을 위해 그 정도 필요하다는 것이다. "회사"가 중심이 되는 사람은 내가 250만 원가량 받을 수 있을 것 같은데 그 이유는 자신이 맡은 업무에서 그 정도의 업무 수행과 실적을 낼 것이므로 회사는 그 정도를 지급해야 한다는 것이다. 자! 당신이 시설장이면 어느 사람을 뽑을 것인가?

사회인이 된다는 것은 어른이 되어 책임을 진다는 말이다. 지금까지 나를 위해서 누군가가 무엇인가를 해주는 입장이었다면 이제는 내가 책임을 지고 나의 일을 하여 그에 대한 대가로 무엇인가를 얻는 것이다. 그것으로 나의 생활을 이루어 가는 것이 자율적이고 성숙한 자세이다.

내가 지내 온 시간들을 되돌아보니 그저 좋아만 한다고 선택한 일을 고민하게 되고 성취하다 보니 어느덧 내게 이런 저런 것들이 주어진 것이었다. 그건 아마 지금의 많은 선배들이 하나같이 간 길이리라 생각된다. 내가 대학을 졸업할 시절에는 졸업생을 대상으로 대기업 인사 책임자들이 학교 대강당에서 채용설명회를 열었는데 그 설명회에 온 강사 중 한 분이 우리에게 말했다. 그 당시 대학에는 부를 성취하고픈 욕망과 부도덕한 성취에 적대감을 가지는 갈등으로 만연해 있었다. "동네에 세워둔 차량을 못으로 긁고 가는 그런 일을 하지 마라. 우리도 중동의 뜨거운 사막 속에서 힘들게 일하며 오늘의 부를 일구어 지금에 이르게 된 것이다."

선택의 불안정성이 우리의 현실, 내면의 갈등에 대해 진지하게 묻고 선택

안정적이고 싶지만 지루하고 왜소해 보이고, 나를 표현하고 싶지만 한편으로는 불안하고 준비가 안돼서 선뜻 결정하기 어려운 선택의 불안정성이 우리의 현실이리라. 이 양가적인 내면의 갈등에 대해 진지하게 묻고 선택해 나가는 것이 오늘날 우리가 살아가는 정직한 모습이라고 나는 생각한다.

이후 나는 보라매청소년회관에서 열람지도과장에서 총무과장으로 그리고 총무부장으로 고속 승진을 하며 안주하게 된다. 보라매청소년수련관(청소년 기본법에 의해 '회관'은 '수련관'으로 명칭을 변경하였다)에서 만 13년을 근무하고 용인에 위치한 부랑인 시설인 '영보자애원'으로 이직하게 된다. 개인적으로 총무부장이 되고 특별한 사정이 없으면 그곳에서 정년을 맞이하고픈 게 나의 욕심이었으나 국가적으로 IMF라는 큰 위기를 겪으며 개인의 신상에 큰 변화를 맞게 된다. 나뿐만이 아니라 많은 사람들이 개인적인 불찰이 아닌 국가적인 격변으로 큰 어려움을 겪었다. 이후 나는 후배들에게 책의 내용을 소개하곤 한다. 성에 불이나 그 불을 끄느라 연못의 물을 다 써버리는 바람에 태평한 연못 속 물고기는 말라 죽게 되었다는 내용이다. 돌이켜 보니 개인의 의사와는 무관하게 국제적으로 혹은 국가 사회적으로 10년 내외의 주기로 정치 경제적인 환경들이 변화하여 개인에게 크게 영향을 미친다는 것을 알게 되었다. 그 주기가 점점 짧아지면서 우리는 미래에 대한 불안감과 그로 인해 끊임없이 자기를 다그치는 '피로사회'에서 살게 되었다.

청소년과 함께하는 일은 IMF와 같은 경제적 변화와 무관할 줄 알았던 나는 인원을 감원해야 하는 불편한 상황과 개인적인 어려움을 피해 영보자애원으로 옮겨 근무하게 되었다. 입사 후 줄곧 서울에서만 생활했던 내게는 위기일 수도 있었다. 그러나 영보자애원 사무국장으로 지낸 4년간의 시간은 보라매청소년수련관에서의 업무 스트레스를 해소하고 내면을 치유할 좋은 기회가 되었으며 내적 부족함을 충전하는 시간이 되었다. 어리고 훈련되지 못한 채 총무부장의 업무를 수행하는 것 자체가 내겐 무리였던 것을 많은 시간이 지난 후에야 알았다. 그때 나의 부족함으로 인해 나와 다투거나 상처를 받은 많은 동료 직원들에게 지금도 미안한 마음이 든다. 그후 나는 '무식이 용감'이라는 견해를 유지하고 가능하면 들끓기보다는 평형을 유지하려고 조심하게 되었다.

'왜'라는 질문에 대한 해결 방법을 제공한 사회복지

사회복지시설인 영보자애원에 근무하면서 사회복지대학원을 졸업해 사회복지사 자격을 획득하게 되었다. 이 시기가 내게 영속적인 변화의 주요 변곡점이 되었다. 비전공 청소년 지도자가 사회복지에 눈을 뜨게 된 것이다. 사회복지는 내게 '왜'라는 질문에 대한 적절한 해결 방법을 주었고 자신의 질문을 유지하고 다듬는 틀을 제공했다. 내게 '시립영보자애원'은 평화롭고 안정적이었다.

성동청소년수련관을 서울교구에서 수탁하면서, 청소년수련관 초기 세팅을 할 인원을 물색하던 중 내게 연락이 왔다. 나는 2003년 11월부터 운영부장으로 성동수련관 초기 세팅을 하면서 약 3년간의 시간을 보냈다. 당시 기억나는 주요 이슈는 서울시장이 '시립청소년수련관'을 주민 접근성과 재정적 자립 등을 이유로 구로 이관하는 문제였다. 시립 수련관장과 직원들은 구 재정 자립도의 취약함과 기초 단체의 운영 조직에 대한 관료적 방식 등을 이유로 반대했다. 그러나 조례 개정이 이루어지면서 몇몇 청소년수련관은 구로 이관되었다. 도시관리공단에서 위탁해 운영하는 방식인데, 시에서 위탁 사업장을 선정해 운영하는 것에 비해 청소년사업이 활발하고 바람직한 방향으로 운영되고 있지 못해 서울시에서는 본연의 사업이 잘 진행되도록 독려하고 있다.

성동수련관은 수영장을 가지고 있는 자립형 청소년수련관인데 기관 운영에 어려움이 컸다. 자립형 수련관에 대한 서울시의 예산 지원이 매우 적어 예산의 대부분을 자체적으로 충당해야만 했다. 그러다 보니 시설장 입장에서는 매월 세입과 세출에 신경을 쓰느라 청소년 사업에 집중하기가 어려운 게 현실이었다.

교육은 백년대계로 미래에 우리 사회의 구성원을 개발하고 양성하는 데 국가가 책임져야 한다는 취지도 무상보육에 대한 사회적 합의가 정치권을 중심으로 타협이 되고 있는 반면 청소년의 건전 육성과 보호에 대해서는 아직까지 범국가적인 합의가 이루어지지 않고 있다. 서울시에서 예산을 편성해 나갈 때 청소년에 대한 예산 편성은 늘 순위에서 밀렸다. 예산 부족으로 프로그램이 새롭게 개발되지 못하고 직원의 처우도 변변하지 못하였다. 이는 지금의 성남청소년육성재단이나 수원, 용인 등의 청소년재단이 설립되고 출발할 때 서울의 청소년 기관 직원들이 유출되는 상황을 발생하게 하였다.

청소년의 자살이나 폭력 등의 문제가 발생하면 일시적으로 갖는 뉴스나 가십 정도의 관심으로는 청소년의 건전 육성은 쉽지 않다.

특히 요즈음 우리 사회는 주입식 교육 시대에서 창의적이고 창발적인 개인이 필요한 사회로 이행 중인데 이를 양성할 방법이 청소년 진로교육, 핵심역량 강화 등이다.

청소년은 늘 질풍노도의 시기이고 주변인의 시대이다. 그건 아마도 청소년을 바라보는 시선이 기성세대이기 때문이리라. 자기 자신에 대해 자신보다 더 진지하게 고민하는 사람은 없다. 그렇기 때문에 청소년이 결정하는 자신들의 결정은 늘 타당성을 갖는다고 생각한다. 기성세대는 새로움을 창의적으로 발휘하는데 방어적이고 보수적이다. 그렇기 때문에 청소년들은 그 어두움을 감지하고 자살하거나 폭력을 일삼는 등 퇴행적이 되기도 한다. 청소년들은 기성세대에 대해 몸으로 대항하는 것이라 생각한다.

너무 멋진 선배들은 아웃. 그냥 내가 실수할 수 있게 해주세요

한때 우리 사회는 가수를 딴따라라고 비하했다. 그러나 지금 조용필이나 서태지, 김장훈, 싸이, 악동뮤지션 등은 선망의 대상이다. 그들이 선망의 대상이 된 것은 순전히 청소년들의 몫이라 할 수 있다. 조용필은 득음을 위해 양동이를 쓰고 노래를 부르며 자신을 다듬었고, 서태지의 Come back home은 가출 청소년을 집으로 돌아가게 했으며, 완전히 새가 되었던 싸이는 빌보드 2위에 오르며 맹위를 떨치고, 악동 뮤지션은 기존 교육을 비웃듯 홈스쿨링으로도 창의적 음악을, 그리고 어려움 속에서도 끊임없이 기부를 하는 김장훈은 우리 마음을 흔들어 놓았다.

바다 속의 지형을 다 안다면 목숨을 걸고 심해로 잠수하는 잠수부는 없을 것이다. 그 심해를 수면 위의 사람들에게 보고하는 것은 노련하고 잘 숙련된 사람들이다. 그들은 나름 사회적으로 높은 위치에 있는 사람들이라 사회생활을 처음 시작하는 초년생에게는 너무 먼 이상형처럼 보일 수 있다. 그러나 그러한 리포트를 계속 보내는 사람은 아마도 첫 잠수의 설렘과 약간의 두려움을 가진 잠수부일 것이다.

송창식의 노래 속 가사처럼 맨 처음 고백은 너무도 힘이 든다. 그렇지만 자신을 믿자. '죄송하지만 너무 멋진 선배들은 아웃. 그냥 내가 실수할 수 있게 해주세요.'

두 번째 꿈: 학교사회사업

꿈이 시키는 일을 하라

꿈이 시키는 일을 하라

수원매화초등학교 학교사회복지사
김미영

사회복지학에 대한 동경에서 시작하여 배우고, 경험하고…

나는 어릴 적부터 교회에서 중고등부 교사나 학생회 활동을 해오면서 프로그램을 기획 및 진행하고 평가하는 과정뿐만 아니라 동료 간의 협력과 사랑을 자연스럽게 배우면서 자랐다. 그래서인지 대학의 진로를 결정할 때에도 사회복지학에 대한 막연한 동경이 있었던 것 같다. 나는 이렇게 남들보다는 좀더 준비된 마음으로 대학에서 사회복지학을 전공하게 되었다.

사회복지학부에 입학하여 1학년 때 사회복지개론 과정을 수강하였는데 이 수업을 통해 사회복지에도 다양한 분야가 있다는 것을 알게 되면서 다양한 자원봉사활동을 통해 사회복지의 많은 분야 중 어떤 분야가 나와 잘 어울리는지에 대해 고민하는 시간들을 가졌다.

노인복지회관, 병원, 청소년상담센터 등 시간과 여건이 허락할 때마다 자원봉사를 해보았는데, 그중 특히 나는 아동청소년들과 만나 그들의 진로, 친구관계, 성적, 학교생활의 다양한 고민들을 함께 나누면서 나 스스로가 더 큰 에너지를 얻고 있는 것을 발견하게 되었다.

그래서 좀더 구체적으로 아동청소년복지에 대해 알아보기 위해 청소년 상담센터에서 실습을 하였는데 그곳에서 학생들을 만나면서 느낀 것은 학생들이 고민이나 어려움이 있을지라도 상담센터에 직접 와서 상담을 받기까지는 생각보다 큰 용기가 필요하다는 것이었다.

그러다보니 상담을 받는 것 자체에 대한 낙인 때문에 전문가의 도움을 꺼려하고 스스로 문제를 더 크게 키워 더 큰 어려움에 봉착하는 학생들을 보게 되었다.

그래서 학생들이 어려움이 생겼을 때 좀더 편안하고 자연스럽게 만날 수 있는 공간이 있다면 보다 많은 학생들의 문제를 해결하고 예방할 수 있지 않을까 하는 생각이 들었다.

이렇게 아동청소년복지에 관심이 점점 많아질 무렵 때마침 대학 학부 4학년 때 학교사회복지 과목이 개설되어 보다 구체적이고 체계적으로 학교사회복지에 대해서 배우게 되었다. 그리고 수원에 학교상주형 학교사회복지실이 생겼다는 소식을 듣고 한걸음에 달려가 자원봉사를 하면서 본격적으로 학교사회복지에 대해 알아가기 시작했다.

학생을 둘러싼 환경체계에 개입하는 학교사회복지

학교사회복지실에서의 자원봉사를 통해 학교에 사회복지사가 상주하면서 학생을 둘러싼 환경체계를 전체적으로 개입하여 학생의 어려움을 직접적으로 해결해 가는 모습에 큰 매력을 느끼게 되었고, 학교사회복지사가 되고 싶다는 꿈을 조금씩 구체화시켜 나갔던 것 같다.

그러면서 학교사회복지학회 및 협회에서 주최하는 많은 교육들에 참여하여 실제적으로 학생들을 만나서 어떻게 사례관리를 하는지, 학교와 학생들에게 위기상황이 생겼을 때 어떻게 개입해야 하는지 등에 대한 구체적인 방법들을 배웠고, 실제 학교사회복지사들이 학교현장에 관한 내용을 책으로 묶어서 내놓은 《산타가 만난 아이들》 《우리는 영원한 학교사회복지사이고 싶다》 등을 읽으며 학교사회복지사가 되고 싶다는 꿈이 점차 간절해졌고, 학교사회복지사가 된 후에는 비전을 새롭게 다질 수 있었다.

학부를 졸업하고 나서는 학부 때 자원봉사를 했던 수원 청명중학교에 일주일에 세 번 근무하는 인턴 학교사회복지사로 일할 수 있는 기회를 얻게 되어 2년간 근무를 하였는데, 그때 그 과정은 학교사회복지의 기본체계들을 많이 배우고 익히는 데 큰 밑거름이 되었고, 결과적으로 나를 학교사회복지사의 길로 인도하였다.

학생-학부모-학교의 욕구를 잘 파악하여 개입하는 능력

그후 용인시에서 2007년 당시 학교에 사회복지사를 배치하겠다는 시의원의 공약에 따라 용인시에서는 학교사회복지 사업이 시작되었고, 용인시, 강남대 사회복지연구소, 그리고 용천초등학교 3자 협약으로 용인시 최초로 용천초등학교에 학교사회복지실이 생기게 되었다.

내가 용천초등학교 학교사회복지사로 채용되면서 그때부터 본격적으로 학교사회복지사의 길을 가게 되었다.

학교사회복지사로서 처음에 학교에 들어갔을 때의 그 설렘과 두려움은 지금도 생생하게 기억할 수 있다. 교사가 아닌 외부의 전문가라는 인식, 학교사회복지에 대한 이해부족, 학교라는 체계의 특수성 등이 처음엔 좀 힘들게 느껴졌다.

내가 처음 학교사회복지사가 되었을 때의 상황과 경험을 토대로 학교사회복지사가 학교에 들어가서 해야 하는 일들에 대해 정리해보겠다. 우선 학교사회복지사가 빠른 시간 안에 외부 전문가라는 인식을 없애고 학교에 소속감을 갖기 위해 학생을 비롯한 학교환경체계에 학교사회복지에 대한 이해를 위한 전략적인 홍보활동을 체계적이며 지속적으로 진행해야 한다.

이렇듯 초기에 각 체계들의 눈높이에 맞는 홍보활동은 학교사회복지사업 초기에 반드시 이루어져야 한다. 홍보활동은 학교뿐 아니라 학교를 둘러싸고 있는 지역사회에서도 이루어져야 한다. 즉 지역사회협의체, 로터리클럽, 라이온스클럽, 봉사단체 등 다양한 지역사회 모임에 학교사회복지를 소개해야 한다. 이를 통해 지역사회에서 학교를 위해 해야 할 역할들에 대해 설명하여 지역공동체 의식을 가지고 학교의 상황을 공유할 것을 설득하는 과정이 필요하다. 이러한 과정을 통해 지역사회로부터 학교사회복지에 대한 긍정적인 반응을 얻기 시작하면 비로소 학교사회복지에 대한 많은 지원군을 얻을 수 있다.

그리고 학교사회복지사는 교사와 대등한 신분으로 학생들을 비롯한 학교관계자들과 소통할 수 있어야 하는데 학교사회복지사가 교육청에서 임용되는 것이 아니기 때문에 자칫하면 학교에 소속되지 못하고 겉돌게 되어 학교에서 일어나는 문제들에 대해 소극적으로 대처하고 경계할 가능성도 있다. 그러므로 반드시 학교에 속해 있는 다른 교직원들과 동등한 대우를 받을 것을 당당히 요구해야 한다. 예를 들면, 호칭에 대한 요청, 교직원회의 및 친목회 참여의 권한 등이 있을 수 있다.

학교사회복지사의 가장 핵심적 역할은 학생들이 학교교육의 목적을 잘 달성할 수 있도록 지원 해주는 것이라 생각한다. 즉, 학교사회복지는 학교 내에 상주하면서 특정한 학생들을 대상으로 하지 않고 전교생을 대상으로 하기 때문에 학생들의 내재되어 있거나 의식적으로 감추고 있는 문제들을 친밀한 관계형성을 통해 효과적으로 끌어내어 해결하고 예방하는 역할을 해야 한다.

그리고 무엇보다 중요한 것은 학생—학부모—학교의 욕구를 잘 파악하여 개입하는 것이다. 특히 학교는 학교마다 추구하는 교육의 방향이 관리자의 마인드에 따라 조금씩 다를 수 있는데, 어느 학교는 진로교육, 또 어느 학교는 학교폭력예방 등을 가장 중요한 사안으로 다룬다. 그러므로 본인이 속한 학교의 관리자가 추구하는 중요 사안에 대해 사회복지학적으로 적절하게 반영하여 개입한다면 학교로부터 전문성을 빠른 시간 안에 인정받을 수 있을 것이라 생각한다.

학생들을 편견없이 바라보며 그들의 입장에서 생각하는 열린 마음

학교사회복지사가 되려면 일단 내가 그랬듯이 학교사회복지실 현장에서 자원봉사 및 실습을 해보기를 권한다. 자원봉사 및 실습을 통해 학교사회복지사의 길이 정말 본인에게 잘 맞고 보람을 가지고 잘 할 수 있는 일인지에 대해 스스로 점검해 보는 시간이 반드시 필요하다. 그리고 학부에서 학교사회복지론, 아동복지론, 청소년복지론, 교육학 등 학교사회복지 관련 학과목을 반드시 이수해야 하는데, 몇 년 전만 해도 대학교에서 학교사회복지론 과목이 많이 개설되지 않아서 수업을 듣기에 어려움이 있었지만 최근에는 학교사회복지에 대해 관심을 갖는 학생들이 많아지고 학교에 교사 외에 다른 전문가들이 학생들을 전문적으로 도와야 한다는 인식이 생겨나면서 대학교에서도 어렵지 않게 학교사회복지론을 수강할 수 있다.

이는 학교사회복지사 자격제도와 연관이 있는데, 학교사회복지사 자격증 시험에 응시하기 위해서는 일단 사회복지사 1급 자격이 있어야 하고, 학교사회복지론을 필수로 이수하고 아동복지론과 청소년복지론 중 한 과목을 택해 이수하여야 한다. 그리고 학교현장에서의 자원봉사와 실습을 240시간 이상 해야 하는데 그중 필수적으로 120시간은 현장실습을 하여야 한다. 이러한 조건을 갖추어야 학교사회복지사 자격시험에 응시할 수 있다.

그리고 틈틈이 학교사회복지사협회 및 학회에서 진행되는 학교사회복지 관련 워크숍 및 교육에 참여하면서 학교사회복지사에 대한 이해를 넓혀 가는 것도 중요하다.

협회나 학회의 워크숍 및 교육들은 그때그때 사회적 상황 및 학교의 이슈에 맞게 이루어진다. 특히 최근에는 학교폭력의 심각성들이 이슈화되면서 학교폭력이 발생했을 경우 올바르게 대처하는 방법이나 법조항, 가해자 및 피해자 그리고 그 가족을 돕는 교육들을 많이 진행하는데 이런 것들은 학교현장에서 실질적으로 적용할 수 있어서 매우 효과적이다.

학교사회복지사에게 가장 필요한 것은 학생 및 학생을 둘러싸고 있는 학부모, 교사 등의 학교환경들을 이해하고자 하는 열린 마음가짐이 우선되어야 한다고 본다. 다시 말해 학교사회복지사는 다양한 문제와 환경에 놓여있는 학생들을 아무 편견 없이 바라보며 그들의 입장에서 문제를 예방하고 해결할 수 있도록 노력해야 한다는 의미이다. 특히 주요 대상이 아동청소년이기 때문에 그들의 시각에서 그들과 얼마만큼 공감하고 이해를 끌어내느냐의 소통방법이 학생들과의 관계를 좌우한다고 볼 수 있다.

학생들은 어떤 것이든 잘 흡수하는 스펀지와 같은 존재이다. 이러한 스펀지 같은 학생들에게 삐뚤어진 어른들의 시각이 흡수되어 긍정적이고 합리적인 시각이 흡수될 자리가 없게 만들지 않도록 해야 한다. 학생들의 입장과 상황을 격려하고 이해해 주는 학교사회복지사의 역할이 필요하고, 일부 어른들의 학생들을 바라보는 부정적인 시각을 다양한 교육과 상담을 통해 바로잡아 주고자 하는 마인드가 필요하리라고 생각된다.

'그러함에도 불구하고' 당당하고 추진력 있는 전문가

나는 지금 7년째 학교사회복지사의 길을 걷고 있지만, 후배들이 볼 때는 학교사회복지사가 아직 정규직화되지 않아서 고용이 불안정해 보일 수 있다. 그렇지만 최근에는 정부나 교육청에서도 학교에서 일어나는 수많은 문제들을 예방하고 해결하는데 교사 외에 다른 전문가가 필요하다는 시각이 매우 지배적이다.

내가 학교사회복지사가 되어 가장 많이 생각하는 방법은 '그러함에도 불구하고'이다. 이 말은 학교사회복지사가 학교에서의 위치가 아직 정규직화가 되어 있지 않다고 해서 불안정한 부분만을 보지 않는다는 것이다. 이러한 상황에도 불구하고 학생들에게 학교사회복지사가 지니는 역할의 당위성이나 학생들의 문제가 해결되어 온전히 교육의 목적을 달성하게 된 학생들을 볼 때의 보람을 더 많이 생각하고 지금의 상황을 받아들이고 버텨낸다는 뜻이다.

지금은 많은 것이 갖추어져 있지 않더라도 지금 이 자리를 긍정적이고 보람된 마음으로 지켜낸다면 훗날 후배들이 학교사회복지사가 되는 때에는 보다 좋은 환경에서 근무할 수 있는 밑거름이 되지 않을까 생각한다.

그리고 학교사회복지사는 교사가 아니다. 자칫 학교 안에서 근무를 한다는 것으로 사회복지사가 아닌 교사가 되고 싶거나 혹은 교사처럼 보이고 싶은 건 아닌지 학교사회복지사가 되고 싶은 후배들에게 묻고 싶다. 또한 본인 스스로 이러한 질문에 답해 보길 바란다.

학교에서 학교사회복지사로서 온전히 역할을 하고 본격적으로 자리매김할 수 있기 위해서는 스스로 주눅 들거나 소극적으로 굴지 않고, 보다 당당하고 추진력 있는 전문가의 모습을 가져야 할 것이다. 여러분의 앞날을 응원한다.

세 번째 꿈: 노인복지

사회복지는 나의 소명(calling)

사회복지사를 꿈꾸는 당신, 지금 어디에 있는가

자신의 성향에 적합한 분야와 직무를 개척하라

당신이 바라는 미래에 얼마나 근접하여 있는가

사회복지는 나의 소명

이천시 노인종합복지관 관장
최경규

사랑을 실천하는 선한 사람이 되기 위한 도전

내게 사회복지는 막연한 목표로부터 시작되었다. 고교시절 대학 진학을 앞두고 나의 진로에 대해 고민할 때, 담임선생님께서 무엇을 하고 싶은지 물었다. 나는 좌우명인 '선한 일을 하고도 바라는 것이 있다면 악한 마음이 있는 것이요, 악한 일을 하고도 후회하는 것이 있다면 선함이 있는 것이다'라는 맹자의 말씀에 따라 우리 사회와 이웃에 도움이 되는 사람이 되었으면 좋겠다고 말씀드렸다. 아마도 미약하나마 사회 속에서 사랑을 실천하고 싶은 의지를 키우고 있었던 것 같다. 선생님께서는 내게 사회복지학과를 소개해 주셨고, 나는 생소했던 사회복지학 분야에 대해 조금씩 관심을 가지게 되었으며, 마침내 대학에서 사회복지학을 전공하게 되었다.

그 당시만 해도 지금처럼 사회복지학이나 사회복지실천 분야가 많은 이들에게 널리 소개되어 있지 않은 상태였기에, 내게도 사회복지와의 첫 만남은 준비되지 않은 채 우연하게 이뤄졌던 것으로 기억한다. 그러나 대학에서 사회복지학을 전공하며, 사회복지실천이라는 것이 현대 자본주의 사회에서 얼마나 필요로 하는 실천영역인지를 느꼈고, 사회에 조금이나마 보탬이 되기 위해서는 내가 도전해 볼 가치가 있는 분야라고 깨달으며 새롭게 나만의 사회복지에 대한 비전을 키워나갔다. 우리네 인생에는 몇 번의 중요한 전환점이 있다고 하는데 돌이켜보면 내게는 사회복지학을 선택했던 시기가 그 첫 번째 전환점이 되었다고 생각한다.

다양한 분야 체험을 바탕으로 '노인복지' 선택

대학에서 사회복지학을 전공하면서는 다양한 사회복지 분야 중 어떤 분야를 담당할 것인지에 대한 고민을 자주 하였다. 그럴 때마다 나는 현장실습이나 자원봉사의 기회를 통해 보다 다양한 분야를 체험하며 그러한 고민들을 해결하고자 하였다. 첫 번째, 그 당시 내게 가장 다가서기 어렵고 버거운 분야라 느꼈던 장애인복지 분야를 경험하기로 결정하였다. 서대문장애인복지관에서의 2개월간의 현장실습기간 동안 장애인들과 함께 시간을 보내며, 캠프를 준비하고, 실제 현장에서 운영되고 있던 다양한 프로그램을 보조하였는데, 이 기간은 기존에 내가 지니고 있던 장애인들에 대한 이질감이나 거부감을 동질감과 호감으로 변화할 수 있는 좋은 계기를 마련해 주었다. 두 번째 현장실습에서는 보다 더 다양한 대상을 경험하고자 종합사회복지관에서 실습을 진행하였는데, 이 시기를 통해 청소년복지 분야에 대한 관심을 지니게 되었다. 이러한 청소년복지 분야에 대한 관심을 키우며, 나는 사회교육전문요원 과정을 이수하게 되었고 4학년에 이르러서는 YMCA에서도 현장실습을 하게 되었다.

그러나 졸업 후 청소년복지 분야로의 취업기회는 없었고, 나는 어렵사리 상대적으로 생소한 노인복지 분야에 입문하게 되었다. 나의 자의적인 선택이 아닌 취업으로 인해 고민을 하자 가까운 선배들은 처음 2~3년은 서비스 대상에 크게 구애받지 않고 일반적 수준에서의 기초적인 사회복지사의 역할이 요구되기에 자신의 사회복지사로서의 역량을 키울 수 있는 좋은 기회로 생각하기를 권했다. 이러한 선배들의 조언과 취업한 노인복지관이 나를 키워 준 지역사회에 위치한 터라 이 지역을 위한 보답이라는 차원에서 더 이상 고민하지 않고, 긍정적으로 받아들이고, 노인복지관에서 적극적으로 일해보리라 결심하였다. 돌이켜보면, 노인복지 분야로의 취업은 나의 자의적 선택이 아닌 한국에서 진행되고 있는 작금의 고령화와 제 문제에 대해 미리 준비하라는 주님이 내게 주신 소명이 아니었나라는 생각도 든다.

지속적인 자기계발이 필요한 멀티플레이어, 사회복지사

취업 후 복지관에서 내가 담당한 일은 사실상 사명감이나 전문성을 요하거나, 직무의 뚜렷한 정체성이 없이 그저 정신없이 매일매일 주어진 일을 맹목적이고 기계적으로 진행한 시간이었다. 당시 나는 노인 사회교육 담당자로 노인들의 평생교육 프로그램을 계획하고 실천하는 것을 주 담당으로 하였다. 노후생활에 있어 폭넓은 문화활동을 장려하는 다양한 교양문화 프로그램, 고유문화에 대한 이해와 계승을 목적으로 하는 전통문화 프로그램, 노후의 건강한 신체유지와 심신단련을 위한 건강문화 프로그램, 개개인의 욕구에 맞는 다양한 취미여가 활동과 소그룹 활동을 위한 취미서클 프로그램 운영, 그리고 가정과 지역사회에서 존경받는 어른으로서의 역할수행과 자발적인 공동체 활동 및 자치프로그램 운영이 가장 중요한 직무로 주어졌다. 그러나 사회복지서비스 제공 인력이나 자원이 여유롭지 못해, 사회교육 담당자로서는 사회교육 강사가 프로그램에 참여하지 못하는 경우에 노래교실, 레크리에이션 등 노인프로그램 진행은 물론 방과후 산수, 한문교실 강사까지 운영하여야 했으며, 부설 청소년수련실 운영자로 평상시에는 방과후 아동프로그램을 계획하고 운영하며, 방학 중에는 청소년캠프, 영어교실, 한문교실 등 교육프로그램을 운영하는 업무도 담당해야 했다. 그것이 전부가 아니었다. 프로그램에 참여하는 어르신들과 아동, 청소년들을 위한 차량운행도 내가 담당해야 했기에 그야말로 멀티플레이어의 역할을 수행해야 했다.

성격이 그리 외향적이지 않은 나에게는 상당히 큰 도전이었고 부담이었지만 어리석은 성실함으로나마 내가 맡은 바를 이행하였던 것으로 기억한다. 그나마 다행인 것은 대학에서 경험한 사회복지 실습과 봉사활동, 레크리에이션 지도 경험 등이 은연중에 큰 도움이 되었던 것 같다. 어쩌면 복지관에서는 이러한 나의 경험을 기억하여 내게 더 많은 역할을 맡겼는지도 모르겠다.

주어진 업무에 대해 어느 정도 파악이 되나 싶더니, 기존의 업무 외 또 다른 새로운 업무가 주어지기 시작했다. 기관의 예산과 인사 등을 담당하는 일이었다. 당시 기관의 규모가 크지 않아 그다지 업무가 많지는 않았지만, 새로운 업무에 대한 두려움과 그 책임성은 컸다. 새로운 업무는 급여관리, 4대보험, 직원교육, 인사관리, 예산관리 등을 총망라하는 총무의 업무였는데, 이는 내게 총체적으로 복지기관 조직을 이해하고 운영하는 것에 대해 배울 수 있는 큰 경험이 된 것 같다. 물론 현재 복지관장의 위치에서는 내부 관리에 대한 총괄 업무뿐만 아니라 지역사회 연계사업과 후원자 관리 등 더 광의의 역할을 수행하고 있지만 그 당시 내게는 주어진 업무가 그리 쉽게 느껴지지 않았다. 수학과 거리가 멀어 숫자에 익숙하지 않았고, 구체적인 사안에 대한 기록도 그리 쉬운 일이 아니었다. 숫자에 민감해야 하는 예산 편성, 결산 등은 정말 생소하고 골치 아픈 일이었다. 오히려 현장에서 서비스 대상자들을 직접 대하는 것이 한결 더 쉽게 느껴졌다.

어쩔 수 없이 새로운 직무에 적응하기 위해서는 다양한 부문에서 스스로를 개발하는 노력 외에는 다른 대안이 없었다. 나는 노인복지를 보다 잘 수행하기 위해 현 요양보호사 자격이 법정화되기 전에 케어복지사 연수에 참여하여 자격증을 취득하였으며, 회계교육과 노인상담과정을 이수하였고, 또 사회복지사 실습담당자로 슈퍼바이저 양성교육 이수, 중간관리자가 된 이후에는 코칭자격증 취득 등 지속적인 자기계발과 업무능력을 위한 노력을 경주하였다. 또 한편으로는 훌륭한 선배 및 동료 사회복지사들에게 슈퍼비전을 구하고자 퇴근 후 복지관에서 원거리에 있는 수원, 안양 등으로 분주하게 다닌 것도 기억에 남는다. 빠른 시일 내에 우리 지역 내에서도 공동으로 학습하고 소통할 수 있는 창구를 만들기 위해 사회복지사 동우회를 결성하여 업무와 관련한 선배들의 초청강연, 직무교육 등을 개최하여 지역 내 전문가로서의 역량을 강화하기 위한 노력을 했던 것도 매우 뜻 깊은 기억으로 남는다. 10여 년간 지속된 이러한 노력은 현재 경기도사회복지사협회 이천시지회를 창립하여 초대 회장으로서 사회복지사의 권익향상과 역량강화를 위해 봉사할 수 있는 초석이 되었다고 생각된다.

나는 기본적으로 후학들에게 각 분야에서 요구되는 자격을 반드시 구비하기를 권고하고자 한다. 청소년 분야라면 청소년지도사 자격증과 더불어 청소년상담사 자격을, 노인 분야라면 요양보호사 자격을, 중간관리자라면 코칭, 리더십 수련을 하면 많은 도움이 되리라 생각한다. 시기별로 보면, 신임 사회복지사 시절에는 현장에서의 실천과 관련한 학습이 많은 도움이 될 듯하다. 그리고 중간관리자급 이상에서는 정책이나 행정 분야에 대한 학습도 병행해야 할 것 같다. 모든 역량이 중요하고 포괄적으로 활용되기는 하지만, 각 직급이나 분야에 따라 선택과 집중을 하는 것이 좋지 않을까 생각한다.

'자신을 리모델링하라' – 위기를 새로운 도전의 기회로

사회복지 전문가로서 내 인생의 또 하나의 새로운 전환점을 마련해 준 사건은 2004년에 개최된 노인시설협회 워크숍 경험이었다. 1박2일로 예정된 워크숍이었는데, 그날 따라 많은 분들이 업무상 일정이 분주한지 첫날 일정을 마치고 일찍 귀가하였다. 그 상황에서 나는 나라도 끝까지 자리를 지켜야 하겠다는 생각으로 자리를 지켰고, 다음날 행동변화전문가 윌리엄 장(William Chang)의 '자신을 리모델링하라'는 특강을 듣게 되었다. 강의의 요점은 사람이라면 미래 비전을 수립하고 연차별, 월차별, 일차별 변화를 위한 전략과 전술을 기술하고 실천하라는 것이었다. 우리가 알던 NLP(neuro linguistic programming: 신경 언어학 프로그래밍) 이론과 유사하기도 하며, 많은 강의에서 들었던 내용들이었다. 그러나 그 강의는 내 마음을 움직였고, 나를 크게 변화시켰다.

당시 나는 현장 10년차 사회복지사로 약간의 매너리즘에 빠져 있었고, 또 노인복지사업에 대한 회의감도 있었던 시기였다. 강의 후 나는 새롭게 나의 미래를 그려보고, 5년 후의 비전과 10년 후의 비전 그리고 그 목표를 성취하기 위한 1년간의 실천계획과 매일매일의 실천계획을 고민고민 끝에 만들고 기록한 후 수첩에 넣고 매일 쳐다보며 나 자신에 박차를 가하기 시작했다. 내가 계획하고 실천하고자 했던 모든 것을 다 실행하지는 못했지만, 그때 그 강의는 나를 대학원이라는 학습의 장으로 인도하였고, 새롭게 노인복지를 파악할 수 있게 하였으며, 결과적으로 내 자신을 변화시킬 수 있는 큰 원동력이 되었다. 많은 강연을 듣고 워크숍을 다녔지만 그때만큼 마음이 크게 움직인 경우는 없었던 것 같다. 지금은 대학원 과정도 모두 이수하고, 이를 바탕으로 학교에서 학생들을 위한 강의도 간간히 진행하게 되었는데, 매 강의 때마다 나도 학생들에게 그러한 새로운 전환점을 제시해 주고자 노력한다. 정말 내게는 그 강의가 내 인생의 소중한 전환점을 마련해 주지 않았나 하는 생각이 된다.

노인복지관에서 근무하는 중에도 끊임없이 사회복지 환경변화가 있었는데, 내게는 무엇보다도 2004년 사회복지사업법 개정에 따른 지역사회복지협의체 구성이 지역복지를 변화시키는 큰 전환이 아니었나 생각된다. 법 개정으로 지역에서는 지역사회복지협의체 구성을 위한 실무모임이 이루어졌고, 나는 실무자로 참여하여 노인분과를 구성하게 되었고, 노인분과의 분과장으로서 현재의 직무인 노인복지관 운영뿐만 아니라 지역 전체의 노인복지와 관련한 복지계획을 수립하고 실천하는 등 거시적 관점에서 노인복지를 볼 수 있는 안목과 실천역량을 키울 수 있는 기회를 가지게 되었다. 그리고 실무협의체 위원으로 참여하면서 부위원장과 위원장을 거치는 동안 두 번의 4년차 복지계획을 수립하고, 연차별 시행계획을 수립, 이행하는 지역사회복지실천에도 사회복지사로서 참여하는 기회를 가질 수 있게 되었다. 현재 대표협의체 위원으로 보다 큰 틀에서 지역복지계획을 수립하고 조언하는 역할을 감당하게 된 것도 사회복지실천현장에서 때로는 힘들고 어려움도 있지만 선후배 간의 지지와 격려 그리고 소진 때마다 찾아오는 위기를 새로운 도전의식으로 극복해 냈던 것이 실천가로서 큰 역할을 하게 하는 힘이 되지 않았는가 생각한다.

긍정적이고 적극적인 사고, 그리고 소명을 가진 실천

사회복지를 하면서 느끼고, 배운 경험 중 사회복지를 꿈꾸는 후배들에게 꼭 하고 싶은 말이 있는데, 그것은 바로 '긍정적이고 적극적인 사고, 그리고 소명을 가지고 사회복지를 실천하자'는 것이다.

첫째는 사회복지실천에 있어서는 소명의식이 필요하다. 사회복지 현장만큼 소명의식이 필요한 분야는 흔하지 않을 듯하다. 누군가 말했다. "소명(calling)을 가지고 실천하는 일은 '일(事)'이 아니라 즐거움"이라고 말이다. 나는 이 경구에 전적으로 공감한다. 사회복지에 대한 소명의식이 있다면, 소명의식 없이 단순한 직업이라고 생각하는 것보다 훨씬 더 행복하게 사회복지 업무를 이행할 수 있을 것이며, 더 적극적으로 일할 수 있는 원동력이 된다고 본다. 내게는 현재의 이 직업 외에 잘할 수 있는 일이 없는 것 같다. 마치 하늘에서 주신 나의 천직처럼 느껴지고, 이 일을 벗어나면 뭘 하든 잘 할 자신이 없다. 그래서 이 직업에 더 최선을 다하게 되고 더 적극적으로 개척해 갈 수 있는 힘을 얻는다.

둘째, 사회복지를 실천함에 있어서 모든 사건과 사물, 그리고 서비스 대상자를 긍정적으로 바라보았으면 한다. 물론 사회복지실천현장에서 이러한 태도에 회의와 실망을 안겨주는 경우도 많다. 나 자신도 실천현장에서 긍정의 노력을 가하지 못하는 경우가 많다. 그래도 그러한 회의나 실망의 과정을 뛰어넘을 수 있는 강한 긍정의 힘을 가지고 사회복지를 실천하였으면 한다. 나는 편견 없이 대상자를 대하고, 편견 없이 서비스를 제공하려고 노력하다 보면 그 결과에 대한 보람도 크게 다가온다는 것을 충분히 경험하였다. 내가 가지고 있는 좌우명처럼 내가 하는 노력에 다른 큰 보상을 바라지는 않는다. 때론 몰라주는 선배, 기관장, 그리고 동료들에 대해 서운함이 있겠지만, 결국에는 오해가 풀리고 더 크게 쓰임 받는 기회가 올 것이라 나는 믿어 의심하지 않는다.

셋째, 적극적 소통이 중요하다고 생각한다. 여타 지역사회, 기관, 동료와 적극적으로 소통할 기회를 가지고, 그러한 모임에 적극적으로 참여하라는 것이다. 우리 기관 또는 나의 이익을 위해서만 소통하는 것은 진정한 소통이 아니라 본다. 내게는 희생을 요하는 만남이 있어도 이를 통해 적극적으로 소통하는 것이 내가 속한 지역을 발전시키고, 내가 속한 기관을 발전시키며, 궁극적으로는 나를 발전시킨다는 것을 기억했으면 한다. 지역 내에서 상대방과 상생(win-win)하는 것은 쉬운 일이 아니다. 그러나 외부에 마음을 열고 보면 더 큰 것이 보인다고 생각한다. 작은 일에 집착하지 않고 보다 크게 보는 것이 중요하다고 생각한다. 즉 우리가 행하는 일은 결국 모든 분들의 행복을 위함이라는 생각이 중요하다고 사료된다.

넷째, 사회복지실천을 위해 지속적으로 학습하길 바란다. 나 역시 현장에서 느낀 부족한 부분을 채우기 위해 더 열정을 가지고 배우고자 노력한다. 평생학습이란 용어가 현장에서는 매우 중요하다. 학창시절에는 취업하면 그다지 공부할 것이 없을 줄 알았으나, 취업을 하고나니 그렇지 않음을 종종 깨닫는다. 학생 때만큼이나 현장에서 활동하고 있는 사회복지사들은 다양한 직무교육과 자기계발 훈련을 받고 있다. 이는 그렇지 않고는 변화하는 환경에 적응할 수 없으며, 자신에게 주어진 직무를 수행하기 어렵기 때문일 것이다. 물론 지금은 사회복지사 보수교육이 법제화되어 8시간 이상을 학습하고 있지만, 그것은 정말 시간이 어려워 기관을 비울 수 없는 이들을 위한 법적 제도장치이지 모든 사회복지사가 8시간만 직무교육에 참여하는 것은 아니다. 오히려 많은 사회복지사들은 훨씬 더 많은 학습을 하고 있다는 것을 기억하고, 후배 사회복지사들은 전문성의 고양을 위해서라도 더 많은 학습의 노력을 경주하였으면 한다.

이러한 다짐과 각오 그리고 노력 없이는 현 사회복지현장을 감당해 내기 쉽지 않을 것이라 판단된다. 그러한 준비가 미비한 경우에는 무엇보다 소명의식이나 사회복지에 대한 정립된 가치관이 부재한 상태에서 일반적인 직무로 사회복지실천을 수행하는 자신을 발견하게 될 것이며, 그로 인해 쉽게 소진을 경험하게 되거나 서비스 대상자나 동료로부터의 인정도 기대할 수 없을 것이다.

나는 후배 사회복지사들이 현 사회복지사들보다 보다 높은 직무에 대한 자긍심을 가지고 사회복지를 실천하였으면 하는 꿈을 꾸며 그에 대한 책임감을 느끼고 있다. 특히, 한 지역사회 사회복지사협회의 중역을 담당하면서 이에 대한 책임을 더 크게 느끼게 된다. 아직은 동료 사회복지사가 피부로 느낄 만큼의 성과는 아니지만 사회복지사의 숭고한 역할을 소개하고, 사회복지사의 처우를 개선하는 방안도 끊임없이 고민하는 중이다. 이러한 작업은 혼자 힘으로는 할 수 없고, 선배인 현 사회복지사들이 모든 것을 다 이루어 줄 수도 없다. 나머지 부분은 후배들의 몫인 것이다.

나는 후배들이 선배 사회복지사들의 좋은 뜻을 토대로 사회복지의 가치를 몸소 실천하고, 가일층 발전된 사회복지사의 역할을 수행하여, 존경받는 전문가로 당당하게 우뚝 서기를 기대한다. 나는 반드시 그렇게 될 것이라고 굳게 믿고 있다.

사회복지사를 꿈꾸는 당신 지금 어디에 있는가

사단법인 굿하트 대표이사
김성국

열심히 배워서 남 좋은 일을 하는 섬김의 길

사회사업학과에 입학하여 신입생 오리엔테이션에 갔을 때로 기억한다. 대학생이 되어 처음으로 편하게 교수님들을 뵐 수도 있고 멋지고 예쁜 여학우들도 있어 더욱 즐거운 자리였다. 이 모임에서 한 선배님이 하시는 말씀, "우리 사회사업학과에 입학을 축하합니다. 사회사업학과는 노인, 장애인, 독거 어르신의 삶을 잘 돌보는……." 그건 내겐 충격이었다. 난 사회사업학과가 경영계열의 학과인 줄 알았는데……. 집안 형편이 좋지 못했던 난 대학에서 경영학을 배워 돈을 벌고자 했는데 이게 무엇인가? '열심히 배워서 남 좋은 일을 하는 것이 사회사업학이라니.' 입학 당시 난 사회복지학, 사회사업학이 무엇인지 전혀 이해하지 못한 채 내가 생각했던 바와 전혀 다른 학과에 입학하게 된 것이다.

나는 집안 형편이 어려워 대학 등록금을 벌어야 했다. 원목가구 영업, 팬시용품 영업, 학교 앞 카페에서 아르바이트, 침대 매트리스 영업, 화물기사, 관광버스 기사, 영업용 택시운전 등 다양한 아르바이트를 해야만 했다. 그중 가장 수입이 좋았던 것은 택시운전이었다. 대학 등록금은 물론 졸업 때는 약 2,000만 원을 적금할 수 있었다.

남자이다 보니 피할 수 없는 것이 군대이다. 운전을 잘하니 역시 운전병이었다. 하지만 나도 몰랐던 선천적인 질환이 있었고 훈련받던 도중 난 우측 편마비가 왔다. 잘 걷을 수도 없었고, 밥을 먹기도 힘들었다. 결국 수도통합병원에 입원하게 되었다. 군대의 지상천국이 따로 있을까? 아름다운 육군 간호사관학교 학생들이 간호사 제복을 입고 천사의 미소로 우리를 치료해 주니……. 편마비로 많은 절망의 시간을 보냈고 혼자 몸부림치다 결국 찾은 것은 신앙이었다. 병원 내 군 교회에서 환우회장을 하면서 매일 내게 주어진 일은 시한부 환자를 찾아가 기도하고 위로하는 일이었다. 이들은 누구 할 것 없이 모두 너무나 가슴 아픈 사연들을 지니고 있었다. 3대 독자인데 가족을 남기고 젊은 나이에 떠나야 하는 환자, 뇌수술이 잘못되어 아름다운 과거를 기억하지 못하는 환자, 두 다리를 잃어 평생 장애인으로 살아가야 하는 환자, 식물인간처럼 모든 기능이 마비되고 오로지 눈만 깜박거리면서 "좋다, 싫다"만을 표현하는 환자 등등.

이들의 어려움은 나의 편마비와는 비교가 되지 않았다. 나는 그들에 비하면 간단히 완치될 수 있는 감기환자처럼 느껴졌다. 그 당시 이들을 한명한명 이 세상에서 떠나보내면서 난 이런 생각을 하게 되었다. "내가 왜 사회사업학과를 가게 되었고, 왜 지금 젊은 청춘을 꽃도 피워보지도 못하고 세상을 떠나는 이들 옆에 있을까?" 이를 계기로 난 기도했다. "내 몸이 자유롭게 움직일 수 있게 되면 난 누구보다도 더 열심히 남을 위한 인생을 살겠노라고!" 그리고 "하나님의 진정한 사랑을 미천하게나마 실천하는 열정 있는 사회복지사의 길을 가겠노라고." 기독교인들이라면 다들 잘 아는 서원기도를 한 것이다.

군 병원에서 의가사 전역을 하고 난 2개월 동안 여러 병원들과 한의원을 다니다가 결국 어머니의 기도와 노력으로 우측의 신경이 조금씩 회복되었고 거의 정상적인 기능을 할 정도까지 되었다. 지금 현재 내가 하는 일은 단순히 먹고 살기 위해, 생계의 수단으로 사회복지사의 길을 가고 있는 것이 아니다. 이미 너무도 큰 약속을 하였고 난 그 약속을 지키기 위해 하루하루 최선을 다해 섬김의 길을 가고 있는 것일 뿐이다.

자원봉사 경험과 노하우가 만들어 낸 특별한 이동목욕사업

대학 재학 중 한 번은 친구들과 학교 앞 건축현장에서 일용잡부로 벽돌 나르기를 했다. 친구들과 졸업 후에 사회복지 전문 건축회사를 설립하자고 제안했다. 우리는 건축현장을 다니며 일을 배웠다. 그리고 학기 중에는 전국에 선배님들이 계시는 사회복지시설을 직접 방문하여 사회복지시설의 건축에 있어서 개선해야 할 점이 무엇인지를 이야기 듣고 직접 사진을 찍고 비디오카메라에 담았다. 한 번은 수원에 우리나라 최초로 설립된 실버타운에 갔다. 직원으로부터 기관설명을 들었지만 내부 시설이 너무 잘 되어 있어서 사진을 찍으려 하자 기관에서는 일체의 사진촬영은 금지되어 있다고 했다. 우리는 몰래 잠입하여 사진을 찍었고 결국 직원에게 적발되어 사진 필름과 비디오테이프를 압수당하는 해프닝도 있었다.

대학 입학과 동시에 가장 많이 자원봉사한 분야가 바로 '목욕'과 관련된 일이었다. 처음에는 노인시설의 선배님이 어르신 목욕 자원봉사를 하면 무료로 식사를 제공한다는 것이다. 나는 친구와 함께 매주 그곳에 가서 밥을 얻어먹고 나도 그곳에서 무료로 목욕을 했다. 1996년 여름, 서울시 강동구의 성내종합사회복지관에 우리나라 최초의 이동목욕차량이 운영되기 시작했다. 나는 너무도 궁금했다. '목욕이라는 것이 목욕탕에서 하는 것이지 어떻게 차량에서 할 수 있을까?' 나는 자원봉사 신청을 하고 목욕차량을 타고 자원봉사를 시작했다. 여름이라 온몸이 땀으로 젖고 힘이 들었지만 가족들도 외면하는 어르신들이 목욕 후에 행복해 하는 모습을 보니 너무도 보람되었다. 복지관에 돌아와 나는 목욕차량의 구조를 사진에 담고 직접 설계 도면을 그렸다. 그후 13년이 지난 후 나는 노인장기요양제도에 이동목욕사업을 특화시키기로 했다. 이유는 내가 이동목욕사업에 대한 경험이 있었기 때문이다. 욕심을 부려 우리나라 최초의 이동목욕 담당 사회복지사를 설득하여 우리 굿하트의 일원이 되어주길 부탁했다. 그 친구는 이미 미국으로 이민을 결정한 상태였다. 나의 간절함과 굿하트의 비전에 결국 그 친구는 우리 굿하트의 식구가 되었다. 2008년 우리는 이동목욕차량에 대한민국 최초로 원풀 시스템을 적용시켰다. 아직도 특허신청은 하지 않았다. 하지만 우리에겐 세계 어느 곳에도 없는 이동목욕의 노하우가 있다. 앞으로 몇 년 후 우리의 이동목욕에 대한 아이디어와 기술력은 아마도 수십 아니 수백억 이상의 가치를 발휘할 것이라 확신한다. 2013년 1월, 미국 뉴욕에서 우리나라 어르신들을 대상으로 이동목욕서비스를 해보자는 제안이 왔다. 난 지금 행복한 고민 중이다. 굿하트 미국지사를 설립하고 운영해야 할지.

남들과는 다른 창의적이고 생소한 영역에 도전

지난날 나의 사회복지 현장경험을 되돌아보면, 처음에는 유독 대학교 부설 사회복지관만을 고집하여 13년간을 대학교 부설 복지관에서 일했다. 이유는 그곳이 사회복지계에서 가장 전문성을 중요하게 여기는 기관이라는 믿음 때문이었다. 또한 90년대 말에는 '인터넷복지' 분야에 관심을 가지고, 기업의 복지재단에 입사하여 전국 최초로 온라인상의 복지사업을 추진했다. 남들과 다른 창의적인 복지사업을 하고자 하는 욕심으로 나는 매일 아침 7시에 출근, 미국 등 다양한 외국의 사회복지 관련 웹사이트를 웹서핑하며 사업 추진에 아이디어를 얻곤 했다. 그밖에도 나는 영국, 미국, 일본의 사례관리 현장을 직접 찾아가 배우고 연수과정에도 참석했다. 그간 나는 자원봉사와 현장실습, 그리고 사회복지실무에서 아동, 청소년, 노인, 장애인, 실직자 및 노숙인, 알코올환자, 마약사범 등 다양한 이들을 만나 사회복지를 구현하고자 노력한 것 같다. 또한, 2005년도 이래로 대학교 및 교육기관에서 적잖은 사회복지학, 사회복지 회계 강의를 진행하였는데, 이제는 동료 직원들에게 이러한 교육의 진행을 부탁하고 있다.

또한 지금은 모든 사회복지현장에서 보편화되고 강조되고 있는 사례관리는 1990년도 중반만 해도 생소한 영역이었다. 나는 1990년도 후반에 국내의 사례관리 서적을 모두 구입하여 공부하였지만 사례관리에 대한 정확한 이해를 할 수 없었다. 다행히도 나는 2003년 일본의 사례관리시스템을 볼 수 있었고, 2005년과 2006년에는 각각 사례관리가 시작된 영국과 미국의 사례관리시스템을 연수할 수 있었다. 그리고 2011년, 난 미국의 장기요양(Long-term Care)에서의 사례관리시스템과 재가서비스(Home Care Service) 내에서의 사례관리의 궁금증을 해소하고자 다시 미국 연수를 떠났다. 미국 현지의 20여 분의 한국 교수님과도 인연을 맺게 되었다. 이러한 경험들로 인해 난 전국 사회복지사협회의 사회복지사 보수교육에 사례관리 강사로도 활동하고 있다.

스스로 찾아 배우는 것이 진정한 배움

이러한 사회복지현장의 일을 진행함에 있어서는 다양한 기술과 지식이 필요한데, 이러한 현장의 요구에 따라 나는 레크리에이션, 치료레크리에이션, 미국 사례관리협회 사례관리자 과정, 해결중심가족치료 중급과정, 사티어성장모델(Satir Growth Model) 가족치료 과정 등을 수료하였으며, 사회복지 회계와 사례관리 부문을 혼자서 책과 관련 자료를 통해 습득하였다. 뿐만 아니라, 운전면허증(1종 대형, 택시운전면허)은 사회복지현장에서 필수적이라 생각되며, 최근에는 시설의 효과적 운용을 위해 부동산 경매에도 관심을 지니게 되었다. 나는 진정한 배움이란 남을 통해 배우는 것이 아니라 스스로 찾아 배우는 것이라고 생각한다. 학교의 교육과정은 전문가를 양성하는 것이 아니다. 사회복지사로서 기본적인 자질과 소양을 배우는 것이다. 학교에서 배웠다고 이것이 전문적인 기술이라고 착각 하지 않았으면 좋겠다. 생각해 보라. 모든 대학에서 우리가 배우고 있는 것을 다 가르쳐 주고 학생들은 그걸 배운다. 이건 다른 이와 자신을 특화시키는 전문적인 부분이 될 수 없다. 그냥 사회복지사로서 일하기 위해 기본적인 기술들을 배운 것이다. 난 현재 사회복지전문대학원 박사과정 재학 중이다. 나는 박사과정에서 각 분야의 전문가(교수님들)들을 통해 연구방법은 물론 내가 진행해야 할 사회복지 분야의 구체적인 아이디어를 얻고자 학교를 찾았다. 나는 대학원 과정에서 2년째 이것을 배우고 있다.

전문적인 홈케어 서비스를 제공하는 비영리법인, 굿하트

내가 속한 굿하트에서 가장 중요한 업무 중 하나는 사회복지환경 변화의 예측과 장기요양제도 모니터링이다. 다른 사회복지시설에서 일하는 사회복지사들에게는 조금 생소할 것이다. 우리 굿하트의 100억 수입은 모두 노인장기요양 수입이다. 제도가 바뀌면 경영이 바뀔 수 있기 때문이고 제도의 변화를 미리 예측하고 대안을 만드는 것이 650명을 두고 있는 조직의 리더로서 매우 중요한 업무이다. 두 번째로는 전국 17개 시설 센터장 및 직원교육이다. 경영에서 가장 중요한 것은 우수한 인재를 찾고 이들을 교육시켜 더욱 큰 성과를 얻어내게 하는 것이다. 세 번째로는 요양보호사의 업무이다. 직원들과 방문목욕서비스를 직접 한다. 혹자는 내게 이 일을 왜 하냐고 묻는다. 나는 "의사가 메스를 놓으면 의사냐?"라고 답한다. 사회복지사도 그러하다. 사회복지사가 클라이언트를 떠나면 사회복지사가 아니다. 사회복지사는 나의 도움과 위로를 필요로 하는 사람을 만났을 때 진정한 직업인으로서의 보람을 느낄 수 있다고 생각한다. 클라이언트 집에서 청소하는 일, 클라이언트 목욕을 시키는 일, 그 밖에 클라이언트의 심부름을 하는 일, 이러한 일들이야말로 진정한 사회복지를 배울 수 있는 학습의 현장이자 사회복지사의 가치를 발견할 수 있게 하는 진정한 스승이라 생각한다.

현재 나는 큰 기대에 부풀어 있다. "사회복지사들이 땀 흘려 큰 기업을 만들고 그 수익금으로 사회복지를 실천하는 대한민국 최초의 사회복지기업, 사회복지법인을 만들자."라는 생각에. 이것은 내가 속한 직장인 굿하트의 설립이념 중 하나이다. 창업 이후 약 3년 동안은 단 하루도 쉬는 날이 없었고, 아침에 7시에 출근하여 다음날 새벽 1시에 퇴근하는 것이 일상이었다. 결국, 30개월 만에 전국 12개의 지사를 설립하고 연간 매출 100억대 규모의 큰 조직으로 성장하였다. 약 5년 전 내가 창업을 준비하면서 창업 멤버들에게 한 말이 있다. "몇 년 뒤에는 삼성생명과 같이 큰 보험회사들이 우리 굿하트를 찾아와서 함께 일하자고 할 것이다." 최근에 확인해 보니 우리 창업 멤버들은 5년 전 내가 한 이야기를 들으며 사실 비웃었다고 고백했다. 2013년 2월, 정말 삼성생명에서 우리 굿하트를 찾아왔다. 교수님 세 분을 통해서 우리 굿하트를 소개받은 것이다. "우리나라에서 가장 전문성 있고 홈케어서비스(재가 장기요양서비스)를 가장 성공적으로 운영하고 있는 곳"이라고……. 2013년 6월에는 국제노년학·노인의학회가 서울에서 주최하는 IAGG(International Association of Gerontology and Geriatrics)에서 우리 굿하트를 우리나라 장기요양사업의 성공사례로 발표하라는 제안을 받았다. 어느 정도 규모의 학술 행사인지는 나도 잘 모르지만 대략 세계 65개국 46,000여 명이 회원으로 있고, 세계의 노인·노화·노인의학 관련 종합학술단체이자 노인·노화·노인의학 전문가, 고령사회 대응정책 관계자, 서비스 현장 실무자, 고령친화산업의 관계자들이 참석하는 세계에서 가장 권위있는 행사 중 하나라고 한다. 아시아에서는 30년 만에 개최되며 아마 100년 이내에 한국에서는 다시 개최되기 어려운 세계적인 학술대회라고 한다. 30분간 성공사례의 발표와 함께 700여 개 부스(노인용 의료기기, 의약품, 금융, 보험 등 고령친화산업체 및 제품 전시) 중 하나를 우리 굿하트 홍보용으로 활용할 수도 있게 되었다. 또한 삼성생명과 우리 굿하트가 새로운 실버보험상품을 개발하여 연계할 수 있는 제안을 하고 채택되면 삼성그룹 임원진이 참석하는 가운데 굿하트 대표이사인 내가 특강을 하고 본격적인 시범사업을 진행될 수 있게 되었다.

사회복지사를 만나 사례관리, 회계 등을 교육하고 이끄는 강사

현재 나는 전국 12개의 전문사례관리센터와 5개 사회복지시설을 운영하는 비영리법인 굿하트 대표와 함께 또 하나의 프리랜서 직함이 있다. 소위 '잘 나가는' 강사이다(내 자랑을 하려니 글 쓰면서도 얼굴이 빨개진다). 몇몇 사회복지협의회, 사회복지사협회 직원들이 국내 사회복지계에서 가장 잘나가는 강사가 "김성국"이란다. 나의 한 달 평균 강사료는 600만 원, 가장 기록적인 것은 한 달 동안 강사료 수입만 1,200만 원에 이른 적도 있다. 나는 국내 모든 사회복지법인 및 사회복지시설을 대상으로 사회복지회계교육을 하고 있다. 물론 이 분야에서 최고의 인정을 받고 있다. 약 8년간 4만 명 이상을 교육시켰다. 사회복지현장에서 회계 분야 일을 하고 있는 사람은 대부분 나의 교육을 한 번쯤 들었을 것이라 생각한다. 난 이 일에도 큰 보람을 느낀다. 물론 혹자는 수입이 크니까 그럴 수 있다고 생각할지 모르지만, 내게는 전국의 사회복지시설을 대상으로 "깨끗하고 투명한 사회복지 시설 운영"을 외칠 수 있고 많은 젊은 사회복지사들이 공감하며 실천해 주고 있기에 큰 보람을 느끼게 된다. 또한, 사례관리(Case Management)와 사회복지 창업교육, 사회복지 기관 컨설팅에 대한 내용도 한 달에 3회 정도 전달한다.

전문가, 새로운 도전의식을 가지고 끝없이 배우는 열정 있는 사람

나는 전문가로서의 사회복지사란 새로운 도전의식을 가지고 끝없이 배우는 사람이라 생각한다. 2013년 복지예산 100조 시대가 시작되었다. 전체 예산의 30%가 복지예산이다. 하지만 진정한 사회복지 전문가는 찾아보기 힘들다고 생각한다. 너무도 많은 사회복지현장에서 바로 후배님, 당신의 전문성을 필요로 하고 있다. 단순히 사회복지사 1급 자격증을 소지한 사회복지사를 필요로 하는 것이 아니라 열정과 도전의식을 가진 꿈이 있는 사회복지사를 요구한다는 말이다. 이 열정과 도전의식을 가진 사회복지사는 분명 자신의 꿈을 이루기 위한 배움을 찾을 것이고 스스로 찾아서 몸소 깨우치는 배움이야말로 진정한 배움이 되고 그 배움으로 인해 자신이 성장해 있음을 깨달을 수 있을 것이다.

사회복지사들이 모이면 흔히들 "연봉이 얼마냐?" "처우가 좋지 못하다, 이것이 우리 사회복지의 현실이다."라는 푸념을 하고 한다. 난 이런 자리를 좋아하지 않는다. 돈을 벌기 위해 사회복지를 한다면 사회복지계를 떠나야 한다고 생각한다. 단순히 돈을 벌기 위해서가 아니고 진정 사회복지를 하다 보면 놀라운 재물이 얻어진다. 사회복지사 18년차인 나는 우리 굿하트가 운영하는 비영리 사회복지시설에 2011년에 1억 원을 기부하였다. 2012년에는 2,000만 원을 기부하였다. 2011년에는 종합소득세가 8천만 원이 부과되었다. 2011년도에 1년간 개인 소득이 3억 원이 넘었다. 하지만 내가 받을 연봉만을 남기고 모두 우리 굿하트에 기부하였다. 4년 동안 우리 굿하트는 18억 원의 자산을 축적하였다. 나를 포함하여 우리 굿하트의 사회복지사들 모두가 일구어 낸 성과이다. 우리 굿하트의 사회복지사들은 누구도 이 18억 원을 탐하지 않는다. 이 돈은 우리가 깨끗하고 참다운 사회복지를 할 자금이기 때문이다.

'우리가 왜 지금 사회복지를 배우고 사회복지를 실천하고 있는가?' 바로 이 땅에서의 사명일지 모른다. 많은 사람들이 자신만 알고 이기적이고 배타적인 이 세상에서 누군가는 따뜻함을 느끼게 하는 사람이 있어야 되지 않겠는가? 바로 우리는 이러한 일을 하는 사람들이다. 얼마나 보람된 직업인가? 최근에는 혼자 독학으로 배운 부동산 경매의 실력으로 인천의 작은 빌딩(건물)을 낙찰받았다. 노력한 결과는 분명 우리에게 또 다른 희망을 안겨다 준다.

2050년의 대한민국을 생각해 본적이 있는가? 앞으로 37년 후의 일이다. 다 알다시피 2050년에 우리 대한민국은 세계 고령화 1위 국가가 된다. 2050년에는 10명 중 4명(37.6%)이 노인이라는 것이다. 하지만 또 하나 골드만삭스 보고서에 의하면 2050년 대한민국은 국민소득 81,000불의 국민소득 세계 2위의 국가가 될 것이다. 또한 전국에 치매환자는 237만 명으로 전체 노인인구의 13.2%를 차지할 것이다. 현재 우리나라의 대전광역시, 광주광역시의 전체 인구만큼 전국에 치매환자가 많아질 것이라는 뜻이다. 노인복지학과나 실버산업학부 등의 학문영역이 왜 설립되었겠는가? 바로 이러한 미래에 노인 관련 전문가들이 대거 필요하기 때문일 것이다. 그럼 우리에게 무엇이 필요하겠는가? 바로 노인 관련 전문성이다. 단순히 노인의 특성, 노인복지학만을 배운 것으로 노인을 안다고 할 수 없다. 미국 현지에서 사례관리자(Case Manager)의 연봉은 최저 4,500만 원부터 1억 2천만 원까지 이르기도 한다. 사회복지사, 간호사, 물리치료사, 재활치료사, 의사들이 사례관리자로 일한다. 하지만 낮은 연봉을 받는 사람들은 대부분 사회복지사들이다. 그 이유는 간단하다. 사회복지사들이 노인의학 쪽에 지식이 없기 때문이다. 2008년 우리나라에 노인장기요양제도가 시작될 때 사회복지계는 노인장기요양제도를 중요하게 생각하지 않았고 오히려 사회복지의 영역이 아니라고 이야기했다. 하지만 지금은 어떠한가? 우리나라 사회복지의 가장 큰 축이 바로 노인장기요양이 되었다. 불과 4년 만에. 난 시간이 될 때마다 노인성 질환 관련 연구논문을 출력하여 읽는다. 그리고 자료로 보관한다. 왜 사회복지사가 노인성 질환, 노인의학을 공부하냐고 비웃을지 모른다. 하지만 몇 년 후면 그 이유를 알게 될 것이다.

클라이언트를 사랑하라

굿하트를 비롯한 사회복지현장에서 "일하고자 하는 이가 갖추어야 할 소양은 무엇인가?"라고 묻는다면 나는 "클라이언트를 사랑하라."고 답한다. 누군가를 사랑하면 그 사람에 대한 부족함이나 좋지 않은 모습을 비판하지 않는다. 그리고 그 사람을 이해하려 한다. 우리의 사회복지사들은 기본적으로 이러한 마음을 가지고 있어야 하지 않을까? 나는 "사회복지는 단순한 분배가 아니고 평등과 효율적 분배이다.", "사회복지는 단순한 친절의 실천이 아니고 진정한 마음의 실천이다.", "사회복지는 좋은 의도가 아니라 전문가에 의한 좋은 결과이다."라고 생각한다.

우리의 선배 사회복지사들은 분배자로서의 사회복지사 역할을 종종 이야기 한다. 많은 사람들이 날 건방지다고 표현할지 모르지만 나는 사회복지사의 역할을 단순히 분배자로 생각하고 있는 사람들은 사회복지사가 아니라고 말하고 싶다. 현재의 사회복지는 우리가 가지고 있는 자원을 공평하게 분배하는 것이 아니다. 공평하게 자원을 분배하는 것은 누구나 할 수 있는 것이다. 그리고 그 분배의 과정에서 클라이언트보다 큰 권위를 지니는 이들을 종종 보게 된다. "내가 가진 것을 필요로 하는 사람에게 나눠주는 것이니 받는 너희들은 감사히 받아라." 이러한 생각은 2000년대에는 통했을지 모른다. 하지만 2010년대에는 이러한 사회복지사는 자격이 없다. 이제 클라이언트는 우리의 고객이다. 고객이 있기에 우리가 있는 것이다. 클라이언트가 과거의 사회적 약자가 아니고 그들 스스로 복지서비스를 받을 권리를 가지고 당당하게 우리의 서비스를 평가하며 요구할 수 있는, 우리가 모셔야 할 고객이라는 것이다. 그러기에 클라이언트를 사랑하는 마음, 즉 고객을 사랑하는 마음이 필요하다는 것이다. 여기에는 기본적인 의사소통기술, 자신의 마음을 다스릴 수 있는 통제력, 상담의 기술 등 다양한 사회복지사의 자질을 요구한다.

18년간 사회복지사로 일하면서 난 남이 하지 않는 것을 찾았다. 그리고 남들이 힘들어하는 것을 찾아서 그 일을 했다. 하루 140km를 5년간 출퇴근하면서도 매일 오전 7시면 출근했고 직원 중 가장 늦게 퇴근했다. 남들이 퇴근할 때 나는 복지관에 있다가 슈퍼에서 소주와 삼겹살을 사들고 혼자 사는 장애인과 어르신 집에 방문했다. 그리고 그들과 저녁을 먹으며 그들의 살아온 이야기를 듣고 집에서 어떠한 불편함이 있는지 들었다. 가끔씩 그들에게 양해를 구하고 난 그들과 함께 잠을 잤다. 비록 바퀴벌레가 이불 속으로 들어

오고, 고약한 냄새가 코를 찌르는 열악한 환경이었지만 난 그 속에서 너무도 소중한 것들을 배웠다. “그것은 바로 그들의 삶이다.” 나로서는 왜 이렇게 열악하게 사는지 처음에는 이해되지 않았지만, 요즘에는 그들에게는 세상 어느 곳보다도 편안한 안식처일지 모른다는 생각을 한다. 비이스택(Biestek)은 전문적 관계형성의 7대 원칙 중 하나로 비심판적 태도를 이야기 했다. 우리는 사회복지사가 클라이언트에 대해 비심판적 태도를 가져야 한다는 것을 머리로는 배웠다. 하지만 우리의 마음으로는 아직 배우지 못했다. 난 그들과 밤새 이야기하고 잠을 자면서 머리가 아닌 마음으로 사회복지를 배웠다. 이것은 내게 어느 무엇과도 바꿀 수 없는 사회복지사로서의 큰 자산이다.

클라이언트가 있는 곳이 바로 내가 성장할 수 있는 그곳

사회복지학을 실천학문이라고 한다. 높은 위치에서의 실천은 진정한 사회복지의 실천이 아니다. 그것은 권력을 이용한 선심성 배분에 불과하다. 이 같은 일은 10년을 하더라도 진정한 사회복지의 가치를 알 수 없다. 오히려 그 가치가 퇴색될 것이다. 사회복지는 낮은 자리에서의 실천이다. 지금은 고인이 되셨기에 밝힐 수 있는 한 분의 이야기가 있다. 우리 사회복지사들은 그 어르신 집에 가길 싫어했다. 그리고 갔다 오면 무언가 성도착증과 같은 정신적 이상이 있는 사람으로 표현하기도 했다. 남자 사회복지사들은 목욕서비스하면서 성적 수치심을 느꼈다고 남자가 남자를 성희롱으로 고소해도 되느냐고 농담 삼아 물어보기도 했다. 매일 저녁 그 어르신은 지적장애가 있는 부인에게 자신의 성기를 만져달라고 했다는 것이다. 그리고 목욕서비스를 받을 때는 다른 곳보다 성기 부위를 10여 분 이상 닦아달라는 것이었다. 남자 사회복지사들은 자신들이 무슨 성적 도우미도 아니고 그 대상의 집에는 가기 싫다고 했다. 결국, 나는 우리 국장님과 같이 이동목욕을 나갔다. 60대 초반이고 기존에 자주 만났던 대상자라 난 형님이라는 호칭을 사용하며 편안한 분위기에서 목욕을 했다. 과거 조직폭력배의 거물이라 덩치는 100kg이 넘었고 몸은 탄탄했다. 더군다나 주의를 기울여야 알아들을 수 있는 언어장애가 있는 분이었다. "형님 닦을까요?"라고 묻자 형님은 "웅, 빡빡"이라고 답했다. 난 직원들에게 들은 이야기가 있어서 형님의 성기를 "빡빡" 때 타월로 문질렀다. 우리 형님은 뭐라 웅얼거렸다. 목욕차 안에는 수증기가 가득해 형님의 웅얼거리는 소리를 잘 알아듣기 힘들었다. 잠시 멈추고 조용한 가운데 이야기를 들었다. 우리 형님은 "거기가 아니고"라는 하는 것이다. 난 분명 우리 직원들에게 10분 동안 성기를 닦는 것으로 이야기 들었고 우리 직원들도 계속 그곳만 문질렀다는 것이다. 우리 센터의 사회복지사들은 이미 이 분이 성도착증이 있는 것으로 알고 있어서 당연한 것이라 생각하고 있었다. 한참 동안 자세히 들어보니 그분이 원하는 곳은 성기가 아니고 사타구니였다. 100kg의 거구로 거동을 못하고 표현을 못해서 침대에 누워만 있다 보니 사타구니에 습진이 생기고 그곳이 너무도 가렵지만 혼자서 긁지 못하니까 목욕하면서 그곳을 깨끗하게 씻고 싶다는 표현을 했던 것이 우리 사회복지사들에게는 성도착증으로 이해된 것이었다. 또한 부인에게는 침대에서 옷들이 땀이 차서 너무 가려우니 사타구니의 땀을 식혀달라는 것이 부인에게는 성적 요구로 이해되었던 것이었다. 얼마나 큰 실수인가? 우리

사회복지사들에게 필요로 하는 중요한 것 중 하나가 바로 대상자의 욕구를 파악하는 것이다. 그리고 그들의 욕구를 해결하기 위해 노력하는 것이다. 하지만 우리는 어떠했는가? 평범한 사람을 성도착증 환자로 오해하고 비판적 시각을 가지고 대하지 않았는가? 혹자는 이동목욕서비스를 하는 데 무슨 전문성이 있고 사회복지의 배움이 필요하느냐라고 물을지 모른다. 하지만 그렇게 이야기하는 사회복지사는 한 번이라도 이동목욕서비스 자원봉사를 해볼 것을 권한다. 이동목욕서비스를 할 때는 거의 40분 동안 대상자와 바로 마주보며 이야기를 하게 된다. 즉, 상담이 목욕차량에서 이루어지는 셈이다. 그리고 일반적인 가정방문에서는 알기 어려운 부부관계나 아주 깊은 이야기도 나눌 수 있다는 장점이 있다.

우리 사회복지사에게는 클라이언트가 있는 곳이 바로 우리의 일터이다. '어느 곳이 나를 성장시켜 줄 기관이고 누가 나에게 있어서 훌륭한 슈퍼바이저가 되어줄 것인가?' 그리고 '어느 교수님이 나에게 가장 진정한 스승이 될 수 있을까?'를 찾기 전에 우리 사회복지사에게는 클라이언트가 있는 곳이 바로 나를 성장시켜 줄 곳이고, 그 클라이언트로 인해 내가 성장한다는 것을 이해했으면 한다. 그리고 그 클라이언트들이 바로 나의 진정한 스승인 것이다. 어디가 좋은 기관인가를 찾지 말라. 오히려 나의 사회복지 인생에 진정 스승이 되어줄 클라이언트가 있는 곳이 어디인지를 찾아라. 그러면, 분명 여러분은 머지않아 남들과 다른 뛰어난 전문성을 가진 이 시대가 요구하는 사회복지사가 되어 있을 것이라 확신하다.

자신의 성향에 적합한 분야와 직무를 개척하라

강남시니어플라자 과장
류승남

어르신들과 나의 만남, 진인사대노인(盡人事待老仁)

집안에 조부모님 등 가까운 어르신들을 제외하고 많은 어르신들을 접한 것은 지금으로부터 13여 년 전 군대 제대 후 복학한 대학교 3학년 때였다. 지역의 한 종합사회복지관에서 사회복지실습을 하면서 두 번의 여름 캠프 중 한 번을 어르신들과 함께 했다.

지역의 한 초등학교를 빌려 어르신들 40~50여 분을 모시고 1박 2일간 여러 가지 프로그램을 진행하며 즐거운 시간을 보냈던 것으로 기억한다. 짧은 시간이었지만 그때 어르신들은 비교적 일찍 조부모를 여윈 나에게는 정말 친할머니 같이 따뜻한 정을 느낄 수 있었던 대상이었다. 어르신들도 나를 친손자처럼 무척 예뻐해 주시며 자신들의 친손녀 딸을 소개해 주고 싶다며 서로 경쟁하시던 기억이 아름다운 추억으로 남아 있다.

이러한 영향이었을까. 사회복지를 전공하던 나는 특히 노인복지 분야에 좀더 관심을 가지고 학업을 수행하게 되었고, 실제 대학 4학년 2학기 때 첫 면접을 보러간 곳도 서울에 있는 한 노인복지관이었다. 그 노인복지관에 취업하기 위해서는 그곳을 위탁 운영하는 재단 본부에서 필기시험과 면접을 봐야 했는데, 예상치 못하게 내가 아닌 다른 사람이 그 노인복지관에 채용되었다. 이후 나는 곧바로 청음회관(청각장애인복지관)에 면접을 보고 취업을 하게 되었다.

운명의 장난이었을까. 내가 원래 면접을 보고 취업하려 했던 노인복지관이 아닌 재단의 직원으로 합격한 사실을 추후에 알게 되면서 그 복지관의 운영을 담당하는 어르신들과의 인연이 멀어지는 듯하였다.

청음회관 입사 후에도 노인복지에 대한 미련은 남아 있었고 평소 희망대로 결국 입사 5년 만에 청각장애 어르신 프로그램을 담당하게 되었다. 이때부터 나와 청각장애 어르신들과의 아름다운 인연이 시작되었다.

청각장애 어르신들은 장애와 노화라는 이중의 어려움을 당면함에도 불구하고 장애인복지 분야, 노인복지 분야 어느 한곳에서도 제대로 된 지원을 받지 못하는 복지의 사각지대에 계신 분들이라고 할 수 있었다. 이분들에게는 노인복지관을 이용하는 건청인(健聽人, hearing person) 어르신들에게는 너무나도 일상적인 프로그램들조차 새로운 경험이었다.

이런 청각장애 어르신들을 처음 만나 프로그램을 진행하게 되었을 때 가장 힘들었던 것이 의사소통의 한계였다. 일부 어르신들은 나의 부족한 수화 실력을 지적하시기도 하셨다. 전임자와 비교해서 어르신들과의 경험이 일천한 내가 모든 면에서 부족한 것은 당연한 것이었을 테지만 그래도 어르신들은 괜찮다며 감싸주거나 이해해 주시기보다는 심하게 꾸짖곤 하셨다.

처음에는 그런 어르신들 때문에 상처도 받고 어르신들 만나기가 겁도 났지만 건청 어르신들을 불러다 놓고 한국말이 서툰 외국인 강사가 와서 프로그램을 진행하는 것과 똑같은 상황이었기 때문에 어르신들의 불만을 충분히 이해할 수는 있었다.

그래서 나는 당장 안 되는 수화는 접어두고 일단 마음으로 다가가기로 했다. 사회에서 가정에서 소외된 분들이지만 복지관에 오신 어르신들에게는 최대한 깍듯한 자세로 공경하고 또 친할아버지, 친할머니 대하듯 살갑게 굴며 어르신들에게 다가갔다. 어르신들이 서울, 경인지역 곳곳에서 멀게는 강원도 화천에서도 강남의 한복판까지 최소 왕복 서너 시간을 소요하며 모이시는 까닭은 그동안 어르신들을 위한 시설도, 프로그램도 전무하다시피 했기 때문이란 걸 잘 알기에 더욱 어르신들을 위한 다양한 프로그램과 어르신들이 어울릴 수 있는 기회를 많이 제공하였다.

이처럼 내가 할 수 있는 모든 것을 하고 어르신들의 사랑을 기다린 지(盡人事待老仁) 채 일 년이 가기 전에 어르신들에게서 반응이 오기 시작했다. 이후 7년간 어르신들과 프로그램에서는 담당 선생과 학생의 관계로, 그외 시간에는 조손이나 부자관계처럼 허물없이 소중한 인연을 맺을 수 있었다.

바람직한 노년문화를 만들어가는 소통의 공간, 강남시니어플라자

현재 근무하고 있는 강남시니어플라자는 2011년 9월 개관한 노인종합복지관으로 기존의 노인복지관과는 차별화된 서비스와 특화된 프로그램을 제공하고 있다.

강남시니어플라자는 강남구에 거주하는 '시니어' 즉 상대적으로 젊은 어르신들을 타깃으로 한다. 실제 기관 이용 어르신들의 연령 분포를 보면 60대가 60%, 70대가 30% 정도로 타 노인복지관에 비해 상대적으로 젊은 분들이 많고, 남녀 성비도 4 : 6(남 : 여) 정도로 남성의 비율이 높은 편이다. 당초 강남구에 거주하며 상대적으로 복지 혜택을 받지 못하는 비교적 젊고 경제적으로는 중상층에 속하며 고학력인 노년층의 참여 확대를 유도하려던 계획이 어느 정도 성공했다고 본다.

또한 '플라자'는 '광장'을 뜻하며 '소통'의 의미를 담고 있다. 관에서 시혜적으로 서비스를 제공하는 것이 아닌, 이용하시는 분들이 공공의 광장에서 만나 수평적으로 소통하면서 함께 바람직한 노년의 문화를 만들어 가는 소통의 공간이라는 의미다.

차별화된 서비스 중 가장 만족도가 높은 것 중 하나가 해피레스토랑(경로식당)이다. 어르신들의 자존감을 고려하여 식당에서는 항상 클래식 음악이 흘러나오도록 하며, 식판이 아닌 개별 식기를 이용해서 식사를 제공하고 있는데 만족도가 90% 이상이다.

대부분의 사회교육 프로그램들은 실비를 받아 운영하는데 경제적인 수준이 되는 분들에게는 돈을 받아 양질의 프로그램을 운영하고 기초생활수급자나 80세 이상 어르신들에게는 무료, 국가유공자에게는 배우자까지 50%를 감면 해드리고 있다.

기관 이용 어르신들이 자발적으로 모여 구성한 HCM(Happy Charity Members)은 매월 일정액의 후원금을 모아 기금을 적립한다. 이는 강남구 관내 복지사각지대에 있는 저소득, 독거 어르신 등을 지원하기 위한 긴급자원이다. 노인복지관의 이용자가 순수하게 기금을 모아 다른 어르신들을 돕는 모델은 전국에서도 거의 유일한 사례다. 이런 부분은 강남 지역이기에 가능한 노블레스 오블리주의 사례인 것 같다.

필자는 이러한 강남시니어플라자 업무관리팀에서 팀장으로 근무하고 있으며, 시설관리(안전관리), 인적자원관리, 재무회계, 해피레스토랑, 시니어카페(마로니에), 노인일자리사업, 노인자원봉사 활성화사업, 자원봉사자 개발 및 관리, 편의시설(키즈룸, 아트갤러리, 도서관, 바둑실, 자판기 등) 관리, 동아리 관리, 운영위원회, 대외교류 협력, 실습지도 등의 업무를 총괄하고 있다.

어르신들이 복지관을 이용하는 데 불편함이 없고, 직접 서비스를 제공하는 직원들이나 자원봉사자들이 최대한 질 높은 서비스를 제공할 수 있도록 백그라운드에서 쾌적한 환경을 조성해 주는 것이 필자의 역할이다.

사회적 안정망 구축을 위해 지지, 대변, 옹호하는 지역문제해결 전문가 'Social Doctor'

예전에는 미래의 포부를 'Social Doctor'로서 '사회적 안정망이 잘 갖춰질 수 있도록 지지, 대변, 옹호하는 지역문제해결전문가'라고 밝혔는데 너무 거창한 거 같아서 요즘은 생활 속에서 사회복지를 실천하는 사람이 되고 싶다고 말한다.

지난해에 20여 년 넘게 살았던 성남에서 강남시니어플라자 인근으로 이사를 왔다. 사는 곳은 성남인데 지난 15년 이상을 강남구에서 일을 하고 있으니 꼭 다른 사람을 위해서 무언가를 하고 있다는 느낌을 떨쳐낼 수 없었다.

내가 살고 있는 지역에서 일을 한다면 남을 위한 일이 아니라 바로 나와 우리를 위한 것이 아니겠나 싶어 다소 무리가 따랐지만 결국 실행에 옮겼다.

이런 새 출발을 통해 일상생활 속에서 더 많이 참여하고 실천하는 사회복지사가 되고 싶다.

자신만의 확고한 주관을 가지고, 자신의 성향에 적합한 분야와 직무를 선택하라

사회복지는 실천학문이다. 학교생활이나 교실에서는 결코 체득할 수 없는 부분이 있다. 아무리 성적이 좋은 학생이라도 실천현장에 나가면 잘 하리라는 보장이 없다. 따라서 멋지고 유능한 사회복지사를 꿈꾸고 희망하는 예비 사회복지사들에게 몇 가지 전하고 싶은 바가 있다.

왜 사회복지사가 되고 싶은지, 어떤 사회복지사가 되고 싶은지에 대한 자신만의 확실한 주관이 있어야 한다. 그것이 종교적인 사명감이든 개인의 경험이든 무엇이라도 좋다. 자신이 힘들고 소진되어 쓰러지고 싶을 때 초심을 떠올릴 수 있도록 하는 그 무엇이 있는지가 중요하다. 사회복지를 하려는 명확한 동기가 없다면 그저 사회복지사로서 몇 년간 몸과 마음을 바쳐 헌신하고 소진된 후 진저리를 치며 다른 길로 떠나게 될 우려가 상당히 높다.

자신의 성향(적성)을 잘 파악해야 한다. 자신도 잘 모르고 파악하지 못하는 사람이 어찌 다른 사람을 상담하고 돕겠다고 할 수 있겠는가. 본인의 성격 유형, 적성, 성향 등을 파악하고 자신의 장단점에 대해서 분석해야 한다. 본인의 성향이 내향적이든 외향적이든 일하는 스타일이 어떻든 그것과는 무관하게 자신이 어떤 사람이라는 것을 파악하고 있는 것 자체가 중요하다. 이것은 사회복지의 여러 분야 중 자신의 적성에 가장 적합한 분야와 직무를 선택하는 데 큰 도움이 될 것이다. 이를 위해서는 각종 심리검사와 상담을 받아 보는 것도 좋고 관심 분야에서 자원봉사나 실습활동을 통해 어느 정도 경험을 해보는 것도 필요하다.

자신만의 취미나 여가활동이 필요하다

이것은 사회복지사로서 소진되지 않고 오랫동안 근무하기 위한 필요조건이다. 필자의 2013년 계획 중 취미나 여가활동 부분을 소개하면 가족과 문화공연 연 12회, 캠핑 10회, 가족여행 2회, SNS 활동(블로그, 페이스북 등), 백두대간 비박종주, 사이클 타기(속초 라이딩) 등이다.

최근에는 비슷한 관심과 취미를 가진 사회복지사들끼리 모여 밴드, 축구, 야구, 산행, 자전거, SNS, 독서, 스터디 등의 모임이나 활동이 활발하게 이루어지고 있다. 이러한 활동들을 잘 이용하면 사회복지 분야의 인적 자원 형성에도 도움이 되므로 1석 2조의 효과를 얻을 수 있다.

실천현장에 있는 선배들을 활용하고, 많은 경험을 쌓으라

사회복지의 가장 중요한 부분 중에 하나가 바로 자원 개발이나 연계인데 정작 미래의 멋진 사회복지사가 되려고 하는 사람들이 귀한 자원이 옆에 있어도 활용할 줄 모른다면 무척 안타까운 노릇이다.

최소한 자신의 관심 분야를 정했거나 궁금한 것이 있다면 현장에 근무하는 학교 선배님들부터 찾아가서 조언을 구해보는 것이 필요하다. 아마도 본인이 알고 싶고 궁금해 하는 것 이상의 정보를 얻을 수 있을 것이다. 어느 분야에 어떤 선배님이 계시는지 잘 모르겠다는 변명 같은 것은 하지 않았으면 한다. 교수님들께 여쭤보면 어느 분야에 누가 근무하는지 알고 싶은 정보가 금방 나올 것이다.

마지막으로 많은 경험을 쌓으라. 필자의 경우 그런 생각을 한다. 내게 주어진 조건이나 환경 내에서 그것이 좋은 것이든 나쁜 것이든 최대한 많은 경험을 해보고 싶다는 것이다. 좋으면 좋은 대로 나쁘면 나쁜 대로 얻는 소중한 교훈과 삶의 지혜가 있을 것이다. 우물 안의 개구리가 어찌 우물 밖의 올챙이를 도울 수 있겠는가 말이다. 물론 사람이 모든 경험을 다 해볼 수는 없지만 정말 중대한 범죄 행위가 아니라면 많은 경험을 해보는 것이 타인을 이해하고 지지하고 옹호하는 데 큰 도움이 되리라는 것은 자명한 사실이다. 그러기 위해서는 가장 여유가 있는 학창시절(물론 학생들은 동의하지 않을지도 모르지만)에 하고 싶은 것들을 다 해보길 바란다. 취업하고 나면 아마 학창시절보다 두세 배는 바쁘고 더 정신없다는 것만 알아두면 된다.

당신이 바라는 미래에 얼마나 근접하여 있는가

의정부실버문화센터 부장
이수진

사회복지의 의미를 깨닫고 동기부여가 된 동아리 활동

나의 사회복지사로서의 행보는 의도된 것이 아니었다. 누구를 도와주는 삶을 살아야겠다는 어떤 계기가 있었던 것도 아니고 자원봉사를 했던 경험이 사회복지학과로의 입학으로 이어진 것도 아니다. 갈 마음이 없이 그저 한번 써 본 학과에 불과했다. 그러나 나는 대학생활 동안 '사회복지'라는 것을 조금씩 알게 되었고 재미를 느꼈고 사회복지사가 되겠다고 마음먹은 후엔 열심히 달려 나갔다. 그러다 보니 벌써 12년째 사회복지사를 하고 있다.

그 중심에는 사회복지동아리 활동이 있었다. 학교생활보다는 동아리 활동에 흥미를 가졌다. 소극적이고 내성적이던 나는 동아리 방문을 열었을 때 잘 왔다며 적극적으로 반겨주었던 선배들이 좋아 동아리 활동을 시작하게 되었고 그 속에서 사회복지인으로의 소속감을 만들어 나갔다. 동아리 활동은 내가 사회복지를 하게 되는 의미를 깨닫게 되고 열심히 노력할 수 있는 동기를 부여받게 되는 내 인생의 중요한 계기가 되었다.

사람을 만나고, 이야기하고, 이해하며, 변화를 이끌어 내는 사회복지의 묘미

동아리 활동은 정기적으로 사회복지 분야에 대해 발제를 통한 토론과 봉사활동으로 이루어졌다. 졸업한 선배들이 현장에서 활발한 활동을 하고 계셨고 자원봉사요청이 많았다. 적은 인원으로 평일뿐만 아니라 주말에도 자의 반 타의 반으로 자원봉사 활동에 불려 다녔다. 처음엔 멋모르고 선배들이 가야 된다고 해서 참여했다. 그러나 시간이 갈수록 봉사활동이 즐거웠고 그 시간이 아깝지 않았다. 봉사활동이 끝나면 저녁이 다 되어 기관 담당자들과 자원봉사자들이 저녁을 함께하게 되고 그 자리에서 들을 수 있는 여러 이야기들이 좋았다. 학교에서 듣지 못하는 생생한 사회복지 현장의 이야기들이었던 것이다. 그리고 그날 받은 한 장의 명함이 훈장인 양 소중했고 명함이 늘어가는 재미로 봉사활동에 매진했던 것 같다. 자원봉사를 하는 기관과 봉사 분야가 늘어날수록 예비 사회복지사로서 능력이 커가는 것 같아 그 시간이 보람되었다. 일회성 봉사뿐 아니라 정기적인 봉사도 병행하였는데 일회성 봉사보다 기관에 대해 더 많이 알고 담당 사회복지사들과도 더 가까워질 수 있었다. 현장의 사회복지사들을 많이 알아간다는 것이 학생으로서 나의 부족한 부분을 채워주는 것 같았다. 단순 봉사에서 시작해 정기봉사로 나를 알릴 수 있었던 기관에서는 학년이 올라간 후엔 가지고 있는 자격증을 토대로 직접 클라이언트를 대하며 프로그램 진행도 해볼 수 있는 기회를 가질 수 있었다. 이렇게 봉사활동을 통해 학교에서 배운 이론에서 벗어나 현장을 알게 되었고 사회복지의 묘미를 알게 되었다. 현장에서 일하는 사회복지사들을 보며 나도 예비 사회복지사로서 사회복지 현장에서 꼭 일을 해야겠다는 생각이 커져만 갔다. 그 당시 학생의 시각으로는 다양한 사람을 만나고 이야기하고 그 사람을 이해하고 사람의 변화를 이끌어 내는 것이 사회복지인 것 같아 묘한 매력이 느껴졌다.

취업기관 선택 시 고려해야 할 중요한 요건을 확인하는 현장실습

사회복지 학부생으로서 당연한 의무인 사회복지현장실습을 했다. 한 번은 의무이고 두 번은 선택인데 이왕이면 두 번을 하는 것이 나의 경력에 도움이 될 것으로 생각했다. 첫 실습은 3학년 여름방학 때 한국치료레크리에이션협회에서 하였고, 두 번째는 4학년 1학기 때 주 1회, 성남종합사회복지관에서 실습을 하였다. 방학 중 실습은 직원처럼 매일 출근하듯 해야 했고 실습일지를 제출하는 것도 힘든 과정이었다. 그 당시 문서를 작성하여 출력하는 것이 일이었다. 프린트가 에러가 나면 새벽에 PC방을 전전해 가며 한글프로그램이 있는지, 프린트는 되는지 확인하다 보면 늘 헉헉거리며 지각하지 않으려고 최선을 다했다. 그러다 과제라도 있는 날이면 밤을 새우기 일쑤였고 되돌아보면 그렇게 힘들 수가 없었다. 그러나 열심히 하였기에 지금도 그때의 기억이 생생하다. 특히 기억에 남는 것은 실습일이었던 수요일에 예배를 드리던 것이었다. 기독교인이 아닌 나로서는 30분이지만 그 시간이 조금 불편했고 그러한 경험으로 내게는 운영 법인의 종교 또한 취업할 기관 선택 시 중요한 요건으로 자리 잡는 계기가 되었다.

더 많이 배우고 경험하면서 능력을 강화시킬 것

한국치료레크리에이션협회의 경우 실습기관으로는 좀 생소한 곳일 것이다. 우연히 학교에서 수강생 모집 홍보지를 보고 관심이 생겨 문의를 하게 되었고 사당에 있었던 센터로 아무런 연고도 없었는데 찾아갔다. 사회복지사가 되려면 취업할 때 레크리에이션 자격증은 기본이라는 선배들의 이야기를 들었던 것이 계기가 되었던 것 같다. 단기간에 참가비 몇 만 원으로 딸 수 있다고 하였으나 나는 이왕 하는 거 제대로 배우고 싶었고 프로그램 진행자로서 나의 능력을 강화하고 싶었다. 경쟁사회에서 다른 학생들보다 더 많이 배우고 경험하고 싶었고 다른 학생들보다 더 질 높은 자격증을 가지고 싶은 욕심이 있었다. 자격증 과정은 이론과정, 실습과정, 시험까지 3가지 과정으로 나누어져 있었고 거의 1년여에 걸쳐 시간과 돈과 노력을 투자하여 얻어낸 뜻깊은 2급 자격증이었다. 그렇게 자격증을 취득하였고 그것을 토대로 수서명화종합사회복지관에서 운영하는 노인주간보호센터에서 주 1회 치료레크리에이션을 진행하면서 TR(Therapeutic Recreation) 진행을 위한 사정, 목표, 실행, 성과측정 등 일련의 과정에 대한 문서를 작성하였다. 나에게 TR에 대한 열의를 불러일으켜 주셨던 슈퍼바이저께 엄격한 피드백을 받으며 프로그램을 진행하고 한 회 한 회 발전할 수 있었던 시간이었다.

혈액형이 A형으로 내성적이고 소극적인 성격이었던 나는 사회복지를 하려면 보다 적극적이고 외향적인 성격으로 변화되어야 할 필요성을 느꼈고 의도적으로 TR을 통해 그런 리더십과 프로그램 진행자로서의 여러 기술을 익히고자 노력하였다. 이러한 경험은 훗날 내가 현장에서 여러 사람들 앞에 서는 것에 대한 거부감이 없고 자신감 있게 1시간이든 2시간이든 주어진 시간을 효율적이고 효과적으로 활용하며 의도한 내용을 전달하고 그룹의 역동성을 이끌어 낼 수 있는 능력을 갖출 수 있게 해주었다.

다양한 기관의 여러 사업들을 만나볼 수 있는 자원봉사활동

대학 때는 사회복지라는 포괄적인 범위에서 교육을 받지만 자원봉사활동을 하다 보면 정말 다양한 기관이 있다는 것을 알 수 있다. 그리고 직접 하는 사업들이 어떤 것인지 더욱 구체적으로 알 수 있는 계기가 된다. 사회복지 분야의 대상으로는 성인, 아동, 청소년, 여성, 장애인, 노인 등이 있다. 예컨대, 장애인을 대상으로 하는 사업들도 발달장애, 정신장애, 지체장애, 시각장애 등 세부적으로 나가다 보면 정말 사회복지 분야는 끝이 없는 것 같다. 가만히 살펴보면 그와 관련된 시설들 또한 많다는 것을 알 수 있다. 그러나 학생 때는 복지재단, 종합복지관, 노인복지관, 장애인복지관, 요양원 등 단순하게 몇 개 시설들에 대한 정보 밖에 알지 못하고 또 알려주는 루트가 없기에 학생으로서는 모를 수밖에 없는 것 같다. 나도 다르지 않았다. 그렇기에 진로를 고민할 때 어떤 사회복지시설들과 관련 기관들이 있는지 정보를 탐색해 보고 나아가 자원봉사를 통한 경험을 해보는 것이 정말 중요한 일이다.

사회복지 분야를 선택하는 데 있어 성격, 적성 등 자신에 대한 판단의 필요성

TR을 통해 발달장애를 겪고 있는 아동과 2 : 1로 연계하여 캠프를 다녀온 적이 있다. 자폐성향의 약 여섯 살 정도였던 것으로 기억되는 남자 아동은 eye contact이 어렵고 언어로 의사표현을 하지 않고 걷기를 무척 싫어하는 아이였다. 주변에 관심이 없었고 움직이는 자동차, 버스에 대해서만 반응이 있었던 아이였다. 안타까운 마음에 아이의 엄마는 늘 자가용을 이용해 아동과 이동을 했고 그로 인해 다리에 근육이 하나도 없는 듯 가느다란 아이였다. 부모의 욕구와 아동의 상태에 기반을 둔 우리의 개입 목표는 아동이 10미터 이상 스스로 걸어서 움직이게 하는 것이었다. 여름 캠프장에서도 늘 무력하게 누워있던 아동은 수영장에 들어가기 싫어하였으나 흥미를 유발하여 수영장에 함께 들어갔고, 물이라는 특수 상황 속에서 나가고 싶어 했으나 주저앉을 수 없었기에 10분여 이상을 수영장 안에서 같이 손을 잡고 걸어다녔다. 그날 저녁 힘이 들었는지 일찍 잠이 들었다. 하지만 수영장에서의 운동은 이 아동에게 신체적으로 무리가 덜 가며 또한 걷는 연습을 하기에 적합한 활동이었다고 우리는 판단을 내렸다. 하루는 함께 나들이를 갔다가 센터로 돌아오는 길이었다. 다른 발달장애아동들은 걷는 것에는 무리가 없어 씩씩하게 돌아가는데, 이에 비해 우리 팀만 낙오되는 것이었다. 아동은 지나가는 버스를 가리키며, 타고 싶어서 바닥에 드러누워 움직이려 하지 않았다. 초콜릿 우유를 좋아하였기에 걸으면 초코 우유를 주겠다고 회유하였더니 초코 우유를 가지러 오는 1~2미터를 걸어서 왔고 한 모금 마시고는 또 길바닥에 주저앉았다. 이러기를 수도 없이 반복하여 결국 센터까지 걸어갈 수 있었다. 그 당시는 아이를 조금이라도 한 발짝이라도 더 걷게 하여 다리에 힘을 길러주고 스스로 걷고자 하는 의욕을 심어 주는 것에 목표를 가졌었는데, 아이가 아팠다고 하니 아직 대학 3학년 학생 입장에서 사회복지사의 판단이 중요한 것인지 의사전달에 어려움을 겪는 발달장애아동의 자기결정권이 중요한 것인지 혼란스러웠다. 그리고 그때 경험은 발달장애아동에 대한 이해, 그 가족의 어려움에 대해 깊이 공감할 수 있는 계기가 되었다.

재활원 캠프도 3년 동안 참여했다. 캠프는 육체적으로 힘들었다. 복지관이나 센터에서 만나던 장애아동, 장애청소년들은 그래도 부모의 관심과 보호를 받고 프로그램을 이용하던 중이었기에 그렇지 않은 시설 장애인과는 많은 차이점이 있었다. 칫솔질이 어려운 장애인에게 식사 후 칫솔질을 해주면서 이에 낀 음식물 찌꺼기를 보며 역함을 느꼈고 이런 나 자신을 보며 내가 사회복지를 한다면서 장애인에 대한 편견이 있는 건 아닌지 생각해 보았다. 또 좀 짧은 생각에 캠프 기간 동안 친해졌던 소위 엘리트라고 불리었던 장애청소년이 연락처를 달라고 하여 줬던 것이 서너 차례 연락으로 이어졌다. 급기야 시설에서 독립하고 싶으니 도와달라는 요청에 큰 충격을 받고 당황스러웠다. 나의 행동에 깊은 후회를 하게 되었다. 섣부른 호의가 클라이언트에게 기대감을 가지게 하였고 그 결과에 대한 책임도 질 수 없었다. 나는 '미안하다. 나는 아무것도 너에게 도움을 줄 능력이 없구나. 시설 사회복지사 선생님께 상담을 해보는 것이 좋을 것 같아'라는 말밖에 되풀이할 수 없었고 장애인복지를 하기에는 신체적으로나 정신적으로 능력이 부족하다고 판단하는 계기가 되었다.

청소년 분야는 다양한 문제나 욕구를 가진 청소년을 사회복지사로서 이해하고 함께하며 변화를 이끌어 낼 수 있어야 하는데, 같은 청소년기를 보냈음에도 불구하고 학교, 집, 학원이라는 틀 안에서만 움직여왔던 나로서는 편견 없이 청소년복지를 할 자신이 없었다. 청소년들이 사용하는 생활언어조차도 듣고 있기가 힘들었다. 정말 좋아했던 초등학교 때 여자친구를 대학 때 만나 반가웠는데, 화장실에서 담배를 피우고 있는 모습을 보고 충격에 빠져 그 친구를 다시 생각하게 되었던 나였기에 청소년복지를 잘할 수 있을 것이란 믿음이 생기지 않았다. 실제로 청소년복지를 하고 있는 사회복지사들을 보면 정말 많은 활력과 긍정 에너지를 가지고 있고 사회복지사 스스로도 굉장히 역동적이고 적극적인 성향과 개성을 가진 분들이 많음을 알 수 있다. 자신에 대한 판단이 필요한 부분인 것 같다.

미래에 대한 불안을 노인복지학, 사회사업학 복수전공을 통해 해소

사회복지학부가 되면서 전공이 두 개로 나뉘었다. 전공을 선택해야 했다. 사회사업 전공을 할 것이냐 노인복지 전공을 할 것이냐 막연했다. 전공을 고민하던 2학년 때, 많은 동기들이 사회사업 전공을 선택했지만 나는 미래 가치가 있다고 판단된 노인복지 전공을 선택했다. 많은 사람들 중에 한 명으로 묻히는 것보다는 소수가 있는 곳에서 나 자신을 알리는 것이 더 효과적이고 효율적일 것으로 생각했다. 또한 노인복지 전공 선배들이 좋았던 것도 하나의 원인이었다. 소수로 진행하는 수업이 교수님과의 관계에서도 밀착도가 높았고 나의 이름 석 자를 기억해 주시는 것이 좋았다. 또한 '노인'이라는 대상에 대해서도 경험을 해보았다. 성가정노인복지관에 있었던 노인주간보호센터에서 정기적인 TR 프로그램 자원봉사를 했다. 치매에 걸린 어르신이 하루는 자원봉사를 하러 온 나를 보더니 '어릴적 엄마 손잡고 다니며 요만 했던 애기가 이렇게 커서 다시 왔다며 교회를 같이 다녔다'고 옆의 어르신들에게 이야기하고 또 옆의 어르신들이 '아 그랬었구나' 하는 대화를 듣고 있으니 어르신들이 친근하게 느껴졌고 늘 반갑게 맞아주셔서 자원봉사활동 역시 보람을 느꼈었다. 이론적으로나 현장에서나 노인복지를 전공하는 것에 대해서는 조금의 의문이나 거부감이 없었다. 다만, 미래에 대한 불안이나 꼭 노인복지 분야에 취업이 안 될 수도 있고 노인복지 전공이라는 것이 혹여나 채용하는 분 입장에서는 단일 대상의 복지 분야라고 느낄 수 있을 것 같아 과목을 조금 더 이수하고 사회사업을 복수 전공하였다. 현재 나의 대학 학위증엔 노인복지학 전공, 사회사업학 전공이 병기되어 있다. 그것으로 적게나마 마음의 불안을 해소하였다.

이력서의 한줄한줄을 메워 가는 다양한 경험들

다양한 자원봉사 경험은 막연하고 광범위한 사회복지 분야에서 내가 어떤 분야에서 일하고 싶은지에 대한 길을 현실적으로 좁혀갈 수 있는 기회가 되었던 것 같다. 글을 적다 보니 하나씩 하나씩 자원봉사활동을 했던 학생 때의 경험이, 기억들이 되살아남을 느낀다. 학생 때 사회복지를 해야겠다고 느끼는 순간부터 정말 열심히 능력을 쌓기 위해 노력했던 것 같고 그것이 취업 때 이력서상의 한 줄, 자기소개서상의 한줄한줄이 되었던 것 같다. 또한 면접 시 학생 때의 다양한 현장에서의 경험은 어떤 질문에도 대답할 수 있다는 자신감을 갖게 해주었다.

학창시절 동안 어떤 자세로 임했는지를 판단하는 객관적 근거가 되는 학점

학업도 중요한 부분인 것 같다. 1학년 입학 후 정말 열심히 놀았고 대학생활의 묘미, 술도 많이 마셨던 것 같다. 중·고등학교 때 학생으로의 평이한 일상을 보내다 보니 특별하다 할 학창시절의 기억이 없는 것이다. 하루, 하루가 1년이 지나도 똑같은 하루로 기억되는 그런 시간을 보냈던 것이 아쉬웠다. 그래서 대학 1년은 정말 후회 없이 놀아보고자 했고 그렇게 했다. 그 결과 1학년 1학기 3.46점을 받았지만 후회하지는 않았다. 2학기부터는 학점 관리를 좀 해야겠다는 생각이 들었고 또 가능하다면 장학금도 받고 싶었다. 학점을 잘 받을 수 있는 요건을 확인하여 좋은 점수를 받고자 고민을 했고 열심히 과제를 했으며 대학생이지만 시험기간만이라도 독서실에 가서 집중해서 공부하고자 하였다. 그 결과 꾸준히 4점대 이상을 획득할 수 있었고 졸업 평점 4.0점, 졸업학기 학점은 4.5점, 졸업 시기에 1등을 하니 취업 전 자신감이 넘쳤다. 4.0을 여러 차례 넘었어도 1학년 1학기 점수와 평균을 내니 졸업 평점 4.0을 넘는다는 것이 어려운 일이구나 실감했다. 장학금을 타기도 했지만 아쉽게 놓칠 때도 있었고 이런 과정을 반복하면서 정말 열심히 하는 친구들도 많다는 것을 새삼 느낄 수 있었다. 노력하는 사람은 비단 나 하나뿐이 아니었던 것이다. 학점이라는 것은 수정할 수 없는 이력에 한 줄 들어가는 나의 능력을 어필하는 하나의 결과물이다. 그래서 열심히 하고자 하였다. 수많은 지원자들 중에서 독보적일 순 없지만 우수 지원자들의 분류 속에라도 속하고 싶었고 그것을 위해 노력했다.

나는 지금 지원자가 아닌 직원 채용에 대해서 기관 내부적으로는 관장님 다음의 권한을 가지고 있는 부장의 위치에 있다. 과장이 되었을 때부터 직원 채용 시 서류를 접수하고 서류전형 통과자를 선발할 때 기본적인 사항에 성적증명서가 있다. 객관적으로 4.0점이냐 3.9점이냐를 판단하여 서열을 매기는 것이 아닌 4년간의 학점을 통해 지원자가 사회복지를 전공하며 사회복지사가 되기 위해 학창시절 동안 어떤 자세로 임했는지를 판단하는 객관적 근거가 될 수 있다. 또한 면접 시, 4년 동안 어떤 분야에 관심이 있었는지는 필수과목을 제외하고 수강한 과목들을 통해 유추해 볼 수 있다.

리더십과 후원개발 역량을 키울 수 있는 동아리 활동

동아리 활동을 통해 키울 수 있는 역량 중 하나는 리더십과 후원에 대한 부분이었다. 대학 3학년 때 동아리 회장이 되었고 누구보다 특별하게 잘하고 싶은 욕심이 있었다. 그때의 경험은 나에겐 사회복지의 축소판이었고 동아리 회원을 통솔하는 것은 직원을 관리해야 하는 현재의 리더십을 쌓을 수 있었던 경험의 바탕이 되었다. 우선 동아리 회원들의 관심을 불러일으키고 싶었고 동아리실의 이용률을 높이길 원했다. 학생들이 동아리방에서 리포트를 작성하거나 출력할 수 있게 컴퓨터와 프린터기를 마련하기 위해 선배들의 후원을 이끌어 냈다. 동아리 연구지 발간을 위해 홍익제출판사 대표님을 만나서 예전 자료들을 보여 드리며 지원을 부탁했다. 감사하게도 지원을 결정해 주셨고 올바른 편집법을 알려주셔서 출판사에 남아 수정을 했고 최종본 승인을 받았다. 그로 인해 학생들을 후원해 주셨던 선배님들에게 책을 한 권씩 발송할 수 있었고 관심에 보답하기 위해 우리가 할 수 있는 것, 여러 행사에 대한 전화연락을 자주 드리고 자원봉사활동에도 더욱 매진했다.

인생의 롤모델이 된 사회복지 멘토 선배님들을 통한 성장

학생 때 사회복지 선배님들을 만나 사회복지사의 꿈을 키울 수 있었다. 나의 첫 롤모델은 OOO 관장님이셨다. 관장님을 보며 현장에서 능력을 인정받고 대학 강단에서 학생들을 대상으로 사회복지 현장에 대해 이야기할 수 있는 그런 미래의 사회복지사가 되고자 다짐했다. 레크리에이션을 통한 사회복지를 하고 계시며 제주도에 통기타 하나 매고 내려가셨다는 OOO 대표님을 통해서도 '다양한 사회복지 분야가 있고 또 그 속에서 즐겁게 사회복지를 할 수 있구나'를 깨달을 수 있었다. 그리고 한국치료레크리에이션협회에 소속되어 활동하고 계셨던 OOO 슈퍼바이저를 통해서도 '여자지만 남자보다 더 나은 열정과 능력으로 사회복지현장에서 활동할 수 있겠구나'라는 생각을 할 수 있었고 여러 사회복지 선배님들을 통해 꿈을 키워나갔던 대학생 시절이었다. 사회복지에 관심을 키우며 자원봉사를 하였으며 배우고자 노력하며 쫓아다녔고 적극적이고자 했다. 그래서 여러 경험을 쌓을 수 있었고 멘토들을 만날 수 있었으며 목표도 분명히 할 수 있었다. 이로 인해 나는 성장할 수 있었던 것 같다.

현재에 충실하게 경험을 쌓고, 사회복지 분야에서 능력을 발휘하는 사람이 되라

대학 4년이라는 시간 동안 미래가 불안해 현실을 부정하기도 했고 진로가 미리 정해져 있지 않았기에 방향을 잡을 수 없는 혼란의 시기도 분명 있었으나 한 가지는 명확했다. 사회복지학부로 입학한 이상 다른 학교, 다른 과로 편입을 하고자 하는 생각이 없는 이상 부모님께서 힘들게 내주신 등록금으로 다닌 4년이라는 긴 시간을 헛되이 보내고 싶지 않았다. 다른 미래에 대한 확고한 생각이 없다면 현재에 충실하고 경험을 쌓고 사회복지 분야에 능력 있는 사람이 되고 싶었고 객관적으로 그것을 증명할 수 있는 방법을 찾아갔다. 학생의 신분으로 어필할 수 있는 최선의 그것, 다양한 분야로의 봉사활동을 통해 막연한 미래를 현실화해 가고 현장의 목소리를 들으며 현장에서 나에게 필요한 자격을 한줄한줄 채워나가고자 노력했다. 감히 한순간에 되는 것이 아니라 말하고 싶다. 아무것도 하지 않고 흘려보낸 시간이라도 그 목적이 있어야 한다고 생각한다. '나는 1년 동안 아무것도 하지 않았지만 열심히 놀았어. 그걸로 됐어. 열심히 놀았으니 앞으로는 학업에 충실할 수 있을 거야', '나는 1년 동안 아무것도 하지 않고 고민만 했지만 나의 진로를 확정했어. 그건 내게 중요한 것이고 나의 인생이 걸린 것이기에 1년여의 시간이 아깝지 않아.' 이렇게 내가 흘려보낸 시간에 대한 책임도 나 자신이 지는 것이기에 그 시간에 대한 의미도 내가 부여할 수 있어야 하고 후회하지 않는 것이 중요하다고 후배들에게 말하고 싶다. 그만큼 내가 흘려보낸 시간이 소중함을 우리 모두가 느끼고 있을 것이라 생각한다.

후배들에게 가고 싶은 곳이 있으면 경험을 해보라고 말해주고 싶다. 나는 학생 때 사회복지공무원이 있는지도 몰랐다. 그래서 생각도 하지 못했지만 복지관이 아닌 소위 name value가 더 높다고 생각되는 기관에 대한 동경도 당연히 있었다. 그렇기에 한국장애인고용촉진공단에서도 한동안 봉사하였고 그것이 연계되어 공단 내 도서관에 장애를 가진 직원분의 업무를 보조하는 역할로도 활동하였었다. 공동모금회 활동에도 참여해 봤고 아동 · 청소년 · 노인 · 장애인 등 모든 시설에서 자원봉사의 경험이 있다. 사회복지현장을 소문이나 다른 사람의 간접경험으로 막연히 기피하는 것은 올바른 판단이 아니라 생각된다. 관심 분야가 있다면 경험을 통해 전공을 선택하고 취업의 분야를 선택해야 후회가 없을 것이다.

나는 28살에 과장으로, 32세에 부장으로 승진을 했다. 노력의 결과이기도 하지만 운도 무시할 수 없을 것 같다. 그러다 보니 사회복지가 박봉이라고는 하나 돈과 명예가 함께 동반되었고 2012년 기준 법인수당이 포함되어 4,500만 원이 나의 연봉액이었다. 예전이나 지금이나 사회복지는 박봉으로 소문나 있고 취업 시 얼마를 받고 싶다는 명확한 생각 없이 사회복지사 일을 하겠다는 생각만으로 취업했던 것 같다. 훗날 확인했을 때 2002년 입사 때의 연봉은 1,600만 원이었고 이렇게 될 것이라 예상을 못 했는데 나는 지금 내가 하고자 하는 사회복지를 하면서도 남들이 부러워하는 연봉을 받는 사람이 되어 있다. 2013년 보건복지부 급여 기준 복지관 사회복지사 1호봉은 시군 수당을 합쳐 연봉 2,200만 원을 조금 상회하는 것으로 나타났다. 사회복지 분야도 대기업에 비하면 한없이 부족하겠지만 시간이 갈수록 처우는 개선되리라 기대한다. 급여 부분에서 이런

현장이 싫다면 시작부터 평균 급여가 높은 곳을 공략하고 정보를 획득하고 자격조건을 충족해 나가는 노력이 필요하다. 때론 어학 점수도 필요할 것 같다. 사회복지현장의 업무가 정말 맞지 않다면 졸업 후 공무원이 될 수 있도록 자신들의 미래를 가꾸어 나가길 바란다. 사회복지공무원의 역할도 흔히 생각하는 행정업무가 다가 아니라는 현실도 알고 있어야 할 것이다. 이런저런 노력 없이 단순히 '이런 곳은 이래서 싫고 저런 곳은 저래서 싫고 나는 처우가 좋고 급여가 높고 남들한테 인정받는 곳으로 갈 거야'라는 막연한 생각을 가진 사람들은 대학 4년을 졸업한 후에도 아마도 미래에 대한 방향이나 확신 없이 여전히 방황하고 있을 가능성이 높을 것이다.

나의 객관적 능력과 조건을 냉철하게 판단하고, 취업을 위한 전략과 전술로 준비하라

현실은 냉정하다. '두드려라 열릴 것이다'라는 믿음과 노력도 중요하지만 나의 객관적 능력과 조건도 냉철히 판단하여 경쟁사회이기에 내가 취업이 가능한 곳과 그것을 위한 전략과 전술을 고민하고 실행하여 대학 4학년 때 사회인으로서의 준비가 충분히 되길 마음 깊이 바란다. 첫 시작을 남들이 신의 직장이라 부르는 좋은 곳으로 하면 정말 이상적이겠지만 단계를 밟아가며 그것을 만들어 나가는 것도 하나의 방법일 것 같다. 직장을 다니다 보면 정말 다양한 스트레스를 경험하게 된다. 그렇기에 미래를 선택할 때 무엇보다 중요한 것은 내가 힘든 상황 속에서도 이겨낼 수 있고, 내가 잘할 수 있고, 내가 잘하고자 노력할 수 있는, 하고 싶은 일이 무엇인가를 판단하는 일이고, 그것을 찾는 시간이 대학 시절인 것 같다.

네 번째 꿈: 장애인복지

사회복지는 사람 사는 재미난 이야기(fun한 story)

꿈이 이끄는 삶

사유(思惟)할 수 있는 사회복지사가 필요하다

행복하게 사는 사람이 성공한다

사회복지는 사람 사는 재미난 이야기(fun한 story)

탐라장애인종합복지관 직업재활팀 사회복지사
고한철

사회복지라는 단어도 모르는 시절에 만난 동네아이

과거로 돌아가 보면 사회복지라는 단어조차 뇌리에 없었던 시절이 있었다. 군 제대 후 막노동(노가다)을 하면서 조금이나마 돈을 벌게 되면서 누군가를 도와보겠다는 생각이 든 것 같다. 복학 기간이 남아 있었던 터라 막노동을 하면 그 당시로는 꽤나 많은 돈을 받을 수 있었는데 방법을 몰랐던 나는 무작정 신문사를 찾아갔고 신문사에서 좋은 분을 안내해 주셨다. 나는 소개를 마치고 남은 복학 기간 동안 막노동을 하는데 그 기간 동안 번 돈의 일부를 누군가에게 후원을 하겠다는 의사를 전달했고 방법을 자문해 달라고 요청하였다. 일단 얘기를 들어본 신문사 직원(직책은 기억이 안 나지만)은 다양한 분야를 설명해 주셨다. 노인, 아동, 청소년, 시설 등……. 후원하는 방법과 대상을 선정하는 게 좋겠다는 말씀과 함께 어떤 대상을 하면 좋겠는지 생각해 보라고 했다. 나는 여러 대상 중에서 소년·소녀가장이 유독 눈에 들어왔다. 그래서 소년·소녀가장을 도와보고 싶다고 했다. 대상을 정하자 시청 아동과를 소개시켜 주면서 그쪽으로 문의하면 연결된다고 했다. 나는 그 길로 바로 시청 담당부서로 향했고 담당자와 자리를 마주할 수 있었다. 신문사에서 말한 것처럼 담당자는 명단이 쭉 쓰여 있는 파일을 내밀었고 어떤 아동을 돕는 게 좋을지 선택하라고 했다. 나는 그 명단을 찬찬히 들여다보았다. 명단 파일에는 도와주는 분들이 순서대로 기재되어 있었고 남자 대상자와 여자 대상자로 각각 나뉘어져 있었다. 찬찬히 둘러보던 나는 우리 동네에 속해있는 한 남자아이의 이름에 눈이 갔다. 중학생으로 기억되하는데 그 당시 초등학생인 여동생과 어린이집을 다닐 만한 남동생을 돌보며 무허가 건물에서 생활하고 있었다. 나는 부모님의 손길이 아쉬울 그 아동에게 후원금을 보내기로 결정했다. 담당공무원을 따라 아동의 집을 방문하고 후원금을 보내게 된 사연을 얘기했다. 그리고 '편안하게 형처럼 생각해 달라'고 하고 아동과의 관계가 시작되었다. 복학하고 나서 동료들에게 이런 과정을 설명하니 친구들도 흔쾌히 도와주었다. 어린이날이면 동생들을 데리고 관광도 하고 맛있는 것도 먹고 가족 같은 관계가 되면서 참 재미있는 시간들의 연속이었다. 그러나 학업을 하다 보니 자연스럽게 아동과의 관계는 점차 멀어졌다. 후에 그 아동은 훌륭히 잘 커서 모 제약회사에 취업을 했다고 한다. 이 일이 처음 나로 하여금 사회복지에 대한 마음을 가지게 한 건지도 모르겠다. 짧은 기간이었지만 어찌됐든 아동과의 즐거운 인연이 아직도 기억 속에 남아 있다.

다양한 직장에서 많은 사람들과의 소중한 경험, 그리고 방황

복학을 하고 학업생활을 시작했다. 2년여의 대학생활을 마치면서 나의 인생은 참 재미나게 전개되었다. 사실 난 그다지 아는 것도 많지 않고 똑똑하지도 않다. 자부심을 가지거나 삶의 목표를 뚜렷하게 세운 것도 없었다. 오로지 취업을 하고자 하는 마음 하나만으로 어떤 일이든 시작했다.

첫 직장은 렌터카 회사 총무였다. 제주에 본사가 있고 대리점도 세 곳이나 있는 꽤나 유명한 곳이었다. 본사 소속으로 총무 일을 맡아보게 되었다. 직장에서 일과 사람을 맞이해보는 것을 포함해 모든 것이 처음이라는 생각에 나름대로 최선을 다한 것 같다. 그때 제일 힘들었던 것 중에 하나가 잦은 술 접대였다. 사람들과의 관계형성의 시작이자 소통의 시작이었다. 하지만 만만치 않은 술자리는 나를 이직하게 하는 동기를 제공했고, 이직을 한 후 나의 방황은 시작되었다.

새로운 직장을 찾아 지역생활정보지 등을 뒤져가며 닥치는 대로 직장생활을 이어가고자 했다. 공사장 인부로, 소위 말하는 막노동일(노가다)을 거치면서 건물 신축현장에서 또 다른 사람들의 인생과 함께 할 수 있었고, 그분들의 인생과 애환을 들을 수 있는 좋은 시간이 되었다. 몸은 힘들었지만 정신적으로 참 맑았던 것 같다. 하지만 그것도 잠시 취업의 문은 열리지 않았다. 그래서 시작한 것이 학원차량 운전기사였는데 이 일을 하면서는 아이들의 세상을 보게 되었다. 이 세상도 참 재미있는 세상이었다. 그러다 컴퓨터 판매회사 직원, 보험사 직원으로 판매업에 종사하면서 다양한 부류의 사람들과 소위 영업이라는 업무를 통해 소통을 하는 계기를 마련하였다. 말하는 기술을 익히고 다양한 사람들과의 관계형성으로 인해 대화기술이라는 것을 습득할 수 있었다.

그리고 사채업자 운전기사를 하며 엄청난 일을 경험하게 되었다.

두 달의 짧은 경험이었지만 사채업자들과 돈을 빌려 쓰는 사람들과의 관계, 실로 놀라운 일이 아닐 수 없었다. 소위 사람이 할 짓이 아니었다. 내눈에는 약자를 통해 이익을 갈취하는 모습으로 보였다. 그래서 두 달 만에 그만뒀고 그 이후로 주류회사 판매사원, 라면회사 영업맨, 건강관리협회 직원 등 다양한 직업을 전전하는 방황의 생활이었다.

먹고 사는 게 참 고달픈 시간이자 집 안에서는 인정을 못 받는 그런 시간이었다. 그나마 위안이라면 다양한 사람들과 다양한 경험을 했고 소중한 경험을 소개해 준 진정한 참 스승이 있었다는 것이다. 지금 이렇게 지낼 수 있는 것도 지난 과거의 사람들과의 만남과 소중한 경험들로 인해서인 것 같다.

사회복지 초년생의 자격증 취득과 취업, 사회복지순례

그러다 사회복지에 관심을 가진 계기는 동생(사회복지사)이 사회복지학을 전공하면서부터다. '나도 사회복지학을 전공해 보면 어떨까'라는 의견을 물었고, 어떻게 하면 사회복지사 자격을 취득할 수 있는지를 묻고 바로 야간 사회복지학과를 입학하게 되었다. 사회복지를 위한 첫걸음이 이렇게 시작되었다.

그때는 내가 건강관리협회에 재직하고 있던 터라 어렵지 않게 야간대학에 다닐 수 있었다. 2년여의 과정을 직장과 학교를 오가며 나름대로 열심히 한 결과 사회복지사 자격증을 취득하게 되었다. 4년여의 대학정규과정과 함께 다시 대학 졸업장과 자랑스러운 자격증이 생긴 것이다. 내 인생에 이렇게 큰 자랑거리는 없었다.

사회복지사 자격증을 취득하고 마땅한 사회복지기관에 취업하기란 그리 쉬운 게 아니었다. 10년 전의 일이지만 사회복지기관이 아무리 많다 해도 갈 만한 곳을 구하기는 하늘의 별따기였다. 특히, 30대 초반으로 내가 갈 곳은 없었다. 그래서 교수님께 추천을 해달라고 부탁했고, 이렇게 노인시설인 양로원에서 사회복지사로서 나의 인생이 시작되었다. 총무로서 업무를 시작했는데 양로원의 어르신들이 정말 좋았다. 내게 잘해 주셔서 어찌나 기뻤던지 지금도 생각하면 정이 느껴지고 절로 미소가 나온다. 하지만 그런 재미도 잠시, 내부에 문제가 생겼고 문제의 원인은 소통에 있었다. 물론 나의 잘못이다. 사회복지 초년생으로 내가 생각했던 것이 이루어지지 않는다고 불통으로 간 것은 잘못인 것 같다. 이 사건을 통해 많이 느꼈고 이로 인해 나는 무자격으로 한 달간 사회복지순례를 떠났다. 말이 거창하지 사회복지 순례라기보다는 다른 지방의 사회복지기관 견학이었다. 부산지역을 시작으로 나는 기관 방문 때마다 리플릿을 챙기며 기관을 견학하고 담당자들의 설명을 들으면서 한 달간의 나만의 복지순례를 마감했다. 많은 사람들을 만났고 얘기를 들으며 나름대로의 사회복지에 대한 개념과 실천현장을 보고 배울 수 있었다. 지금 생각해도 참 잘했다고 생각한다. 관계를 배웠으니 이 또한 얼마나 중요한 일인가?

사람들과의 많은 만남은 큰 행운, 자원은 바로 사람들

제주도로 귀향한 나는 다시 지역생활정보지를 뒤지기 시작했다. 그 때는 거의 모든 취업 관련 정보는 지역생활정보지를 통해 공고를 했다. 지금은 홈페이지나 사회복지사협회, 사회복지협의회 홈페이지 등 다양한 형태로 구인광고를 싣고 있지만 그땐 지역생활정보지가 으뜸이었다. 어쩌면 나에겐 큰 행운이었다. 한 곳에만 집중할 수 있었으니까.

지금의 탐라장애인종합복지관에 이력서를 내게 된 것도 지역생활정보지 덕분이었고 어렵게 입사를 하게 되었다. 입사하게 된 사연도 참 재밌다. '사회복지를 하라는 운명이었나?' 서류전형을 통과하고 면접을 보고 일사천리로 진행되었다. 입사의 희망을 품고 연락을 기다렸지만 이게 웬걸 전화는 오지 않았다. 보름이 지났을까? 포기하고 생활정보지에 집중하고 있던 나에게 전화 한 통이 걸려왔다. 내가 이력서를 내고 면접을 본 바로 탐라장애인종합복지관 총무팀 이었다. 다음날 재 면접을 보고 이번엔 아르바이트로 잠시 근무하자고 했다. 그것도 어디로 가야할지 몰라서 헤매던 나에게는 한줄기 희망이었다. 그렇게 시작된 복지관 생활이었다. 나중에 안 사실이지만 아르바이트로 시작을 하고 수습으로 전향되었던 데는 다 그럴 만한 이유가 있었다. 처음 합격했던 두 사회복지사 중에 한 분이 일주일 만에 그만두게 되었고 내부적으로 논의한 결과 재공고를 내기보다는 면접점수 3등을 재면접을 보자는 데 의견이 모아졌고 바로 면접점수 3등이 나였던 것이다. 이렇게 탐라장애인종합복지관에 입사하게 되었으니 더욱 힘이 날 수밖에 없었다.

처음 맡겨진 업무는 재가복지였다. 재가복지는 수업시간에나 들어봤지 실제 실무를 맡게 될 줄은 몰랐다. 사업계획서를 작성하고 과거 담당자의 사업을 답습하는 것으로 시작했고 많은 사람들을 만나게 되었는데, 이것은 정말 큰 행운이었다. 과거 다양한 직업을 경험하면서 사람들과 관계를 한지라 두려울 게 없었다. 오히려 매일매일 일찍 출근해서 클라이언트를 만나러 가는데 그렇게 기쁠 수가 없었다. 눈을 뜨면 그냥 사무실로 출근을 했으니 얼마나 신났는지 말을 안 해도 알 것이다. 그때 참 많은 자원이란 걸 찾아다녀 봤다. 그 자원은 바로 사람들이다. 만나고, 만나고, 또 만나니 모두가 관심을 가져주고 도움을 주었다. 사회복지현장에 빨리 적응할 수 있었던 것은 동료들 못지않게 도와준 고객과 지역사회 사람들 덕이었다. 지금도 그분들은 복지관에 힘을 실어주고 계신다. 한분한분 소중한 정말 은인과도 같은 분들이다. 재가복지를 2년 정도 하다 보니 길이 보였다. 완전한 것은 없었지만 그래도 고객들과 함께하고 고민할 수 있으니 문제해결도 훨씬 쉬웠다.

행동으로 실천하지 않으면 아무것도 얻을 수가 없다

그렇게 재가복지를 행하던 중 복지관에서는 갓 신입인 나에게 후원담당으로 인사 발령을 내 난감했다. '이게 도대체 뭔 일이래? 재가복지도 완전하지 못해 한참 배우고 실천하고 있던 차에 후원업무가 웬 말인가?' 사실 엄청 부담이 갔다. 그러나 신입이 못하겠다고 하기는 쉽지 않았다.

두 번째의 업무가 시작되었다. 힘들다던 생각도 잠시 나는 과거 보험사를 비롯 라면회사, 주류회사 등의 영업을 담당했던 경력이 있던 터라 바로 그런 영업 방식을 선택해서 실시하게 되었다. 무조건 맨땅에 헤딩하는 것이다. 아니면 말고! 양복 멀쩡하게 차려입고 탐라장애인종합복지관 명함을 내밀면 거절하는 사람이 없다. 대부분 한마디가 "참 좋은 일 하십니다."였다. '그래, 나 좋은 일 하는 사람이니까 같이 합시다.'라고 속으로 외치며 복지관을 홍보하고 사업에 참여할 수 있도록 의논하고 발바닥에 땀나도록 찾아다녔다. 그때 제주상공회의소의 제주중소기업편람 자료에는 직원이 몇 명인지, 무슨 직종인지, 매출은 얼마나 되는지 속속들이 소개되어 있어 찾아다니는 데 큰 힘이 되었다. 쉽게 생각하니 길은 있었다. 다양한 직업 경험이 큰 힘이 된 것은 틀림없다. 다양한 경험을 한 사회복지사가 문제해결 능력도 월등한 것 같다는 생각을 해본다. 그건 지역사회를 많이 두루 돌아보는 것으로도 어느 정도 가능하지 않을까? 행동하라고 말하고 싶다. 행동으로 실천하지 않으면 아무것도 얻을 수 없고 해결할 수 없다. 현장에서 다양한 경험만큼 좋은 스승은 없다고 생각한다.

고객의 욕구를 바탕으로 삶의 질 향상을 꾀할 수 있는 프로그램 개발

2013년 6월이면 탐라장애인종합복지관 입사 10년을 맞이하였다. 그동안 재가복지팀과 기획정보팀을 거쳐 소외된 분들과 지역사회에서 함께 생활도 해보았고 인적자원이든 물적자원이든 네트워크를 이뤄 많은 걸 실천해 보기도 했다. 특히 사회재활팀을 거치면서 제주시에서 지원하는 청소년통합캠프를 통해 장애청소년과 비장애청소년이 서로를 이해하는 과정에 참여하면서 통합교육의 필요성을 느꼈고 담당교사들과의 만남으로 인해 각 학급의 특수교육 현황에 대한 정보도 얻을 수 있었고, 프로그램도 공유할 수 있었다. 또한 제주시장배 장애인볼링대회 개최를 통해 제주지역 성인장애인들의 여가문화의 필요성을 다시금 생각해 보았다. 성인장애인들의 여가문화 프로그램, 스포츠활동 등 다양한 영역에서의 지원활동이 필요한 것을 절실히 느끼는 계기가 되었다. 이처럼 프로그램 하나하나가 고객들의 욕구를 찾아 행해진다면 만족도는 크다는 것을, 그 만족도로 인해 고객들의 삶의 질 향상을 꾀할 수 있다는 것을 새삼 느끼는 계기가 되었다.

지금은 직업재활팀에 직업적응반을 담당하고 있다. 지적장애인들의 취업을 통해 자립할 수 있는 여건 조성과 가정의 보조자 역할을 한다. 말은 쉽지만 현실적으로는 많은 어려움에 처해 있는 게 사실이다. 지역사업장의 인식도 그러하지만 대부분 3D로 불리는 열악한 환경의 사업장들이 대부분이며 이들의 작업환경이나 근로조건 또한 열악하기 짝이 없다. 그럼에도 불구하고 지적장애인들의 자립을 위한 훈련과 프로그램은 지속적으로 진행되어야 한다. 이는 한 가정의 고충을 해결할 수 있는 방법이며, 가족들의 소진도 막을 수 있는 길이라 생각되어지기 때문이다. 이렇게 나는 탐라장애인종합복지관에서 다양한 직무를 짧은 시기에 경험해 보게 되었다. 여러 영역을 경험하면서 최선을 다했다고 생각하지만 솔직히 부족한 부분이 많다. 내가 현장에서 실천했던 게 정답이 아니고 답습했던 것도 있으며, 모방을 통해 새로운 시도를 해보기도 하였다. 그리고 다른 복지관의 사례와 현장 노하우 등도 배워가며 지속적으로 발전할 수 있는 방법도 고민할 수 있었다.

관계를 통한 소통과 자문, 독서를 통한 배움과 책모임 형성의 필요성

이렇게 많은 일을 할 수 있었던 이유는 주위의 많은 사람들과의 관계를 통한 소통과 자문, 그리고 실천 때문이었다. 부지런한 사람을 이길 수는 없다. 방법이 틀렸다고 어리석은 게 아니다. 어떻게든 실천하기 위해 부지런히 시행착오도 겪어야 한다고 생각한다. 이것이 곧 실천현장이고 현장에서 변화를 가져오는 길이라고 생각한다. 그래서 오늘도 맡은 업무를 최선을 다해 실천하고 있다. 그리고 나의 실천현장을 SNS를 통해 홍보하고 자문을 구하며, 정보를 얻고 있는 것이다.

나는 복지관 업무를 하면서 틈틈이 시간을 활용하여 책을 읽는다. 책에는 길이 있기 때문이다. 원래 책을 읽어도 잘 기억을 못하는 성격이라 많이 읽으려 한다. 그러다 보면 정말 하나라도 기억에 남고 그것을 통해 사회복지현장에서 실천할 수 있는 방법을 찾을 수 있다. 탐라장애인종합복지관 조직생활과 관련하여 어떻게 생활해야 하는지, 동료들과의 관계, 리더들과의 관계정립 등 책에서 얻고 실천하는 방법을 익힐 수 있기 때문이다. 직장에서는 내부고객 즉, 우리 동료들과의 관계와 리더들과의 관계가 정말 중요하다. 사회복지사로서 근무하다 보니 실제 일보다는 사람에 지쳐 이직하는 경우를 많이 봐왔고, 이직 후 다른 직장에서도 직원들과의 관계에서 소통의 부재로 힘들어 하는 사회복지사들을 많이 봐왔다. 그렇기 때문에 조직구성원과의 관계형성 및 네트워크는 중요하며, 직장예절 또한 상당히 큰 역할을 한다. 이러한 것은 슈퍼바이저라고 친절히 가르쳐 주지 않는 부분이다. 다들 바쁘다고 아우성치며, 주위의 동료를 돌아볼 틈을 가지는가? 어쩌면 실적이란 굴레에 매이고 예산확보와 집행으로 인해 사람들과의 관계를 단절시키는지도 모르겠다. 이런 소진현상을 조금이라도 풀어낼 수 있는 게 독서라고 생각한다. 책에는 어느 정도 길이 있기에 부지런히 읽고 배우면 반드시 적용할 수 있게 된다. 그래서 책 읽기를 권하고 싶다. 소그룹으로 책모임을 형성하여 정기적으로 읽고 토론하는 관계를 가지는 것도 하나의 방법이다. 그러다 보면 1년에 12권은 반드시 읽게 된다. 덤으로 지식과 소양은 자연스럽게 얻을 수 있으며 책을 통해 사람들과의 관계회복, 더불어 직장생활의 활력을 찾을 수 있다고 생각된다.

적극적인 교육을 통한 역량강화와 인적 네트워크, 교류

또 직장에서는 부지런히 자기계발을 해야 한다. 이것은 저절로 이루어지는 것이 아니라 자신의 노력과 직장에서의 도움이 필요하다 하겠다. 업무와 관련된 세미나, 토론회, 발표회 등과 아울러 많은 교육현장을 부지런히 참여하는 게 필요하다. 이는 교육 자체도 중요하지만 사람들과의 관계를 통해 소통하면서 더 많은 배움을 얻을 수 있다는 것이다. 교육을 통한 현장체험이며, 다양한 경험의 교류를 통해 실천현장의 사례를 얻을 수 있고, 업무에 적용할 수 있는 가장 좋은 방법이라 생각한다.

처음 사회복지사로 입사하고 재가복지를 시작할 때 우리 복지관에서는 국립재활원에서 열리는 재가복지요원반 교육을 4박 5일 참여한 적이 있다. 전국에서 많은 분들이 참여했고 나는 그분들과 함께하는 동안 각 지역의 실천현장과 담당자들과 교류를 시작하게 되었고 이를 계기로 재가복지요원반 모임을 하면서 부족한 부분을 채워 나갈 수 있었다. 이러한 장점을 복지관에 와서 연수보고서를 통해 보고하니 관장님은 그후로도 사례관리 교육을 두 차례나 지원해 주셨다. 이는 많은 인적 교류를 통해 재가복지실천을 좀더 쉽게, 재미나게, 활발하게 할 수 있는 시간이 되어주었다. 사회복지는 정말 재미가 있어야 한다. 사람사업이기 때문이다. 사람의 일을 사람이

해결하고 지역사회에서 문제를 풀어내는 연결 고리를 만들어 낼 때 사회복지현장은 우리가 추구하는 삶의 질 향상으로 나아갈 수 있다. 이런 의미에서 적극적인 교육을 통한 역량강화와 인적 네트워크, 교류를 가져와 지역복지를 완성해 나갈 수 있다.

현재 직장에서 부지런히 일할 수 있는 힘도 네트워크를 통한 인적 자원에 있는 것 같다. 이러한 자원을 찾아다니는 것은 복지관이란 브랜드와 나란 사람이 있기에 가능할 수 있을지도 모른다. 직장에서 바람직한 상을 스스로 만들어 가는 것이다. 그것은 적극적인 자기계발과 사람, 지역사회와의 네트워크 구축에서 이루어진다. 복지관에서는 나를 위해 일하는 게 아니라 클라이언트, 바로 고객을 위해 일하는 것이다. 따라서 업무를 실천할 때 나를 내세우기보다는 고객을 먼저 생각하고 고객의 입장에서 생각하면 될 것이다. '내가 행복하면 고객이 행복합니다.'가 아닌 '고객이 행복하면 내가 행복합니다.'라는 마음으로……. 그러면 직장에서도 나를 지지해 줄 것이고 그 힘은 재미나게 일하는 바탕이 될 것이다.

한 예로 재가복지시절 제주의 한 동사무소 사회복지전담공무원과 동네의 고객의 복지욕구를 해결하는 과정이 있었다. 적극적인 네트워크와 소통으로 문제를 해결해 나가는 과정이 정말 재미있었다. 먼저 소통하고 그 다음에 고객의 욕구를 물으니 절로 문제에 대한 의논이 시작되었다. 공무원은 적극적이지 못하고 도움을 주지 않는다는 인식을 불식시키는 계기를 만든 동네 복지실천현장이었다. 할머니의 주거환경 개선을 위해 자원을 찾아 헤매니 공동모금회에서 지원해 주었다. 동네 자원봉사단체를 찾아다니며 동네 주거환경에 대해 여쭈어 보니 자연스럽게 풀려나갔다. 루게릭병을 앓고 있는 분의 소식을 접하고 자동침대 구입을 위해 모금회가 나서 주고, 식물인간으로 사경을 헤매는 분의 사연은 어린이재단 사랑의 리퀘스트에서 해결해 주었다. 아동의 소원을 이뤄주는 것은 단연 어린이재단이었다. 겨울철 보일러 기름은 한국에너지재단이 지원해 주어 한겨울을 따뜻하게 지낼 수 있었다. 일을 하면서 어려운 것도 많았다. 신청하는 사연마다 다 해결할 수 있는 것은 아니었다. 그때 지역신문사에서 거들어 주었다. 사연을 기사화해 주었고 후원자를 연결해 주기도 했다. 지금도 신문기자님과는 네트워크를 통해 도움을 받는다. 재미있게 뛰어다니니 지칠 일도 없다. 내가 한 게 아니라 지역과 기관에서 이루어 주었다. 동사무소 공무원과 나는 그냥 고객의 욕구를 어떻게 해결할까 여기저기 알린 것뿐이다.

복지는 재밌는 일, 웃으며 하는 기쁜 일

이렇게 사람들과 소통하고 네트워크를 이루니 복지는 재밌는 일이 되었다. 웃으며 하는 기쁜 일인 것이다. 남들이 얘기하는 힘들고, 어렵고, 대접 못 받는 일이라고 하는 까닭은 방법을 모르고 현장으로 갔기 때문이다. 요즘 사회사업가들이 실천현장 사례집을 많이 내는데 내용을 보면 모두 발에 땀나도록 찾아다녔고 그 안에 즐거움과 기쁨이 있다는 내용이다. 지금의 생활에서 최선을 다하고 사람과 네트워크, 교육을 통하여 자기계발을 하라고 권하고 싶다. '현재 맡고 있는 나의 업무가 최선이다.'라는 생각이다.

사회사업을 하면서 전국네트워크 하나쯤은 있었으면 좋겠다는 생각도 해본다. 전국 각 지역의 사회복지사들의 모임을 말하는 것이다. 나의 경우 '얼숲화원'과 '미인계'(미치도록 아름다운 계단을 만드는 사람들)라는 전국 모임을 통해 네트워크를 하고 있다. '얼숲화원'은 2012년 5월쯤, 페이스북 활동을 하면서 접하게 되었으며, 전국 각 지역의 사회복지사들이 활동하고 있는 그룹이다. 대구, 거창 모임에 이어 인천에서 실시된 제3회 모임에 참석하게 된 것을 계기로 100명이 넘는 일선사회복지사들과 네트워킹하는 계기가 되었다. 이 그룹은 단순 모임을 떠나 회원들 간에 활발히 교류하고 지역 소식과 활동 내용을 보면서 서로에게 활력소와 피드백을 제시하고 사회사업을 바람직한 방향으로 가져갈 수 있도록 많은 힘을 주고 있다. 또한 서로를 지지 격려하고 도움을 요청하고 자문을 얻는 등의 활동이 진행되고 있으며 각 지역의 얼숲화원 회원들끼리 소모임을 운영하는 활동도 진행되고 있다. 말 그대로 인적네트워크를 통한 사회사업을 진행할 수 있는 발판이 되는 것이다.

사회사업을 하다보면 사람들이 얼마나 소중하고 귀한지를 알 수 있다. 사회복지가 사람사업인 이유는 사람을 통해 사람의 욕구를 해결해 내는 일이기 때문이다. 인적 네트워크는 사회복지사들 간에도 중요하지만 지역의 사람들과 기관, 단체, 기업 등 많은 자원이 필요하다. 이런 네트워크는 사람을 통해 지역의 문제를 해결하고 그 문제를 쉽고 빠르게 해결하는 유일한 방법이다. 따라서 전국의 사회복지사들과의 네트워크가 지역의 우수한 사례를 배우게 해주고 우리 지역도 적용해 보게 해주는 소중한 자원이 될 수 있다는 것이다. 이는 보다 더 발전적인 사회복지 현장기술을 습득할 수 있고 쉽게 적용케 하는 일이라 하겠다. '사람이 힘이다.'라는 사실이 절로 느껴질 것이다.

또 하나의 전국 네트워크 '미인계'는 2003년 재가복지요원반 교육을 통해 만난 사회복지사들의 일부가 참여해 활동하고 있는 그룹이다. 서울, 서산, 강원, 영주, 안동, 대구, 제주의 회원들이 활동하고 있다. 매년 2~3회씩 각 지역에서 만남을 가지고 지역복지를 실천하는 모임이며, 회원들 간의 교류를 통해 지역의 문제를 고민하고 해결해 보고자 만나고 있다. 모임에서는 그 지역의 열악한 기관이나 재가장애인들에게 후원금 또는 물품기증을 통해 조금이나마 도움을 주고 있기도 하다. 매년 대구, 강원, 서산 등 서로 연결되는 지방에서 모임을 가지며 정보공유를 한다. 이처럼 전국 네트워크 모임을 하다 보면 자연스럽게 각 지역의 우수사례와 더불어 많은 정보를 공유할 수 있고 이걸 통해서 사회사업의 영역을 확대할 수 있다. 요즘은 SNS를 통해 사회복지 관련 전국 네트워크 하나쯤은 쉽게 연결하여 활동할 수 있다. 적극적인 자세가 필요한 부분이며, 많은 사람들의 활동을 통해 새로운 현장의 기술을 습득하고 적용할 수 있을 것이다.

"뚜뚜뚜뚜~~~~~ '메뚜기 존'의 고한철입니다." SNS로 소통하는 법

최근 SNS는 큰 화두다. 사람과 사람의 만남을 통해 소통하고, 오프라인으로 연결되고 자연스럽게 만남이 이루어진다. 소통을 통해 이루어지는 복지현장 이야기는 경험과 마찬가지로 사회사업을 하는데 큰 자원과 힘이 된다. 사회복지를 실천하는 사람들일수록 적극적으로 SNS를 활용하는 것이 바람직하다고 생각한다. 특히, SNS는 불특정 다수가 이용할 수 있는 공간이지만 진실 된 의견과 예절을 통해 소통을 나누다 보면 경험하지 못한 다양한 현장 실천의 이야기를 접할 수 있다. 수많은 페이스북 회원들은 회원들 간의 소식과 현장의 이야기를 통해 많은 정보를 얻는 게 사실이다. 나 또한 페이스북 활동을 통해 각 지역현장의 수많은 사회복지사 및 사람들과 소통을 하면서 그들의 이야기와 소통하고 오프라인에서 만남을 즐기면서 다양한 정보를 공유하고 있다. 예전에는 카페활동을 하며 제한된 소통을 했지만 최근에는 SNS와 블로그 활동을 겸하며 소통하고 또한 기록의 도구로도 활용하고 있다. 블로그는 페이스북을 하면서 기록의 공유와 보존을 목적으로 시작한 지 얼마 되지는 않았지만 사회복지 실천현장을 기록하고 공유하고 자신을 돌아보는 소중한 공간이 되고 있다. 이처럼 SNS와 블로그 등을 적절하게 사용하는 능력은 사회복지사로서는 참 소중한 소통의 길이라고 생각한다. 정보의 홍수시대라 불리는 요즘엔 이를 활용하는 능력이야말로 엄청난 자원을 형성할 수 있게 해준다. 이는 전적으로 자신의 몫이며 돈들이지 않는 방법인 것이다. 페이스북 등 다양한 SNS에는 많은 작가도 있고 독자도 있다. 페이스북 회원들 모두가 작가이며, 독자다. 한 사람 한 사람이 쓰는 글은 훌륭한 인간계발서적이 되고 에세이가 되며, 시가 되고 수필이 된다. 작가와 독자의 만남이 자연스럽게 넓어지고 그것으로 인해 우리 스스로를 완성해 나가는 공간이 되는 것이다. 따라서 이러한 소셜미디어는 누구나 활용하는 게 바람직하고 소통의 도구로 사용할 수 있었으면 한다.

나의 페이스북 활용의 예를 들어보고자 한다.

"뚜뚜뚜뚜~~~~~ '메뚜기 존'의 고한철입니다." 이는 나를 알리는 소중한 말이다.

나는 어릴 적 한철이라는 이름으로 인해 '메뚜기'라는 별명을 얻었다. '메뚜기도 한철'이라는 데서 붙여진 별명이다. 어릴 적에는 메뚜기라는 별명이 그리 좋은 게 아니었다. 그땐 놀림거리 정도로 생각했으니 무척이나 싫어했다. '메뚜기'라는 별명은 학창시절 내내 따라다녔고 지금도 나의 별명으로 불리어지고 있다. 페이스북을 활용하면서 '나 자신을 어떻게 하면 친근감 있게 표현하고 홍보할 수 있을까?'를 생각하던 차에 '메뚜기'라는 별명을 활용하기로 했고, 페이스북에서 인연을 맺고 제주로 찾아오는 분들과 내가 근무하는 탐라장애인종합복지관 앞 제주도 모형의 간판에서 사진을 찍고 페이스북에서 소통하는 모습을 자연스럽게 올렸다. 찾아오는 분들이 많아지면서 유명한 곳이 되어버렸고 나는 이곳을 '메뚜기 존'이라고 이름을 붙였다. '메뚜기 존'이 유명세를 타면서 사람들의 방문이 이어졌고 자연스럽게 온라인으로 만나 제주도의 유명한 음식도 먹고 술도 하면서 네트워크를 이어갈 수 있었다. 올해도 많은 분들이 방문해 주었으며 나는 '메뚜기 존' 인증 샷으로 페이스북을 통해 자연스럽게 탐라장애인종합복지관과 나를 홍보할 수 있게 되었다. 이러한 오프라인의 만남은 제주도를 알리고 제주도 사회복지현장과 타 지역의 사회복지현장의 다양한 실천사례들을 공유할 수 있었다. 또한 서로 간의 신뢰를 통해 사회복지현장의 이야기들을 많이 나눌 수 있으며, 정보를 공유하는 소중한 만남이 되었다. 특히, 섬이라는 지역적 한계 등으로 인해 배움에 제약이 있었는데 '소셜미디어'는 수많은 사람들을 소개시켜 주었고 함께하며 많은 정보를 공유해 주었다. 물론 처음에는 낯선 제주에 대한 정보와 단순한 만남으로 시작되었지만 이를 계기로 온라인 등에서 지속적으로 소통할 수 있었고, 그렇게 알게 된 많은 분들과 사회복지현장에 대해 토론과 발전을 위한 논의도 할 수 있었다. 또 서로의 경험담을 나누며 이를 자신의 상황에 맞춰 접목해 보는 기회도 가질 수 있었다. 올해도 많은 분들이 찾아오고 있고 만남들 속에서 오고가는 다양한 사회복지현장의 이야기들을 잘 경청하고, 적용해 보며, 가치를 나누고 공유하는 게 내가 꿈꾸는 목표가 되었다.

실천현장에서 사회복지사 역할은 역량을 강화하고, 소통하기 위해 노력하는 것

사회복지현장은 실천현장이어야 한다. 어떻게든 현장 안에서 시작하고 현장에서 해결해야 한다고 생각한다. 그렇게 되기 위해서는 사회복지사가 최선을 다해 지역사회로 나가고 사람들을 만나야 한다. 사람들과의 만남에서 욕구가 발생하고 해결 능력을 가질 수 있다. 지역사회 안에서 충분히 해결할 수 있다고 본다. 그게 사람의 힘이며, 사회복지사는 사람을 거드는 일, 주선하는 일에 전력을 다 해야 할 것이다. 급속도로 발전해 가는 현장에서 사회복지사의 역할을 스스로 찾아 역량을 강화하지 않으면 안 되는 이유이기도 하다. 내가 존중받기를 원하면 안 된다. 페이스북을 통해 나의 복지관 사업을 공유하는 것도 나를 존중받기보다는 다양한 사례를 공유하고자 함이다. 나의 사회복지실천 현장을 공개함으로써 실천적인 힘을 더욱 얻기 위함이다. 따라서 고객의 삶의 질 향상을 위해 먼저 만나고 거들어 주는 게 사회복지사의 역할이라고 생각한다.

마지막으로 사회복지현장에서 소통은 정말 중요하다. 내부 직원들과의 소통도 그렇지만 지역사회의 다양한 사람들과 그리고 앞에서 말한 소셜미디어를 통한 네트워크 등 인터넷을 통한 소통까지도 필요하다. 주위에 사람들이 많아서 나쁠 것은 하나도 없다. 오히려 사람들이 많이 있을 때 사회복지현장에서 자신감도 생기며 사업도 신명나게 할 수 있는 것이다. 지역사회와 사람들과 기관, 단체, 기업 등, 만날 수 있는 모든 분들과 두루 어울려야 한다. 적극적인 만남과 소통은 어쩌면 나의 희생을 가져올 수 있지만 그것은 희생이라기보다는 사회복지사로서 최선을 다하는 길이라고 생각한다.

'사람이 희망이다.'

꿈이 이끄는 삶

사회복지법인 향림원, 장애인거주시설 향기로운집 원장
김성현

장애인들과 함께하는 감사하고 귀한 시간

장애인들과 어느덧 10년이란 귀한 시간을 함께 하고 있다. 대학 1학년 겨울 방학 때, 장애인특수학교 통학보조원이 되면서 장애인들과 인연을 맺게 되었다. 통학보조원으로서 장애인들과 함께하면서 평안과 기쁨을 누리게 되었다. 군대를 다녀온 후 장애인들과 함께 일할 수 있는 기회가 있어 장애인복지와 인연을 맺게 되었다. 이러한 작은 만남들이 모여 열매를 맺을 수 있는 귀한 시간들의 밑거름이 되었다. 지금은 경기도 이천에서 중증장애인들에게 다양한 휴먼서비스를 지원하는 장애인거주시설 '향기로운집'의 시설장 역할을 수행하고 있다. 내년이면 60년이 되는 역사와 전통이 있는 법인에서 일할 수 있는 것에 기쁨을 느끼며, 나에게 주어진 사명을 다하는 것이 큰 행복으로 다가온다.

생각만 해도 가슴 떨리는 꿈, 그런 꿈이 있는가

이 글을 쓰며 지금의 나와는 다르게 꿈과 목적 없이 살아가던 학창시절의 내 모습을 돌이켜 본다. 군대 가기 전까지 학업에 수동적으로 살았던 부끄러운 기억이 있다. 그러나 군대를 다녀온 대학 3학년 때쯤부터 삶에 대해 심각한 고민들이 많았다. '나는 왜 사는 것일까? 아니 내가 사는 이유, 목적은 어디에서 찾아야 할까?' 동시대에 살고 있는 나를 포함해서 많은 사람들이 이런 고민을 고등학교를 졸업할 때까지는 심각하게 해보지 못하는 것 같다. 나는 예수님을 믿는 신앙심 덕분에 꿈을 찾게 되었고 삶에 커다란 변화가 일어났다. 내가 생각하는 삶의 이유, 살아간다는 것은 꿈을 향해서 나아가는 것이라 생각한다. 생각만 해도 가슴 떨리는 꿈, 생각만 해도 좋아서 잠을 설치는 일이 다반사인 그런 꿈. 여러분은 그런 꿈이 있는가?

진정 원하고, 하고 싶은 꿈을 찾아 불가능에 도전해볼 것

한 가지 이야기를 들려주려 한다. 나는 어렸을 때부터 탈무드를 참 좋아했는데, 토끼와 거북이 이야기가 가장 인상 깊었다. 많은 사람들은 토끼와 거북이에 대해 이렇게 기억할 것이다. '토끼가 달리기를 졌다.' 또는 '토끼가 잠을 자서 거북이가 운 좋게 이겼다.' 그런데 여기서 질문은 이어진다. 여러분이 거북이라면 과연 달리기가 주 종목인 토끼에게 도전할 수 있겠는가? 이것은 어찌 보면 불가능할일지도 모른다. 하지만 불가능에 도전하는 것, 이것이야말로 우리의 꿈을 찾는 가장 큰 의미가 아닐까 생각을 해본다. 어쩌면 우리는 거북이와 같은 환경 속에 살아가고 있는 것이다. 급변하는 사회복지환경, 사회복지사로서 정규직과 비정규직의 급여차이, 취업의 어려움 등등 갖가지 여러 고난과 역경 속에 살아가고 있는 우리는 거북이의 상황과 비슷하다. 나는 지금 감히 여러분이 진정 원하는 것, 즉 꿈이 있는지 다시 한 번 묻고 싶다. 내가 진정 원하는 것이 무엇인지도 모르면서 살아가는 많은 사람들처럼 불행한 사람은 없을 것이다. 많은 이들이 지리적 조건이 좋은 곳, 좋은 환경, 급여가 많고 안정된 곳에서 일하고 싶어 한다. 만약에 여러분이 장애인복지를 하고 싶다고 생각한다면 다른 곳에서 일하지 않기를 바란다. 내가 하고 싶은 일을 하지 못하는 사람처럼 불행한 사람이 없는 것이다. 우리는 사람들에게 사회복지 전문가로서 다양한 유익을 제공해야 하는 사람들이다. 그런데 그곳에서 근무하는 여러분이 행복하지 않다면 그곳은 죽어가는 공간으로 변할 것이다. 여러분이 꿈을 실현할 수 있는 곳을 찾아가는 것이 그 어떤 것보다 소중한 것이다.

선택을 믿고, 그 곳에서 능력을 발휘하라

그러면 내가 꿈을 이룰 수 있는 곳을 어떻게 찾을 수 있을까? 그것은 선택이 따르기 마련이다. 여러분은 살아가면서 수많은 선택을 하게 될 것이다. 오히려 나처럼 장애인복지를 하겠다고 마음먹고 내가 일할 곳이 정해져 있어 선택할 필요가 없는 경우가 행복할 수 있다. 미래는 아무도 알지 못한다. 오로지 하나님만이 알 수 있는 것이다. 하지만 긍정의 힘을 믿기를 바란다. 어떠한 선택을 하든지 반드시 책임은 따르게 마련이다. 결혼하면 자연스레 알게 된다. 지금의 여러분의 선택이 최선의 선택인지는 아무도 모른다. 여러분이 바닥에 떨어질 수도 있다. 사회복지사의 삶에는 희망만 있다는 말은 과장된 것이다. 그러나 인생은 새옹지마(塞翁之馬)이다. 곧 바닥을 확인하고 다시 올라오는 것이 인생이다. 지나고 보면 여러분에게 다 약이 될 것이다.

직장이 꿈터가 될지, 아니면 거쳐 가는 직장이 될지는 나의 마음가짐에 달려 있다

직장이 여러분의 꿈터가 될 수 있다. 그 직장이 꿈터가 될지, 아니면 거쳐 가는 직장이 될지는 마음가짐에 달려 있다. 다시 말해 그 직장이 온 마음을 다하고 기쁨과 보람을 느낄 수 있는 꿈터가 되면 승진하고 리더의 자리에 한걸음 다가갈 수 있을 것이다. 내가 경험한 평범한 사회복지사는 나쁜 선택을 했을 때, '아! 운이 없었어.', 또는 '아 왜 나한테 이러는 거지?' 하면서 회피하거나 나의 책임으로 돌린다. 사회복지사로서 현명한 사람은 나쁜 선택을 통해서 후회하지만 다시는 똑같은 실수를 하지 않도록 노력하는 사람이다. 나쁜 선택을 통해서 옳은 경험을 하고 옳은 선택을 하게 되는 것이다.

나쁜 선택을 통해 변화하고, 실수를 반복하지 않고, 좋은 선택의 횟수를 늘리기

예컨대 나는 중증장애인을 위한 '향림요양원'에서 일하면서, 이곳을 장애인들에게 '기쁨이 넘치는 요양원'으로 만들고 싶었다. 더 나아가 그 지역사회에서도 인정받는 사람이 되는 소망을 가지고 있다. 그러기에는 많은 시행착오와, 부끄럽기 그지없는 일들이 많았다. 프로그램 진행에서 실수들, 각종 지원재단의 프로포절 심사에 떨어져 보면서 나의 무엇이 문제인지 고민했다. 또한 각종 자료들과 프로포절 작성법 검토뿐만 아니라 프로포절 배포기관에 전화를 걸어 평가방법 및 심사방법에 대한 정확한 규정을 파악하고 우리

기관의 노력 등을 사진과 글에서 하이라이트로 첨부하는 등 다른 기관과 차별화하기 위한 노력을 지속적으로 했다. 나쁜 선택, 실수를 반복하지 않는 현명함을 통해 노력하니 선정되는 횟수가 증가되어 기관에 대한 이미지도 좋아지게 되었다. 나쁜 결과를 변화시키는 것이 주요했다. 사회복지기관에 다양한 행사에 있어서도 음악과 진행, 멘트, 내빈의 동선까지 세밀하게 챙겨 작은 부분도 놓치지 않으려고 했던 기억이 남는다. 나쁜 선택을 통해서 좋은 선택의 횟수를 늘리는 기회로 삼는 것, 이것이 중요하다.

참 일꾼이 되려면 멀티플레이어가 되라

이 분야 전문가가 되기로 결심하고 장애인복지시설의 멀티플레이어가 되지 않으면 안 된다는 것을 깨닫게 되었다. 그 과정에서 거북이처럼 도전하는 것을 배우며 한 방향을 주시하며 걸어가야 한다. 물론 기관에서 나약함을 달래기 위해 한 부서에 오래 있지 않고 보직 변경의 기회가 올 때마다 마다하지 않고 다시 배우고, 동료들이 하기 싫어하는 힘든 일들에 뛰어들었다. 기관의 회계, 행정, 사업계획, 프로그램 기획, 후원자 및 자원봉사자 관리, 지역사회복지 및 연계활동, 후원자 개발 및 모금 사업 개발 등등 그동안 기관에서 해오지 않았던 일들에 도전하고 성취하며 나아가는 법을 터득하며 살아왔다. 젊은 나이에 꿈을 이루기 위해서 학업에 부족함을 느껴 대학원을 꿈꾸며 나아가고 있다. 간절하지 않으면 결코 성취하지 못하는 것이 세상이치가 아닌가 한다. 공부가 간절하지 않으면 공부하는 게 결코 나에게 도움이 되지 않는다.

꿈을 날짜와 함께 적으면 목표, 목표를 나누면 계획, 계획을 실천하면 꿈은 현실이 될 것

지금도 내가 내 삶을 다하는 날까지 이루고 싶은 꿈이 있다. 그런데 여러분은 그 꿈을 어떻게 실현시키겠는가?

내가 참 공감하고 좋아하는 명언이 있다. 드레그 레잇은 이렇게 말한다. "A Dream written down with a date becomes a goal, a Goal broken down becomes a plan, A Plan backed by action makes your dream comes true." 이 말은 "꿈을 날짜와 함께 적으면 목표가 된다. 목표를 나누면 계획이 된다. 계획을 실천하면 꿈은 현실이 될 것이다." 이 말을 가만히 명상하면서 생각해보면 쉽게 이해가 될 것이다. 그런데 마지막 말처럼 행동으로 실천하는 사람은 지극히 드문 것이 우리의 현실이다. 그러나 꿈을 가진 사람은 다르다. 그저 감탄만 하는 것이 아니라 실천하는 사람이다. 나는 꿈을 꾸는 버릇이 생기고 난 후부터 입버릇처럼 장애인시설에 기관장이 되고 싶다고 말했다. 그래서 종종 꿈이 무엇이냐고 물어볼 때마다 "장애인시설에 기관장이 되고 싶어요."라고 당당하게 얘기하고 다닌 기억이 아직도 선명하다. 앞에서 말했듯 꿈이 있어야 한다. 꿈이 있는 사람은 나아가야 할 방향을 알 수 있다. 목표가 있어야 분명하게 나아가야 할 로드맵을 작성할 수 있듯이 꿈을 명확하게 세움으로써 여러분은 큰 변화를 경험할 수 있을 것이다. 내 경우를 본다면 사회복지시설, 장애인복지시설의 시설장이 되겠다는 작은 꿈을 세우고 그것을 날짜(연 단위)로 나누어 기록하여 나의 목표로 만들었다. 대학을 졸업하고, 사회복지사 1급을 취급하는 것을 목표로, 3~4년 후 기관에서 경력을 쌓고 조직에서 능력을 발휘할 수 있는 업무를 스스로 찾고 모두에게 인정받아 승진할 수 있는 능력을 쌓아 대리, 국장이 되겠다는 목표를 세워 일하는 사람이 되었다. 목표가 분명하지 않은 사람은 동기부여가 되지 않기 때문에 평소 일하는 태도가 절대 적극적이거나 자발적인 능력이 발휘되지 않아 조직에서 인정받는 사람이 되지 못한다. 이러한 목표를 세운 후에 근무하는 기관 사업계획서를 검토하면서 나의 목표를 나누어 봄에 따라 분명한 계획을 세우는 것이 업무에 동기를 유발하여 적극적인 업무자세로 이어지는 것이다. 나의 경험에 비춰 보면 사회복지시설에서 정부의 보조금에 관한 비율은 앞으로 지속적으로 감소할 것인데, 이 시점에서는 외부 자원을 확보하는 능력이 사회복지사에게도 점점 더 중요한 과제가 된다. 이러한 외부 사회복지자원을 미리미리 계획을 세워 준비하고 프로포절을 작성하여 사회복지 관련 자원확보 정보를 수집하고 확보하는 직원을 인정하는 분위기가 사회복지현장에서도 파급되고 있다. 이러한 환경으로 인해 모금에 대한 연구를 하고 효과적으로 접근하는 능력을 배양하는 것이 커다란 과업으로 다가온다. 이러하듯이 여러분에게도 이러한 능동적인 자세가 필요하다. 꿈과 목표와 계획을 나누어 업무에 적용한다면 이는 분명히 여러분의 삶에서 꿈을 현실로 만들어 가는 아주 효과적인 방법이라 생각된다.

작은 차이가 결국 커다란 차이를 낳는 것, 깨진 유리창의 법칙

다양한 사회복지 분야가 있으며, 다양한 대상이 여러분의 능력을 필요로 하고 있다. 자신이 잘할 수 있는 것은 개인에 따라 다르다. 그런데 내가 잘하는 것을 발견하고 한 가지 분야에 집중하여 자신의 능력을 특화하는 것이 사회복지 분야에서 경쟁력을 확보하는 데 큰 역할을 할 수 있을 것이다. 예컨대 사회복지평가 분야에서 최고가 되어야겠다고 마음먹고, 기관의 비전과 미션을 함께 설정하고, 설립이념과 설립목적에 맞는 사업계획을 짜고, 기관의 강점과 약점을 분석하여 최고의 서비스를 제공할 수 있는 기관의 로드맵을 작성하여 능력을 발휘하는 적극성으로 나아가가는 것이 좋은 경험으로 다가오게 될 것이다. 여러분도 자신의 능력을 100% 발휘할 수 있는 힘을 키워보길 바란다.

결국 작은 차이가 커다란 차이를 낳는 것이다.

어느 한적한 골목에 보닛을 열어놓은 자동차, A와 B가 있다. B 자동차의 유리창을 깨부수고 일주일 후 관찰한다. 처음과 별로 달라지지 않은 A자동차와 달리 형체를 알아보기 힘들 정도로 파손된 B 자동차, 어떻게 이런 결과가 나타나게 된 것일까? 스탠포드대 필립 짐바르도 교수는 이것을 '깨진 유리창의 법칙'으로 설명한다. 이렇듯 초기에 작은 차이가 최종에서는 큰 차이를 발생시키는 것이다. 이처럼 사회복지사로서 직장 생활에서 성실히 임하지 못하면 기관에서 뜻을 펼치지 못하고 무너지는 경우를 많이 볼 수 있다. 나도 성실히 업무를 수행하지 못했을 때, 커다란 시행착오를 겪게 되었다. 여러분이 현장에서 사회복지사로서 살아가든지, 아니면 사회복지공무원을 준비하든지, 아니면 사회복지재단을 꿈꾸든지, 여러분의 작은 초기 조건을 무시하지 말고 작은 일에 신중하게 대처하는 사람이 되길 바란다. 작은 차이가 결국 커다란 차이를 낳는 것이다.

미래의 큰 꿈을 다시 한 번 세워보고, 신중하고 열정적인 사람이 되기를

인생의 전환점에 선 여러분은 미래의 큰 꿈을 세워보기 바란다. 다양한 경험을 통해서 나쁜 선택도 해보고, 좋은 경험을 많이 쌓아 삶에서 옳은 선택을 하는 여러분이 되기 바란다. 그리고 작은 차이를 소중히 여기고 매사에 신중하고 열정적인 사람이 되기를 소망한다.

사유(思惟)할 수 있는 사회복지사가 필요하다

해든솔직업지원센터 원장

임효순

사회복지사로서 가치와 철학에 대한 고민

수능세대가 아니고 학력고사 세대여서 눈치작전 끝에 사회사업학과에 입학했다. 당연히 사회사업학과에 대한 흥미도 없었고, 재수를 했기 때문에 친구가 선배가 되는 다소 애매한 상황으로 인해 풋풋해야 할 대학새내기 생활이 밋밋하고 무덤덤했다. 수업시간에 배우는 사회복지 용어들은 너무나 생소해, 마치 나에게 자퇴하거나 삼수를 하여 다른 학과로 입학하라는 말로 들렸다. 빨리 군대를 갔다와서 외국으로 어학연수를 가야겠다는 막연한 생각으로 1학년을 마치고 군대에 입대했다. 밤새 철책을 지키는 군 복무를 하면서 사회복지와 내 자신에 대한 나름의 고민이 생기기 시작했다. 배운 지식과 경험이 나와 내 가족만을 위해 사용되는 것이 아니고 다른 사람을 위해 사용될 수 있다면 그것 또한 의미 있는 인생이 아닐까라는 생각으로 발전하게 되었다. 돌이켜보면 그 당시의 고민은 사회복지사로서 삶을 살아가는 데 큰 도움이 된 것 같다.

하지만 복학 후에도 공부를 해야 한다는 당위성에만 입각하여 공부를 했던 것 같다. 사회사업학과 학생으로서 사회복지학문에 대한 관심과 노력보다는 '교수님들의 사회복지사로의 가치와 철학은 무엇일까?'에 대한 다소 뜬금없는 궁금증이 더 많았다. 그래서 과목이 종강 될 때면 교수님들께 이 질문은 꼭 했던 것 같다. "교수님의 사회복지에 대한 철학은 무엇입니까?" 다소 공격적이고 난해한 질문에 친절하게 응답해 주신 교수님은 없었다. 하지만 한 분의 교수님께서 매번 사회복지를 잊어버린다고 말씀하셨다. 이해할 수 없는 답변이서서 설명을 부탁드렸다. 이용자를 대할 때 사회복지사로서의 권위의식을 내려놓고 수평적인 관점에서 이용자를 대하기 위해 사회복지를 잊어버린다는 말씀이셨다. 또한 사회복지라는 환경은 유동적이기 때문에 항상 변화해야 하고 이용자들에게 개별적인 서비스를 제공하기 위해서는 배울 수 있는 자세를 항상 견지하고 있어야 된다고 말씀하셨다.

그 말씀은 아직도 내 가슴에 살아 있으며, 그 말씀으로 인해 사회복지의 의미를 재발견하게 되었다. 나아가 사회복지라는 학문에 흥미와 관심을 가지게 되는 중요한 계기가 되었다.

내가 필요한 실천현장, 장애인복지관에서의 첫발

이후 나는 사회복지사의 길을 걷겠다고 감히 결심했다. 취업을 앞두고 '사회복지 실천현장 중에서 가장 힘들고, 남자가 필요한 현장은 어디일까?' 등의 질문을 자신에게 던지며 진지하게 답을 찾으려고 노력했고 그 답은 장애인복지실천현장이겠다는 생각을 했다. 그래서 사회복지실습도 장애인시설에서만 했다.

우리나라의 장애인시설들을 비교해 보기 위해 이용시설인 장애인복지관과 생활시설인 장애인생활시설에서 실습했다. 장애인복지관 주간보호팀의 실습과 생활시설에서의 사회재활업무를 통해 성인 중증장애인들에게 서비스를 제공하면서 장애인들이 겪는 고충을 알게 되었지만 '장애'라는 것이 한 개인의 어려움으로 그치지 않고 가족의 고통으로 발전하는 것을 관찰하면서 장애에 대한 문제는 각 개별가정에서 해결하는 것은 근본적으로 한계가 있고 국가가 해결해야 할 문제라는 시각을 갖게 되었다.

동기생들은 사회복지전문요원이라는 공무원으로 사회생활을 시작했지만 나는 공무원의 삶을 사는 것은 왠지 모르게 진정한 사회복지사로서의 삶이 아닌 것 같다는 편협한 생각에 사로잡혀 장애인복지관에 취업하여 사회복지사로서의 첫발을 내딛었다.

서울 소재의 장애인복지관 사회재활팀에서 근무하면서 지적장애인을 위한 취미교실을 개설하여 진행하였고, 지역복지업무 및 사회복지공동모금회 지원사업을 혼자서 수행했다. 퇴근은 남들보다 항상 늦었다. 하지만 지치고 힘들다는 생각보다는 사회복지사로서 현장에서 일하는 것이 너무 행복했다.

사회복지사로서의 초심을 잃지 않기 위한 사색과 성찰

사회복지사 2년차에 '성인지적장애인들의 이미지 향상을 위한 챠밍스쿨 프로그램'이라는 사회복지공동모금회 프로그램을 진행했다. 지적장애인의 부정적인 이미지를 개선하기 위해 make-up 수업과 워킹까지 무료로 진행되었던 프로그램이었다. 강사도 유명연예인을 지원해 주셨고 나 스스로도 완벽한 프로그램이라고 감동했었다. 하지만 회기가 진행될수록 이용자가 모집이 되지 않았다. 이용자들의 욕구는 '다른 사람들에게 내가 어떻게 보여지는가'보다는 '취업을 해서 하루 빨리 자립할 수 있는지'에 대한 욕구가 더 많다는 사실을 간과하고 있었다.

어느새 장애인에 대한 관심보다는 나 스스로에 대한 통찰을 하지 못하는 권위에 쌓인 사회복지사가 되어 있었다. 장애인들의 눈높이를 생각하지 못하고 수직적인 관점에서 장애인을 바라보았다. 나는 사회복지사이고 내가 만든 프로그램은 완벽하기 때문에 당연히 장애인들이 프로그램에 참여해야 한다는 생각을 했었다.

이 일로 나는 자신에 대한 자책감을 조금이나마 덜고, 사회복지를 잊어버리기 위해 1년 동안 사회복지실천현장을 떠났다. 사회복지실천현장을 떠났지만 돌이켜보면 오히려 그 시간은 사회복지에 대한 깊이 있는 사색과 자신에 대한 성찰, 그리고 사회복지사로서 역할을 재정립하는 데 큰 도움이 되었던 것 같다.

사회복지사가 제대로 공부하지 않고 서비스를 제공하는 것은 범죄를 저지르는 것과 같다는 생각을 하게 되었다. 그리고 '사회복지사로서의 역할은 무엇인가?' 등의 질문을 끊임없이 던지며 사회복지사로서의 올바른 시각을 유지하는 데 도움이 되었던 소중한 시간이었다.

효과적이고 개별화된 서비스 제공을 위한 이론적 바탕

복귀하여 장애인복지실천현장에서 근무한 지 10년이라는 세월이 흘렀고, 그동안 장애인들, 그 가족과의 대화를 통해 지적장애인의 진로에 많은 관심을 가지게 되었다. 특히 학교교육이 끝난 후 지적장애인 부모들이 "갈 곳이 없다."고 어려움을 호소하는 것을 보면서 장애인복지계가 시급히 해결해야 할 큰 문제라는 생각이 들었다.

그러면서 대학원에 들어가게 되었다. 장애인복지실천현장의 경험들과 사회복지이론을 접목하면서 사회복지라는 매력에 흠뻑 빠지게 되었다. 그 다음부터는 사회복지 공부가 너무 재밌게 느껴졌다. 특히 사회복지조사론 교과목을 통해서 사회복지와 같은 휴먼서비스 직종은 인간과 그를 둘러싼 환경을 이해하고 서비스를 제공해야 하기 때문에 구체적이고 객관화된 실천 전략을 세워나가야 한다는 것을 새삼 깨닫게 되었다. 효과적이고 개별화된 서비스를 제공하기 위해서는 정교한 이론이 바탕이 되어야 한다는 것을 체감하게 되었다.

인력, 예산, 시설관리, 영업, 리더십 등 장애인직업재활시설의 장으로서의 역량

현재는 장애인직업재활시설을 운영하고 있는 시설장으로 근무하고 있다. 참고로 장애인직업재활시설의 종류는 근로작업장, 보호작업장 두 가지 종류가 있는 데 그중 우리 시설은 보호작업장이다. 보호작업장은 직업능력이 낮은 장애인에게 직업능력 및 직무기능향상훈련 등 직업재활 프로그램을 제공하고, 근로기회 제공 및 이에 대한 임금을 지급하여 사회구성원으로 자립생활을 영위하도록 지원하는 시설이다.

우리 시설에서는 30명의 성인 지적장애인들이 일을 하고 있다. 근로장애인들이 떡을 생산하여 판매하고 있으며 모든 수익금은 근로장애인들의 급여로 사용하여 경제적 자립을 지원하고 있다. 이곳에서 나의 업무는 시설의 대표로서 업무를 총괄하고 있다. 인력, 예산, 시설관리 업무와 제품의 생산 및 판매처를 확보하기 위한 영업

업무까지 모두 수행하고 있다. 요즘은 주로 영업업무에 많은 비중을 두고 일을 하고 있다. 조직생활에 있어 각 팀원들을 단합시키고 역량을 최대한 발휘하도록 서로의 관계를 원만하게 조정해 나가기 위해 리더십 교육과정을 수료하였고, 장애인실천현장의 경험과 연구능력을 구비하여 사회복지현장의 사업들을 학문적으로 승화시키는 데 역량을 발휘하고자 대학원 과정도 이수하였다.

최상의 서비스를 제공하기 위한 지식과 기술 개발

사회복지사는 좋은 일만 하는 착한 사람이 아니다. 처음 보는 사람에게 내 소개를 할 때 꼭 듣는 말이 "좋은 일 하시는군요." 그리고 그 다음은 서먹한 침묵이 흐르고 대화가 더 나아가지 못하는 상황이 많다. 사회복지사는 최상의 서비스를 제공하기 위해 지식과 기술을 개발하는 데 최선을 다하고 이를 활용하고 전파할 책임이 있다고 생각한다. 특히 사회복지실천현장에서 직접 서비스를 제공하는 사회복지사들은 이용자를 둘러싼 수많은 사회적 환경을 이해하면서 문제해결을 위한 실천적 지식을 갖추어야 함에도 불구하고 자신의 주관적인 직관이나 경험만을 내세워 서비스를 제공하는 우를 범하고 있다. 이러한 경우 사회복지사 본인에게는 하나의 경험이 될 수 있지만 서비스를 제공받는 이용자들은 서비스를 받는 그 순간순간이 실전(實戰)이기 때문에 사회복지사의 잘못된 지식 전달과 숙고하지 못한 판단은 바로 이용자들에게 상처가 될 수 있기 때문이다.

사회복지사로서의 자기 자신과 이용자, 환경에 대해 냉철하게 바라보라

남의 것은 얼마든지 따라할 수 있다. 하지만 깊이 사유하지 못하고 단지 따라만 하는 것은 결코 자기 것이 될 수 없다. 아무런 고민 없이 기존 매뉴얼대로 진행한다면 기본은 할 수 있지만 그 이상은 할 수 없다. 장애인에 대한 인권, 자기결정권에 대해 끊임없이 고민해야 되고 예민해져야 한다. 그러기 위해서는 착하기보다는 사회복지사로서의 자기 자신과 이용자 그리고 환경에 대해 냉철하게 바라볼 수 있는 시각이 있어야 한다.

정리하자면, 작금의 사회복지실천현장은 선한 일만 하는 것이 아니라 전문성을 갖춘 선한 사회복지사가 필요하다. 그러기 위해서는 장애인을 이해할 수 있는 기본적인 마음가짐을 지니고 부단히 공부해야 한다. 더불어 자기성찰과 사회복지의 실천적 의미에 대해 지속적으로 자문할 수 있는 사회복지사가 되었으면 한다.

행복하게 사는 사람이 성공한다

한국장애인고용공단 실장
강필수

행복한 삶을 사는 것은 우리 모두의 희망이자 목표다. 그러나 행복의 조건은 절대적인 것이 아니라서 개인에 따라 다르다. 사람을 처음 만나면 그 사람을 이해하기 위해 종종 무슨 일을 하고 있는지 물어보곤 한다. 나의 경우에는 장애인들이 취업을 할 수 있도록 상담하고 일자리를 찾아주는 일을 하고 있다고 대답하면 대부분의 사람들은 참 좋은 일을 하고 있다고 부러워한다. 다른 사람들로부터 좋은 일을 한다고 칭찬받는 일을 하고 있는 것은 큰 축복이다. 그런 나는 사회복지사이다. 나는 사회복지사가 된 것을 늘 감사하게 생각하고 있다.

가난한 사람의 벗이 되어주고 그들과 함께 살아가기 위해 선택한 길

대부분의 사람들에게는 각자의 직업을 선택한 동기나 계기가 있을 것이라 생각한다. 나도 특별하지는 않지만 가난한 집에서 태어나 어려운 삶을 살았던 친구를 보면서 빈곤없는 세상을 꿈꾼 적이 있다.

내가 태어나서 자란 곳은 서울도심 지역으로 수많은 사람들이 모여 사는 매우 복잡한 주택가였다. 베이비부머 세대라 초등학교 때에는 오전・오후반으로 나누어 이부제 수업을 하였는데도, 한 학급의 학생 수가 80명이 넘었다. 그런데 이 지역은 가난한 사람과 잘사는 사람이 작은 고개를 경계로 하여 함께 주거하는 곳이었다. 학교는 자연스럽게 가난한 집 아이들과 부잣집 아이들이 어울리는 공간이 되었다. 부자동네는 속칭 '식모밭'이라 불렀다. 대부분의 집에서 식모를 두고 있었기 때문이다. 식모는 지금의 가사도우미라고 할 수 있는데, 집 안에서 함께 생활하며 집안일을 도와주는 사람을 말한다. 반면에 가난한 지역은 '산동네'로 불렀다. 학교에 점심 도시락을 싸올 수 없을 정도로 가난한 동네이다. 어린 나이였지만 잘 사는 것과 못 사는 것이 무엇인지 느끼고 이해할 수 있었다. 초등학교 6학년 같은 반에 산동네에 사는 마음씨 착한 친구가 있었다. 그 친구는 알코올중독으로 술만 마시면 그 친구와 동생들을 때리고 행패를 부리는 아버지와 가족들의 생계를 위해 남의 집 살림을 도와주며 끼니를 마련하는 어머니와 함께 어려운 환경에서 살았다. 그 친구는 중학교에 진학하지 못했다. 가족들의 생계유지를 위해서 돈을 벌어야만 했기 때문이다. 중학교 입학 후 우연히 등굣길에 마주쳤을 때, 친구는 공부 열심히 하라는 말만 남기고 스쳐 지나갔다. 나는 책가방에 도시락을 들고 학교로, 그 친구는 도시락을 들고 공장으로 향했던 것이다. '저 친구는 왜 학교에 다닐 수 없는 것인가?' 궁금하기도 하고 왠지 미안하기도 했다. 몇 년 뒤에 절도미수범으로 소년원을 다녀왔다며, 술에 취해 길거리를 헤매는 친구를 만났다. '학교에 다녀야 할 시기에 왜 저렇게 살아가야만 하나? 앞으로

저 친구는 어떻게 살아갈까?' 걱정이 됐다. 그러나 가난한 집안의 아이들은 모두 저 친구처럼 되는 것은 아니라는 것을 알게 됐다. 내가 살고 있던 지역에는 가난한 친구들이 많이 있었지만 모두 그 친구처럼 변하지는 않았기 때문이다. 나는 그 이유를 충분하지 못한 학교교육에서 찾았다. 그래서 가난한 아이들도 학교 교육을 받을 수 있도록 제도화하고 그들을 도와주는 사람이 있었으면 좋겠다고 생각했다. 그후 대학을 진학하면서 가난한 사람의 벗이 되어주고 그들과 함께 살아가는 이들이 있다는 것을 알게 됐다. 바로 이것이 내가 사회복지를 선택하게 된 동기이다.

학창시절 '냉철한 머리와 따뜻한 가슴을 가져야 한다'는 가르침

대학시절을 돌이켜 보면, 수업보다는 동아리 모임, MT, 학생회 활동, 기관 견학, 자원봉사활동 등이 더 기억에 남는다. 중증장애아동시설을 방문했을 때이다. 우리 일행을 안내하던 선배 사회복지사께서 한 아이 앞에 멈추어 섰다. 이 아이는 음식물을 혼자 힘으로 넘길 수 없어서 고의로 울려서 울음 뒤의 힘으로 음식물을 넘기게 한다고 했다. 그러면서 이 시설에서 가장 예쁘고 소중한 아이 중 하나라며 밝은 미소로 소개하던 모습이 생각난다. 그 아이를 진심으로 사랑하고 있다는 느낌을 받았다. 그후로 중증장애아동을 만나면 선배 사회복지사의 모습이 늘 떠오른다. 또한 처음 보는 장애아동들이 우리 일행에게 달려와 안기어서 매우 당황했던 기억도 난다. 사람이 그리워 그런 것이라고 설명을 들은 후에야 그들의 행동을 조금이나마 이해할 수 있었다.

그리고 해외입양을 앞두고 출국을 준비하는 아동들을 돌보는 보호소에서의 봉사활동도 기억난다. 고국에서의 추억을 만들어 주고 싶어 우리나라 노래도 가르쳐 주고, 고무줄놀이, 술래잡기 등 친구들과 함께 많이 어울리게 하였다. 몇 주가 지난 뒤에, 여자쌍둥이 자매들이 내게 다가와 울먹이는 소리로 "선생님, 다음주에는 없어요. 모레 떠나요."라고 말하였다. 자기 태어난 곳에서 살지 못하고 낯선 곳으로 떠나는 어린아이들에게 미안하고 속상해서 아무 말도 하지 못한 채 그저 안아줄 수밖에 없었다. 지금 그 아이들은 잘 살고 있겠지! 한국을 기억하고 있을까? 기억한다면 어떤 모습들일까?

사회복지사는 "냉철한 머리와 따뜻한 가슴을 가져야 한다."라는 한 교수님의 말씀을 십분 이해하지는 못했지만 아직도 기억하고 있다. 가르침이란 이런 것이다. 배울 때는 잘 몰랐어도 우리의 생각과 행동에 큰 영향을 주고 있다는 것이다. 지금의 나로 성장시켜 준 소중한 영양분들이다.

나는 대학을 졸업하면서 바로 대학원으로 진학했다. 사회복지에 대한 지식을 쌓은 후 보다 확실한 미래를 설계하기 위해서였다. 대학원생들은 학부생들과는 달리 보다 구체적인 꿈을 가지고 있었다. 교수 또는 사회복지실천가, 정책 또는 방법론 등 각자 나름대로의 전공 분야를 확실하게 설정하고 그 분야에 적합한 논문주제를 가지고 열심히 공부하였다. 또한 유학, 취업 등 구체적인 진로계획을 갖고 있는 이들도 많았다. 나는 빈곤문제를 다루는 실천전문가의 꿈을 갖고 있었다. 같이 공부했던 사람들의 현재 모습을 살펴보면, 그때의 꿈을 따라 살고 있는 이들이 많다. 꿈은 이루어진다는 말이 신기하게도 맞아떨어졌다.

나는 대학원 과정을 마치고 논문을 준비하면서 그 당시 한국기독교사회복지학회 회장으로 계시던 고 김덕준 교수의 배려로 학회 총무로 1년여 동안 일하였다. 사회 초년생으로 부족함이 많은 나는 학술대회 준비, 도서발간을 위한 원고 수정 및 출판, 회원 관리 등으로 꽤나 힘든 시간을 보냈다. 그러나 사회복지계의 원로 및 전문가들을 가까이에서 만날 수 있었던 것은 내게 큰 축복이었다.

설렘으로 가득했던 첫 직장, 장애인복지관

나는 대학원을 졸업하고 군대를 다녀온 후 장애인종합복지관에 입사하였다. 사회사업실천을 가장 전문적으로 실시하고 있다는 명성과 함께 직원들의 자부심이 높은 기관이었다. 장애인과 관련된 전문지식이나 경험이 부족했던 상황에서 지도교수의 추천으로 입사한 나는 장애인을 이해하고 업무를 수행하는 데 처음에는 꽤나 힘이 들었다. 청각장애인과 원활한 대화를 위해 수화교육을 배우고, 장애인과 부모 관련 전문가들과 많은 대화와 경험을 공유하면서 일에 대한 재미와 보람을 느끼게 됐다. 내가 담당한 업무는 지역사회의 장애인문제를 해결하기 위하여 지역자원을 확대개발하고 지역주민의 장애인에 대한 이해증진을 도모하는 지역사회복지사업 분야였다.

내가 장애인복지관에 입사한 시기는 1988년 장애인올림픽이 끝난 시점으로 우리나라에 장애인복지제도가 도입되고 사업이 본격적으로 시작되는 시기였다. 장애인 당사자 및 부모들의 복지에 대한 관심이 증대되고 다양한 욕구들이 표출되는 시점이었다. 장애아동들을 가진 부모들은 자녀들의 조기교육에 큰 관심을 갖고 있었는데, 교육시설은 절대적으로 부족한 상황이었다. 서울시의 경우에도 조기교육시설이 1개소도 없는 자치구도 많았다. 복지관 조기교육실을 이용하기 위해서는 1년 이상 기다려야 하는 실정이었다. 장애아동들의 조기교육이 중요하다고 강조하면서 교육을 받을 만한 시설은 미비했다. 이러한 문제를 해결하기 위해 나는 지역자원을 활용하여 장애아동들의 조기교육센터를 설치하는 일을 하였다. 묵동, 가락동 지역의 장애인 실태조사와 욕구조사를 실시하고, 그 지역의 천주교회 신부님을 만나 이해와 설득을 통해 조기교육실을 개설하였다. 물론 팀 작업을 통해 이루어진 일이지만 지역자원을 동원하여 문제를 해결해 나가는 사회복지실천의 소중한 경험을 할 수 있었다.

장애를 가진 부모들은 '내 아이의 장애 정도가 어느 정도인지?' '걸을 수는 있을지?' '말을 할 수 있을지?' 정말 궁금해하고 걱정도 많이 한다. 그러나 부모들의 이야기를 들어주는 곳도 매우 적었고 정확한 대답을 해주는 곳도 없었다. 그래서 지역을 순회하며 장애진단과 상담서비스를 제공하는 무료순회진단 사업을 실시하였다. 라디오, 신문 등 매스컴에서도 큰 관심을 갖고 홍보를 해주었다. 홍보방송을 듣고 제주도에서 비행기를 타고 온 장애부모도 있었다. 장애 자녀의 미래를 걱정하며 함께 이야기를 나누는 것만으로도 감사해 하던 장애부모들의 얼굴이 지금도 생생하다. 이처럼 사회복지서비스는 필요한 사람에게 필요한 시기에 필요한 만큼 제공되어야 한다는 것을 배우게 되었다.

또한 나는 다운증후군 아동을 양육하고 계신 부모들과 함께 일한 적이 있다. 다운증후군은 특이한 외모로 인하여 다운증후군 자녀를 낳은 엄마가 태아를 보면 장애 여부를 바로 인지할 수 있다. 산모의 충격은 말로 표현할 수 없다. 이 충격을 완충해 줄 만한 상담 전문가를 배치하여야 하는데 우리나라는 전무한 실정이었다. 이에 미국에서와 같이 다운증후군 자녀를 양육하고 있는 부모들이 아픔을 함께 나누고 양육에 대한 경험도 전할 수 있도록 다운증후군 부모회를 결성하자는 움직임이 있었다. 나는 이러한 생각을 가진 부모들과 관련 협회를 조직화하는 작업을 함께 하였다. 다운증후군에 대한 정보도 지식도 부족하여 사업 추진에 힘들었는데, 일부 부모들이 직접 미국으로 견학을 가서 관련 자료와 정보를 가져왔다. 이 자료를 토대로 《다운증후군의 이해》라는 책자를 발간하고 구체적인 사업을 시작하였다. 창피한 일이지만 전문가로서의 자질과 역량의 중요성을 깨닫게 해준 소중한 경험이다. 내가 직장을 옮기게 되어 협회조직 업무를 모두 마무리하지 못했지만, 추후에 협회가 완성되었고 지금은 다운증후군복지관도 설립하여 운영하고 있다. 참으로 흐뭇한 일이 아닐 수 없다.

나의 행복한 일터 '한국장애인고용공단'

우리나라는 1990년도에 장애인들의 고용촉진과 안정된 직업생활을 유지할 수 있도록 하기 위하여 '장애인고용촉진 등에 관한 법률'을 제정하였다. 또한 이를 전문적으로 추진하기 위하여 고용노동부 산하기관으로 한국장애인고용공단(이하 '공단')을 설립하였다. 나는 장애인의 자립을 위해서는 그들의 적성과 능력에 적합한 직업생활을 영위할 수 있도록 만들어 주는 것이 중요하다고 생각하고 있었는데, 마침 공단에서 일할 수 있는 기회가 주어져 전직을 하였다.

장애인은 비장애인에 비해 직업을 갖고 생활하는 데 많은 어려움을 겪고 있다. 이에 우리나라는 장애인의 기본적 인권을 보장하고 사회적 책임을 공동 실천하는 장애인고용의 기본적 이념을 실현하기 위해 국가 및 민간 사업주에게 일정 비율의 장애인고용을 할당하는 '의무고용제도'를 운영하고 있다. 이러한 의무고용제도를 주관하기 위하여 설립된 곳이 바로 공단이다. 공단은 현재 본부, 고용개발원, 직업능력개발원(5개), 지사(18개)를 운영하고 있으며, 약 600명의 직원이 근무하고 있다. 지금까지 나는 20년이 넘게 이곳에서 근무하고 있다. 장애인 고용정책을 개발하고 제도를 개선하며 프로그램을 통해 사회복지를 실천할 수 있는 매우 중요한 현장이기 때문이다. 공단은 장애인 상담평가, 구직장애인의 역량강화 및 직업능력개발, 취업알선, 부담금 징수, 사업주지원제도 운영 등 매우 다양한 사업을 수행하고 있다. 이에 법학, 행정학, 경영학, 정보학, 경제학, 사회학, 심리학 등 다양한 학문적 배경을 가진 직원들이 모여 일하고 있다. 또한 사회복지사도 어느 특정한 분야에 한정되어 일하는 것이 아니라 조직의 필요에 따라 경영, 행정, 교육훈련 및 모든 사업 분야에 배치되어 근무하고 있다. 그래서 주로 다른 분야의 전문가들과 팀을 이루어 일하게 되는데, 그들의 학문적 배경과 특성을 이해하는 것이 매우 중요하다. 또한 그들과 소통하고 연계하는 역량이 필요하다. 나와 다른 생각을 하고 있는 사람들과 일하는 것이 쉽지는 않지만 자신의 부족함을 발견하고 새로운 분야에 대한 지식과 경험을 얻을 수 있다는 장점도 있다. 이러한 과정을 통해 과업을 완성하고 문제를 해결하면서 성장하고 발전하는 모습도 발견할 수 있다.

무엇보다도 새로운 고용창출 사례를 통해 취업한 장애인들의 모습을 보면 내가 하는 일에 대한 성취감을 느끼게 된다. 하나의 예를 들어보자. 우리나라 최초로 지방자치단체에 발달장애인들을 취업시킨 사례이다. 먼저, 발달장애인에 대한 이해부족으로 고용을 어려워하고 기피하는 공무원들을 설득하는 것이 가장 중요한 작업이었다. 이를 위해 장애인고용 성공사례를 소개하고, 관련 공무원들에게 장애인 이해교육을 실시하였으며, 발달장애인들과의 직접적인 만남을 주선하였다. 또한 단체장 등 주요 정책결정자들을 만나 발달장애인 고용의 필요성을 강조하였다. 그리고 발달장애인의 배치가 비교적 용이한 부서를 선정하고 직무분석을 실시하여 가능한 직무를 탐색하였다. 이후 발달장애인과 함께 이들의 직무적응을 지도하는 직무지도원을 배치하여 3개월간의 시범고용 기간을 마쳤다. 최종적으로 15명의 발달장애인이 지자체의 기간제 근로자로 채용됐다. 임용식을 하는 자리에서 장애부모님들은 눈물로 고마움의 인사를 전했다. 30년 공직생활 중 가장 보람된 일을 했다고 기뻐하던 담당공무원, 맘껏 웃으며 기뻐하는 발달장애인의 모습을 보면서 나 또한 사회복지사로서의 자부심과 보람을 느낄 수 있었다.

다시 배우고, 가르치고, 현장의 경험을 나누는 행복

현장에서 일하면서 내게는 작은 소망이 하나 생겨났다. 내가 얻은 소중한 경험과 자료들을 잘 정리하여 후배들에게 전하고 싶었는데, 능력의 부족으로 한계를 자주 느끼곤 했다. 이에 박사과정에 진학하여 사회복지에 대한 이론을 다시 한 번 배우고 정리하고 싶은 욕심이 생겼다. 시작은 했지만 일과 학업을 병행한다는 것은 그리 쉬운 일이 아니었다. 오랜 시간이 지난 뒤지만 다행히도 박사학위를 취득하였다. 이제는 내가 현장에서 얻은 지식과 경험을 논문으로 잘 정리하여 후배들에게 전하는 과제가 남아 있다. 풀어야 할 내

숙제이다.

나에게 또 하나의 즐거움이 있다면 그것은 강의를 하는 것이다. 현재 모교 사회복지학부의 겸임교수직을 수행하고 있다. 내가 경험한 사회복지현장에 대한 이야기를 전하고, 젊은 후배(학생)들과 대화를 나눌 수 있어 매우 행복한 시간을 보내고 있다.

신뢰받는 사람, 열린 마음으로 소통하는 사람, 전문성과 끈기로 성취하는 사람

강의를 하면서 많은 학생들이 안정된 직장을 구하기 위해 공공기관의 문을 두드리는 모습을 종종 보게 된다. 우리 공단도 예외가 아니다. 치열한 경쟁을 통해서만이 취업할 수 있다. 모든 조직은 그 조직에서 필요로 하는 인재를 선발하기 위해 많은 노력을 기울이고 있다. 따라서 내가 입사를 희망하는 조직이 어떤 인재를 원하고 있는지 잘 파악할 필요가 있다. 공단에 입사할 때 필요한 몇 가지 팁을 소개하고자 한다. 공단의 인재상은 신뢰받는 사람, 열린 마음으로 소통하는 사람, 전문성과 끈기로 성취하는 사람이다.

서류전형에서 가장 중요하게 보는 요소로는 장애인과 관련한 다양한 활동이다. 장애인과 관련된 자격증이나 자원봉사활동 등을 통하여 '장애인과 관련된 일을 진정으로 하고 싶어 했는지?' 또 '얼마나 준비해 왔는지?' '어느 정도 자격을 갖추었는지'를 파악하고자 하는 것이다. 따라서 사전에 장애인과 관련된 자격증 획득이나 봉사활동을 할 필요가 있다. 외국어능력도 중요한 판단기준이 되고 있다. 우리 사회의 경우 학업성취도를 평가하는 방법의 하나로 외국어능력을 중요하게 활용하고 있는데, 공단도 예외는 아니다. 객관적인 평가기준이 되므로 높은 점수를 갖고 있다면 큰 경쟁력을 갖춘 셈이다.

자기소개서 작성, 면접 요령 등은 대부분의 대학생들이 취업을 위해 별도의 취업컨설팅을 받을 정도이므로 그 중요성에 대해서는 아무리 강조를 해도 지나치지 않을 것이다. 우리 기관의 입사에 있어서도 자기소개서는 중요하게 작용한다. 잘 작성하였더라도 다른 응시자들과는 비슷한 내용으로 작성되었다면 차별성을 갖지 못할 것이다. 다른 응시자들과 다른 나만의 독특함이 나타나야 한다. 작성요령은 성격의 장단점, 지원동기, 희망업무 및 포부, 특기 등 일반적인 내용과 자신의 장점 키워드 기재(가독성을 위해 두괄식으로 작성), 그리고 우리 조직이 요구하는 인재상을 고려하여 사례중심으로 기재한다면 평가자들로부터 좋은 점수를 받을 수 있을 것이다.

면접에서는 밝은 미소와 자신감이 중요하다. 밝은 미소는 하루아침에 만들어지지 않는다. 평소 생활습관으로부터 오는 것이 가장 바람직하지만, 부족한 사람들은 미소 짓는 연습을 꾸준히 할 필요가 있다. 다음은 자신감이다. 면접을 들어가 보면 피면접자들의 태도, 표정, 말씨 등에서 자신감의 차이를 확연히 느낄 수 있다. 그리고 면접자들의 질문에는 긍정적인 답변을 하는 것이 유리하다. 평소에 질문에 대한 답을 부정적으로 표현하지 않고 긍정적으로 연습하는 것도 면접을 대비한 중요한 요령이 될 수 있다.

자신 있고 재미있는 일부터 시작하여 성공의 맛을 느껴 보라

대학이 단순히 취업을 준비하는 곳으로 전락하였다고 걱정을 하는 사람들이 많다. 취업을 준비하는 학생 입장에서 보면 한가한 이야기라고 할 것이다. 그러나 미래를 준비하는 후배들에게 오늘을 행복하게 즐기라고 권하고 싶다. 아직 존재하지 않는 미래 때문에 두려워하면 걱정과 근심으로 진취적 사고를 막을 수 있기 때문이다. 사람이 성공하고 행복하게 살기 위해서는 꿈을 가져야 한다. 자기 인생의 목적을 분명히 세우고 무엇을 위해 한평생 살 것인지 명확히 할 필요가 있다. 그리고 목적 달성을 위해 구체적인 목표들의 목록표를 작성하는 것도 좋은 방법이 될 수 있는데, 우선 자신 있고 재미있는 일부터 작게나마 시작하여 성공의 맛을 느껴 보는 것이 중요하다. 사회복지의 영역은 더욱 확대되고 전문화되어 가고 있다. 기회가 많아진다는 뜻이다. 물론 경쟁자들도 늘고 있지만 항상 긍정적이고 희망에 찬 생각을 하면 최선의 결과를 얻을 수 있다. 다른 사람이 할 수 있다면 나도 할 수 있는 것이다. 취업을 희망하는 특정 분야가 있다면 그 분야의 자격증 획득이나 봉사활동 등을 통해 진정으로 그 일을 희망하고 있음을 보여주어야 한다. 두 번째로, 나는 후배들에게 학창시절에 다양한 경험과 새로움에 도전하기를 권유하고 싶다. 아직 젊기에 무엇을 해야 하는지 잘 모를 수 있다. 또 지금의 꿈도 언제든지 바뀔 수 있다. 세상은 넓다. 새로운 것, 낯선 것에 끊임없이 도전하다 보면, 진정 내가 원하는 것이 무엇인지 발견할 수 있다. 그리고 목표는 자신의 잠재력에 한계를 두지 말고 높게 세우고, 내가 가진 재능을 믿고 스스로를 격려하면서 미지의 세계로 힘차게 달려가기를 바란다.

후배들이여 내일을 걱정하지 말라. 지금 하고 싶은 일, 그 일에 미치라

내일의 걱정은 내일하라. 오늘을 즐기라. 어차피 미래는 당신들의 것이다.

올해 나는 모 대학에서 운영하는 공기업 고급경영자과정에 출석하고 있다. 새로운 경험이라 두려움도, 해야 할 일도 많아졌다. 그러나 새로운 일을 경험하는 그 자체가 감사하고 행복한 일이다. 모든 일을 긍정적으로 생각하고 미소를 띠면 행복감을 느끼게 되며, 행복하게 사는 사람이 성공한다. 나는 그 말을 믿는다.

다섯 번째 꿈: 정신보건사회복지

당신의 열정을 보여주세요

사회복지사로서의 준비는 마음가짐으로부터 시작된다

당신의 열정을 보여주세요

성남시 정신건강증진센터 정신보건사회복지사
이수경

나는 현재 성남시정신건강증진센터에서 정신보건사회복지사로 근무하고 있다. 대학교 다닐 때는 사회복지학부 05학번 이수경이라는 말이 익숙했는데, 이제는 내 직장 이름이 더 친숙한 걸 보니 시간이 많이 흐른 것 같다. 학생들에게 실무에 대한 이야기를 들려주고자 이렇게 용기를 내어 글을 써본다.

요즘 사회복지를 전공하는 친구들이 너무 많다보니 학생들이 졸업은 해도 본인이 원하는 곳에 취업을 하기란 쉽지 않고, 또 그중의 일부는 전공과는 연관이 없는 곳으로 취업을 하는 등 안타까운 현실을 보게 된다. 아마도 내 경우에는 수능 성적에 맞춰서 대학을 진학하다 보니 중고등학교 때 이미 고민했어야 하는 '꿈, 비전'에 대해 별다른 고민 없이 졸업을 하게 되었는데 이러한 상황이 현재 많은 학생들에게도 거의 동일하게 적용되는 것 같다. 그렇기에 이 글이 작으나마 여러분께 도움이 되었으면 한다.

첫 번째, 다소 식상한 이야기일 수 있지만 책을 얼마나 읽는가

요즘 대학생들, 스펙을 쌓느라 정신이 없는 듯하다. 좋은 자격증이 필요하고, 토익이나 토플 점수가 필요하고, 어학연수도 가면 좋고, 좋은 대학을 졸업하면 더 좋고. 그런데 어찌보면 사회복지학과는 위에서 말한 것들이 중요하긴 하지만 아주 중요시 되는 과는 아닌 것 같다. 그렇지만 있다면 더 없이 좋을 것이다. 그런데 어떤 스펙이어야 하나? 무엇을 하고 싶은지, 어떤 사회복지사가 되고 싶은지, 어떤 마인드를 지녀야 하는지를 많이 고민해야 하는데 단순하고 막연하게 좋은 게 좋을 거라 생각하는 것이 현실이 아닐까 싶다. 속도보다 중요한 것이 방향이다. 어떤 방향성을 가지고 어떤 사명감을 가지고 나가는데 좋다고 생각한다. 모두 다 주워 먹으면 배탈이 나고 소화도 다 되지 않는다. 당신에게 꼭 맞는 경험, 당신에게 꼭 맞는 가치관, 당신에게 꼭 맞는 방향성을 얻기 위해 책을 많이 읽길 권한다. 한 권의 책을 통해 당신은 누군가의 인생을 살 수 있는 것이고, 대신 경험할 수 있기에 우리의 좁은 견문을 넓히고 훌륭한 사회복지사가 되고 싶다면 당신의 심장을 두근거리게 하는 닮고 싶은 사람들의 책을 많이 접하길 바란다.

두 번째, 다양하고 많은 경험을 하는 것이 중요하다

"다양하고 많은 경험"이라 하면 학생들이 쉽게 떠올리는 것이 자원봉사 생각을 할 것 같다. 자원봉사도 사회복지학과에 재학 중인 학생에게는 필수적인 것이라고 생각한다. 하지만 자원봉사를 할 때에도 보통은 저소득층 아동 방과후 프로그램, 장애아동 대상, 노인대상 이렇게 연령층에 따른 비슷비슷한 프로그램에 참여하는 것에 국한되지 않았으면 한다. 알다시피 사회복지에는 많은 분야가 있다. 다른 학교는 어떨지 모르지만 내가 졸업할 때까지만 해도 우리 학교의 선배 혹은 친구들은 종합복지관에만 관심이 있었던 것 같다. 기본에서만 머물면 더 이상 진보는 없다고 생각한다. 좁은 시각에서 벗어나 다양한 세팅을 경험해보길 권한다. 가령, 내가 일하고 있는 정신보건센터, 병원, 재단, NGO, 사회적 기업, 기업의 사회공헌, 행정기관, 복지관, 언론, 인권 분야 등등. 그래야 자신이 막연한 관심이 아닌 구체적으로 어떤 분야와 맞고 관심이 있는지를 알 수 있고, 그래야 여러분의 방황이 빨리 끝날 수 있다고 본다. 내 이야기를 잠시하자면 나는 자원봉사도 했지만 NGO, 정신보건, 사회적 기업, 통계 관련된 곳에서 실습이나 직장체험, 공모전 등에 참여했다. 그러다 보니 취업할 때도 어떤 분야가 내게 맞는지 혹은 더 배우고 싶은 분야인지 알 수 있었고 자기소개서 작성이나 면접에 임할 때에도 내가 경험했던 것들을 더 구체적으로 예로 들어가며 이야기할 수 있어서 취업에 도움이 되었던 것 같다.

세 번째, 능동적인 대학생의 열정을 표현하라

나의 대학생활 4년 중 가장 즐거웠던 때는 4학년 때였다. 4년 동안 배웠던 것들을 가지고 뭔가 해볼 수 있을 것 같다는 생각에 다양한 것들을 능동적으로 만들어 내며 학교를 다녔던 것으로 기억한다. 그중 가장 기억에 남는 것이 대학생을 위한 사회복지 프로그램 공모전을 준비했던 과정이었다. 공모전 마감을 일주일 앞두고 프로그램 계획서를 작성해서 제출, 팀을 꾸려서 면접을 보고 예산을 받아 우리가 만든 계획서에 따라 프로그램을 기획했던 경험이 내게는

'아, 내가 뭔가 해냈구나, 왠지 다른 무언가도 더 할 수 있을 것 같다.'는 자신감을 주었다. 내가 당시 참여했던 공모전은 굿네이버스에서 진행하는 공모전으로 계획했던 프로그램은 저소득층아동과 일반아동을 대상으로 하는 자아존중감 향상 프로그램이었다. 현장에 나가서 프로그램을 기획하고 진행하는 데 필요한 능력을 사전에 배울 수 있었던 좋은 계기가 아니었나 싶다. 그리고 용기를 내서 다시 도전했던 것은 KBS에서 주관한 공모전이었다. 4학년 때 웅진의 후원으로 책을 기증받고 100만 원의 예산으로 '신시도'라는 섬에 들어가 아이들을 위한 작은 도서관 만드는 작업에 참여하였다. 지금 하라고 하면 못한다고 손사래를 치겠지만, 그 당시에는 힘들어도 참 보람있는 일로 여기며 열의를 다했던 것으로 기억한다. 사회조사분석사 자격증도 취득하였다. 저학년 때, 너무 소홀히 한 과목을 재수강하면서 졸업 마지막 학기까지 21학점을 수강하며 보여준 나의 열정에는 나 자신도 뿌듯함을 느낄 수 있었다.

누구에게나 대학 4년이라는 시간은 동일한데, 어떻게든 되겠지 하며 보낸 학생과 능동적으로 대학 4년을 보낸 학생은 다르다고 본다. 열정을 보여주었으면 한다. 여러분의 열정이, 여러분들의 땀들이 다시 여러분에게 좋은 결실로 돌아올 것이라고 나는 확신한다.

네 번째, 도전하기를 두려워하지 말라

나는 정신보건 사회복지사다. 나는 대학 졸업 후 바로 수련을 받지는 않았다. 수련을 받을까, 아니면 취업을 할까 길목에 서 있다가 취업을 했다. 1년 정도 일을 한 후 내가 맡고 있는 업무의 전문성이 없다고 느껴졌다. 내가 아니면 할 수 없는 업무, 뭔가 전문적인 것을 하고 싶고, 상담을 공부하고 싶다는 생각에 1년 전에 포기했던 정신보건 수련이 생각났다. 일하면서 틈틈이 지원서를 썼는데, 마침내 용인정신병원 수련시험에 합격해서 1년간 수련을 받고 현 직장으로 오게 되었다.

내가 써 놓은 글만 보면 그냥 어쩌다 수련을 했고 수련을 잘 마쳤고 취업을 잘 했구나 싶겠지만 일을 하며 돈을 벌던 입장에서 수입없이 내 생활없이 수련에만 몰두해야 한다는 것이 생각보다 두려웠다. 그리고 수련생으로 느끼는 업무과다와 과제에 대한 압박감, 스트레스가 수련받을 당시 '내가 왜 사서 이 고생을 하고 있나.' 싶을 만큼 울면서 수련을 마쳤다. 그때 힘들다고 포기했더라면, '안정적으로 일하고 있는데 왜 그만둬?'라고 포기했더라면 아마 지금의 나는 없을 것이다. 다들 알겠지만 일반적으로 사회복지사들의 처우보다 정신보건전문요원의 처우가 안정적이고 상대적으로 전문성을 요한다. 그렇기에 나는 현재 3년차 정신보건 사회복지사로서 만족한다. 하지만 뒤처지지 않기 위해 꾸준히 배우고 무언가에 도전하려는 것은 여전하다. 여러분들도 무언가 도전하기를 주저하지 않길 바란다. 지금 못하면 나중에도 못하리라 생각된다.

이번 기회에 내가 몸담고 있는 정신보건현장 그리고 이곳의 실무자 역할, 견해 등에 대해서도 간략하게 소개하고자 한다.

나는 정신보건사회복지사로 현재 성남시정신건강증진센터에서 근무 중이다. 현재는 생명존중사업(자살사업)을 담당하고 있으며 성인자살파트 사례관리, 자살유가족사업, 생명사랑포럼을 담당하고 있다. 정신보건센터의 가장 기본 사업은 만성정신질환자의 재활사업이다. 증상으로 인해 사회복귀가 어려워 지속적으로 약물관리와 모니터링을 하면서 회원들이 다시금 사회에 적응할 수 있도록 다양한 사업들이 진행되고 있고, 특히 성남에서는 직업재활을 함께 진행하면서 바리스타를 양성, 'tutti'라는 카페를 설립 운영하고 있다. 또한 정신건강이라는 영역이 특수성을 지닌 한 집단에만 한정된 것이 아니라 보편적으로 시민의 정신건강, 인식개선을 위해 운영되는 증진팀도 있다. 우리 센터에서는 증진팀에서 위기 관리 대상자들에 대한 관리도 함께 이뤄지고 있는 것이 특징이다. 그리고 내가 속해 있는 생명존중팀이 있다. OECD 국가 중 우리나라의 자살률은 전세계 1위를 차지하고 있다. 더욱이 노인층이 급증하고 있고 노인의 자살률도 대책 없이 상승하고 있는 현실이다. 그러다 보니 일반 성인 자살기도자에 대한 관리와 노인 자살기도자에 대한 관리를 따로 분리해서 진행하고 있으며 자살유가족에 대한 상담과 모임도 함께 지원하면서 고위험군으로 분리될 수 있는 대상자 집단을 체계적으로 관리하고 있다.

그리고 마지막으로, 다들 가고 싶어 하고 안정적인 사회복지현장에 몸을 담고 싶다면 여러분이 할 수 있는 한 최선을 다하길 바란다. 현장에서 여러분들과 함께 일하는 그런 날이 오기를 기대한다.

사회복지사로서의 준비는 마음가짐으로부터 시작된다

수원시 아동청소년정신건강센터 정신보건사회복지사
이미영

교과과정 및 다양한 자원봉사나 실습과정을 통해 기본적 소양이나 역할 체험

나는 대학 입시를 앞두고 다양한 전공 분야에 대한 탐색을 하던 중 부모님의 소개로 처음 사회복지 분야를 접하게 되었다. 그 당시에는 사회복지학에 대해 구체적으로 파악하지는 못했으나, 한 사회 구성원들의 삶을 윤택하게 하는 데 도움이 되는 학문 분야라는 믿음과 향후 한국사회에서도 사회복지서비스에 대한 수요가 증가할 것이라는 기대에 이끌려 대학교에서 사회복지학을 전공하기로 결정하였던 것으로 기억한다.

돌이켜보면 대학교에서 보낸 4년이라는 시간은 내게 사회복지사가 되기 위한 다양한 경험을 할 수 있었던 시절이었던 것 같다. 사회복지학의 다양한 분야 중 노동현장의 문제를 다루는 산업복지학을 전공한 나는 사회복지학을 전공하던 다른 동료들에 비해 보다 이채로운 교과목을 많이 접하였다. 노동현장에 대한 이해를 하기 위해 노동경제학, 경제정책, 사회정책, 사회복지행정 등의 교과목은 거시적 차원에서 한 사회의 복지체제를 이해하는데 도움이 되었다. 뿐만 아니라, 인간행동과 사회환경, 사회복지실천론, 사회복지실천기술론, 집단사회사업 등의 교과목은 미시적 차원에서 개인과 개인이 속한 집단에 대한 이해의 폭을 넓히는 데 큰 도움이 되었다.

이러한 학교 내 강의실에서 진행된 교과과정뿐만 아니라, 교문을 벗어나 사회복지현장을 무대로 한 다양한 자원봉사나 사회사업실습과정 또한 내게는 미래의 사회복지사로서 실무에서 요구되는 기본적 소양이나 역할을 체험을 통해 이해하고 준비하는 데 많은 도움이 되었다. 나는 근로복지공단에서 사회복지실습, 복지방송국에서 사회복지실습, 대학병원 정신과 병동에서 프로그램 보조 자원봉사, 대학병원의 의료사회사업 직장체험연수활동, 정신보건센터에서의 직장체험연수활동, 대학병원 정신과 연구원으로 일하며 논문작성 등의 경험을 하였다. 이 모든 과정은 나의 적성에 맞는 구체적 사회복지 분야를 발견하는데 직·간접적으로 도움을 주었을 뿐만 아니라, 보람도 느낄 수 있었던 유익한 시간으로 기억된다.

슈퍼비전(supervision)은 사회복지사 역량 증진의 기회

사회복지학에 입문할 당시에는 그저 복지관에 종사하는 사회복지사나 사회복지공무원이 되리라는 막연한 꿈만을 지녔을 뿐, 어떠한 이들에게 어떠한 도움을 주는 사회복지사가 될지에 대한 구체적인 계획을 지니지 못했다. 그러나 이러한 대학시절 나의 교내외 경험은 내게 사회복지사로서의 진로를 구체화하는 데 실제로 중요한 자산이 되었다. 병원에서의 실습과 자원봉사 경험은 인간이 겪는 정신적 병리현상을 이해하게 해주었고, 이를 개선하는 '정신보건사회복지사'로서의 나를 시나브로 준비하게 한 것 같다.

솔직하게 말하자면, 나는 처음부터 '정신보건사회복지사'가 되기 위해서 해당 수련과정에 참여하였다기보다는 광범위한 사회복지 분야 중 정신보건 분야가 고민이나 스트레스 등 정신적, 심리적으로 어려움을 겪는 이들에게 일정 부분 도움이 될 수 있으리라는 기대가 커지며 수련과정에 참여하게 된 것 같다.

정신보건 수련과정은 단기간의 사회복지실습과정과는 명백히 차별화될 수 있는 전문가 양성과정이다. 특히 1년간의 수련과정 동안에 받았던 현장 선생님들의 슈퍼비전(supervision)은 우선 예비 사회복지사로서 자신을 돌아보고, 조금 더 클라이언트(client)의 입장에서 생각과 감정을 정리하는 역량을 증진시키는 기회를 제공해 주었다. 지금까지도 그 당시의 슈퍼비전을 현장에서 일하면서 겪는 갈등상황 때마다 떠올리며, 사회복지사로서 마음을 다 잡고 의지를 새로이 하고 있다. 뿐만 아니라 내가 실습학생을 지도하는 경우에도 슈퍼비전의 중요성을 되새기며, 실습학생들을 위해 보다 세심한 슈퍼비전을 준비하게끔 나를 각성시킨다. 수련 중에는 실습학생들과 매번 가정방문, 집단프로그램 진행, 개별상담 후 각자의 생각과 느낌을 공유한다. 그리고 개인과 기관의 입장의 상이점에 대한 합의를 이끌어 가는 작업을 진행한다. 이를 위해서 대학과 대학원에서 공부했던 교과목을 다시 되새기며, 내가 받은 슈퍼비전의 내용도 다시금 확인하게 되었다. 행정적 슈퍼비전을 위해서는 보건복지부의 정신보건사업에 대한 재이해가 필요하였으며, 교육적 슈퍼비전을 위해서는 사회복지개론, 실천론, 실천기술론 등 필수교과목을 한번 더 점검했어야 했다. 지지적 및 원조적 슈퍼비전을 위해서는 인간행동과 사회환경 등의 교과과정과 관련 서적을 비롯한 나만의 개인적 경험의 소개가 많은 도움을 주었다.

수원시아동청소년정신건강센터에 자리잡기까지

나는 대학졸업 후 사회복지사 1급 자격을 취득하고 정신보건센터에서 1년간 임상수련, 이론교육, 슈퍼비전을 받고, 필기시험과 구술시험을 통해 정신보건사회복지사 2급 자격을 취득하게 되었다. 또한 정신보건관련기관에서 5년간 근무하고 정신보건사회복지협회 회원으로서 5년간 보수교육 이수 후 시험을 치른 다음에야 비로소 정신보건사회복지사 1급 자격을 취득하였다. 정신보건사회복지사 2급을 배출할 수 있는 수련기관의 슈퍼바이저(supervisor) 자격도 취득하게 되었다.

뿐만 아니라, 이러한 정신보건사회복지사로서의 자격을 구비하는 과정에서 보다 적절한 정신보건사회복지의 실천을 위해서는 정신보건에 대한 이론이나 실천방법에 대한 학술적 탐구가 필요하다고 판단, 대학원에 진학하여 일과 학업을 병행하기도 하였다. 대학원 과정이 1급 정신보건사회복지사의 필수조건은 아니지만 나의 부족한 부분에 대한 자기반성과 점검을 할 수 있는 기회이자 실무현장에서 장기 근무를 하면서 발생할 수 있는 소진(burn-out)을 줄이고 재충전할 수 있는 기회였던 것 같다.

나는 성인정신보건사업과 직업재활 분야에서 처음 정신보건 사회복지 업무를 시작하였다. 첫 직장에서는 만성 정신과 환자의 치료나 재활을 주로 담당하였는데, 이 업무를 진행하는 과정 중에 환자의 증세가 조금씩 호전되는 것 같다가 다시 재발을 하는 악순환의 과정을 반복하는 것을 보며, 사후치료나 재활보다는 예방의 중요성에 대해 관심을 가지게 되었다. 이러한 관심은 나를 아동 및 청소년을 대상으로 한 정신보건 예방, 홍보의 역할을 맡게 하였다.

현재 나는 수원시아동청소년정신건강센터에서 근무하고 있다. 수원시는 정신보건사업을 생애주기별 접근으로 특화시켜 아동・청소년, 성인, 노인 정신보건센터로 구분을 두고 있다. 이에 수원시아동청소년정신건강센터는 아동청소년, 즉 미취학에서 19세까지의 아동청소년의 정서 및 정신건강상의 어려움과 관련하여 상담 및 사례관리, 집단프로그램, 부모교육 등을 시행하고 있는 기관으로, 직원들은 정신보건사회복지사, 정신보건간호사, 정신보건임상심리사 등 정신보건전문요원으로 구성되어 있다. 사례관리가 주된 업무인데, 나는 이곳에서 자원봉사자 관리와 홍보, 캠페인을 함께 하고 있다. 구체적으로는 아동청소년의 정서지원, 학습지원을 위한 멘토링 프로그램 그리고 정신건강박람회, 어린이날 어린이청소년한마당, 정신건강 연극제, 음악제, 미술제 운영 등의 행사진행, 자원봉사인력관리, 홍보 등의 행정업무 등을 담당하고 있다.

개인의 성장을 돕는 데 유익한 정신보건 분야

나는 정신보건 분야가 사회복지의 구체화된 한 분야로만이 아닌 개인의 성장을 돕는 데 유익한 분야라 생각한다. 내가 만나는 아동청소년 그리고 그 가족들의 애로사항을 경청함으로써 나는 다양한 이들과의 공감의 폭도 넓힐 수 있었으며, 이러한 과정은 나 자신을 스스로 돌아보게 하였다고 생각한다. 많은 이들의 보다 행복한 삶을 위해 끊임없이 고민하고 여러분들과 함께 노력하는 과정에서 나의 생각도 어느 정도 깊이를 더해 갈 수 있었다고 생각한다. 특히 내가 현재 임하고 있는 아동청소년정신보건 부문에서의 경험은 사회복지사와 한 가정의 엄마라는 두 가지 역할상의 조화로운 수행을 하는 데 많은 도움이 되었다고 생각한다. 또 정신과 전문의, 간호사, 심리사 등 다양한 관련 전문가들과 함께 일하는 과정에서 사례회의(case conference) 등을 통해 소통을 하기 위해 의학적 지식을 얻을 수도 있었으며, 학문별 특수성을 경험함으로써 이채로운 접근을 할 수 있어 여느 사회복지 분야보다 정신보건사회복지 분야가 유익한 분야라 판단하게 되었다.

정신보건은 의료 분야로 의사, 간호사, 임상심리사 등과 공동작업(co-work)을 요하는 분야이다. 때로는 간호사나 임상심리사와는 달리 의사의 지시(order)에 따라 업무를 수행하는 경우 등 여타 분야 전문직과의 관계상의 불편함을 호소하는 사회복지사도 있다. 또한, 대부분이 종합복지관이나 공공기관의 행정부서 등과는 달리 소규모 조직으로 운영되고 있어 직장에서의 경제적 보상이나 승진 등의 인정이 일반적인 대규모 조직에 비하면 체계적으로 구비되어 있지 않아 힘들다고 느끼는 사회복지사 동료도 있다.

이처럼, 정신보건 부문에서는 사회복지사들의 역할이 때로는 제한되고, 이들에 대한 사회적・경제적 보상이 인색하다는 등 여러 애로사항이 있을 수 있으나, 여타 전문직과 긴밀한 분담과 협조체제를 유지하며, 사회복지사로서의 직업 가치관과 정체성을 지니고, 지역사회로의 복귀 등 사회복지사에게 주어진 본연의 역할에 충실하면 클라이언트의 긍정적인 변화를 도모하는 것은 물론 사회복지사로의 자긍심을 높일 수 있는 매력적인 사회복지 부문이라 생각한다.

넓은 시야를 바탕으로 사회복지의 다양한 차원을 두루 체험해 보라

요즘 나는 사회복지현장에서 근무하며 사회조사, 정신보건정책에 대해 관심을 가지고 있다. 돌이켜보면, 대학시절을 더욱 보람되게 보냈으면 하는 아쉬움이 남는다. 이러한 내용들도 다 접할 수 있는 기회가 있었는데, 이제야 그 중요성을 깨닫는 것 같다. 사회복지학 전공 부분뿐 아니라 심리학, 사회학, 아동학, 교육학, 특수교육학 등 다양한 학문영역과 사회복지학이 밀접한 연관성이 있다는 대학교에서의 강의를 이제야 체험을 통해 실감하는 것 같다. 또한 급변하는 사회에서 평생교육의 필요성을 느낀다.

현재 나는 5년 후의 나의 모습을 그리며 구체적인 추진계획을 마련하고 실천에 옮기고자 노력하는 중이다. 이중 하나는 아동청소년의 정신보건 분야에만 국한되지 않은 보다 다양하고 종합적인 아동청소년의 사안을 다루는 기관에서 연구를 진행하고자 한다. 즉 현장에서의 직접적인 서비스 제공이나 프로그램 운영뿐만 아니라 아동청소년복지를 위한 정책이나 프로그램을 기획하고자 하는 꿈을 지니고 있다. 이를 위해 나는 외국의 다양한 프로그램이나 정책에 대한 이해를 위한 어학공부와 욕구 측정 및 프로그램 평가 등을 포함한 사회조사 부분의 기초역량을 공고히 하는 노력을 진행하고 있다.

미래 사회복지사를 꿈꾸는 이들에게는 미천하나마 나의 경험을 바탕으로 보다 넓은 시야를 지니기를 권하고 싶다. 사회복지는 그 분야가 굉장히 광범위하다. 나도 대학시절에는 사회복지를 지극히 소극적인 협의의 개념으로 이해하고 있었던 것 같다. 단순히 어려움을 겪는 이들을 직접 찾아 일시적으로 단편적으로 도와주는 것 정도로 생각했으니 말이다. 지금에서야 사회복지교육과정에서 현장

실습이 중요한 위치를 점할 필요성이 있다는 점에 절대적으로 공감한다. 다양한 분야에서 다양한 차원에서의 경험을 통해 사회복지를 두루 체험해 보는 것이 학부생에게는 특히 중요하리라 생각한다. 아동청소년의 정신보건에 대한 경험을 원하는 이들에게는 자신있게 내가 재직 중인 기관의 문도 두드리길 권하고 싶다. 미숙하나마 대학생활을 먼저 경험한 나의 이야기가 여러분이 시행착오를 줄이고 꿈을 이루는 데 조금이나마 도움이 되었으면 하는 바람이다.

사회복지사를 꿈꾸는 그대에게

여섯 번째 꿈: 산업복지

직장인들의 행복한 삶과 성공을 위한 파트너

직장인들의 행복한 삶과 성공을 위한 파트너

(주)다인시엔엠 팀장

임은정

사회전반의 문제에 대해 고민할 수 있는 의미 있는 일

고등학교 시절, 한참 입시를 준비하며 진로를 고민하던 시기에 우연히 한 다큐멘터리 프로그램을 보게 되었다. 다큐멘터리에 나온 사회복지사를 보며 사회복지사가 하는 일이 참 의미 있는 일이라는 생각이 들어 사회복지에 대한 관심을 가지게 되었고, 단순히 좋은 일을 하는 것이라고 생각했던 사회복지 분야가 사회 전반의 문제에 대해 고민할 수 있는 학문이라는 생각이 들어 사회복지학을 공부하게 되었다.

근로자와 기업이 함께 행복한 삶을 추구할 수 있도록 지원하는 근로자지원프로그램

내가 일하고 있는 (주)다인시엔엠은 2005년 8월에 설립된 국내 제 1의 EAP 선도 기업이다. 국내사로서는 가장 처음 EAP를 도입하여 제공하였으며, 다양한 전문가 집단과의 네트워크를 바탕으로 직장인들의 스트레스 해소와 정신건강 증진을 위한 파트너로서 노력하고 있다. 2012년 기준 80여 개사의 기업에 EAP를 제공하고 있으며, 최근 이슈화되고 있는 직장인들의 스트레스를 경감시키고 근로자와 기업이 함께 win-win하여 행복한 삶을 추구할 수 있도록 지원하고 있다.

나는 현재 (주)다인시엔엠의 사업운영팀 팀장으로 EAP를 시행하는 고객사를 관리, 운영하는 업무를 주로 담당하고 있다. EAP는 Employee Assistance Program의 약자로 '근로자지원프로그램'이라는 이름으로 명명되고 있다. 즉, EAP는 근로자의 직장 및 일상생활에서 발생할 수 있는 스트레스 및 문제를 전문가를 통해 보다 효과적으로 해결하기 위해 제공되는 상담 및 교육서비스라고 할 수 있다. 상담서비스는 전문 상담사를 통해 진행되므로 직접 상담을 하지는 않지만, 상담에 대한 이해를 도모시키고 서비스가 보다 활성화될 수 있도록 EAP서비스 자체에 대한 운영 및 관리를 하는 것이 주 업무라 할 수 있다. 아직까지는 EAP에 대해 생소한 사람들이 많다. 때문에 EAP를 시행하고 있는 기업에 대해서는 보다 많은 근로자들이, 꼭 필요한 서비스를 이용할 수 있도록 홍보방안을 마련하고, 기업별 특성에 맞추어 서비스를 구조화하고 체계화함으로써 EAP가 조직 내에 복지서비스로서 안착화될 수 있도록 힘쓰고 긍정적인 조직문화 형성에 기여할 수 있도록 돕는 역할을 하는 것 역시 우리들의 역할이다. 근로자 개인이 필요로 하는 서비스가 무엇인지, 또 조직이 필요로 하는 서비스가 무엇인지에 대해 고민하고 고객과의 커뮤니케이션을 통해 욕구를 파악하고 그에 맞추어 다양한 프로그램과 교육을 기획하고 제안, 운영함으로써 보다 나은 서비스를 제공하고자 하고 있다.

뿐만 아니라 EAP를 아직 시행하고 있지 않지만, 새로 도입하고자 하는 기업들에게 서비스를 제안함으로써 보다 많은 직장인들이 행복한 삶을 살 수 있도록 EAP를 확산하는 데도 기여하고 있다.

다양한 프로젝트, 관심 분야의 컨퍼런스에 참여하여 사회적 흐름 읽기

개인적으로 나는 현재 산업복지, 기업복지의 한 분야에서 일을 하고 있기 때문에 학부 시절 산업복지학 전공을 하면서 배웠던 교과목들이 많은 도움이 되었던 것 같다. 석사학위 과정 내에서는 아무래도 학부 시절보다 나의 관심사에 맞추어 공부할 수 있었기 때문에 많은 도움이 되었지만, 학부 과정 내에서는 산업복지 분야와 기업 및 조직에 대한 이해와 시각을 넓혀줄 수 있는 과목들이 많은 도움이 되었던 것 같다.

대학원 시절 미국의 EAPA에서 진행한 EAP 컨퍼런스에 참여했던 경험은 선진 EAP에 대한 이해와 향후 한국의 EAP에 대해 보다 폭넓게 생각해볼 수 있게 된 기회가 되었다.

뿐만 아니라 단순히 전공 공부만 하는 것이 아니라 다양한 프로젝트에 참여하고 관심 분야의 컨퍼런스에 참여했던 경험들은 학문으로만 지식을 익히는 것으로 그치는 것이 아니라 현장에서의 쟁점이나 사회적 흐름을 몸소 느끼는 데 많은 도움이 되었던 것 같다. 또한 인턴이나 파트타임, 실습 등 다양한 현장경험을 쌓음으로써 현장에서 필요로 하는 역량 및 자질을 갖추고자 했던 것은 지금도 큰 도움이 되고 있는 것 같다.

"도전, 열정, 책임, 소통"

현 직장에서 요구되는 소양, 바람직한 인간상은 "도전, 열정, 책임, 소통"이다. 어느 직장에서든 필요한 요소들이겠지만, 다음 4가지 소양은 내가 지금 하고 있는 업무에서 특히나 필요한 요소가 아닐까 생각이 된다.

EAP 시장이 지속적으로 성장해나가고 있지만, 아직 국내에서는 도입 역사가 길지 않기 때문에 한국형 EAP로의 발전을 위해 새롭게 맞추어나가야 하는 부분들도 많다. 따라서 새로운 방향으로의 지속적인 도전과 열정은 앞으로도 끊임없이 중요한 요인 중 하나일 것이다.

뿐만 아니라 타인의 행복을 위해 노력하는 업무를 하고 있는 만큼 고객의 만족을 위해 내 업무에 대한 책임성과 프로의식은 반드시 필요하다.

마지막으로 소통이다. 열린 마음을 가지고 원활한 관계를 가지는 것이 무엇보다 중요하다. 고객과의 만남이 많기 때문에 고객과의 원활한 커뮤니케이션은 물론이거니와 업무 수행에 있어서도 대·내외적으로 유기적이고 원활한 커뮤니케이션을 수행할 수 있는 능력과 자세는 무엇보다 중요한 것 같다. 따라서 신뢰를 바탕으로 한 원활한 소통과 원만한 관계는 가장 중요한 요소라는 생각이 든다.

"정말 자신이 하고 싶은 사회복지가 무엇인지 한번쯤은 경험해보아라"

많은 사람들이 '사회복지'를 공부한다고 이야기하면 "좋은 일 하시네요", "착하신가봐요." 이런 이야기들을 하는데 개인적으로는 참

안타깝고 별로 달가운 이야기는 아니다. 물론 사회복지의 기본 철학이나 이념이 선하고 좋은 것으로 평가될 수 있겠지만, 업무에 있어서 만큼은 전문성을 인정받는 것이 더 필요한 일이라는 생각이 든다.

보다 전문적인 업무 수행을 위해서는 폭넓은 사고와 분석력, 그리고 수행능력의 향상이 필요할 것이다. 이를 위해 우선 학창시절에 보다 다양한 경험을 많이 해보았으면 한다.

나는 사회복지가 참 매력적인 학문이라 생각한다. 단순히 한 분야가 아니라 사회 전반의 문제와 연관되어 있고, 사회복지를 통해 할 수 있는 일도 참 다양하기 때문이다. 직접 클라이언트를 만나는 일도 할 수 있고, 서비스를 연계하는 중개자로서의 역할도 할 수도 있고, 사회에 문제를 제기하고 정책을 개발하는 역할을 할 수도 있으니 말이다.

사회복지업무가 어떤 것이라고 편협하게 범위를 정하지 말고, 다양한 분야에서 다양한 경험을 해보면서 정말 자신이 하고 싶은 사회복지가 무엇인지 한번쯤은 경험해보았으면 한다.

인생의 경험으로 따지자면, 아직 풋내기 같지만 일을 하면서 조금씩 성장해가는 나를 느낄 때가 많은 것 같다. 앞으로도 배워야 할 것이 분명 훨씬 더 많을 것이라 생각한다. 하지만 경험을 통해 느끼며 배워나가는 것은 그 무엇보다 값진 일이고 의미있는 일인 것 같다.

다양한 경험을 통해 자신이 하고 싶은 일이 무엇인지를 찾고, 그 업무를 수행하기 위해 필요한 역량과 자질을 갖추어 나가기 위한 지속적인 노력을 한다면 전문가로서의 성장은 반드시 이루어질 수 있으리라 생각된다.

일곱 번째 꿈: 여성복지

다양한 꿈을 꾸세요. 자유로운 아웃사이더의 한 마디

다양한 꿈을 꾸세요. 자유로운 아웃사이더의 한 마디

경기도 여성능력개발센터 주무관

허정은

'여성'에 대한 고민과 관심

18살, 내가 고3 때 TV에서 성매매 여성들이 감금되었다가 화재가 발생하는 바람에 탈출하지 못하고 생명을 잃는 사건이 크게 보도되었다. 나는 항상 축복을 받으면서 살아왔는데 뭔가 저 사람들의 억울함을 들어주기 위해 헌신해야겠다고, 세상의 억울한 여자들을 위해 일하게 해달라고 감히 하나님께 서원 기도를 올렸다. 그런데 1990년에 대학교(이화여자대학교 정치외교학)를 들어가서는 기도 제목을 잊고 살아갔고, 1994년 졸업할 때는 내 자신의 평범한 삶을 위해 일반 직장(대기업 S사 입사)에 들어가게 되었다.

직장생활에 적응할 무렵 아이를 낳고 당시 여직원이 임신을 하면 퇴직하는 분위기 속에서 '사내부부'였던 나는 '아내'라는 입장에서 회사를 퇴직했다. 열심히 일하던 사람이 갑자기 쉬니 산후우울증에 걸려 너무 힘들었다. 그때 처음 한국에서 "여성"으로 살아가는 내 자신이 누구인지 알고 싶어졌다. 혼자서 애를 재우고 집에서 노트와 책을 빌려 대학원 입학시험(이화여자대학교 여성학 대학원 석사과정)

을 준비하면서 우울증도 치료되었고, 공부하는 과정을 통해 나는 드디어 내 삶을 들여다볼 수 있는 소중한 평생의 '렌즈'를 갖게 되었다.

석사과정은 나에게 이론이면서 동시에 현장이었다. N사에서 억울하게 해고된 여성노동자들과 함께 마이크를 들고 소리쳤고, 피켓을 들고 국내 굴지의 K법률회사와 싸우기도 했다. 학생 신분이어서 돈벌이가 적었던 터라 폭력피해여성들에게 밥 한 끼 사주기 힘들었지만 그렇게 함께 울면서 옆에 있었다. 한부모 여성가장과 그 자녀들을 위한 문화프로그램 자원봉사를 통해 아이들과 함께, 여성가장들과 함께 잔잔한 삶의 시간들을 나눌 수 있었다. 자원봉사활동과 아울러 1998년 그렇게 시작한 여성단체 후원금을 지금까지 꾸준히 내면서 이제는 기부금 연말공제까지 받고 있다.

여성학 석사 논문은 여성단체에서 자원봉사활동을 하면서 함께 만나 웃고 울고 떠들던 여성 한부모들의 임파워먼트 경험과 과정을 담아냈다. "여성 한부모의 힘 기르기(empowerment)와 지지집단형성 과정에 관한 연구"로 여성학과(석사 학위)를 졸업한 직후 바로 2003년 지금의 직장인 경기도청 전문계약직 공무원으로 공직생활을 시작하게 되었다. 지금 현재까지 일하고 있는 곳은 경기도가 직접 설립, 운영 중인 여성취·창업교육훈련기관이다.

자신의 전문 분야를 만들어 나가는 과정

나는 사회복지계의 아웃사이더로서 좀더 자유롭게 말하고 싶다. 사회복지학을 전공하는 사람들이 꼭 사회복지관에만 관심을 가질 것이 아니라 사회복지관에서 경험과 기획력을 경험해 본 다음, 기회가 된다면 인권위원회 같은 중앙행정기관이나 정부, 정부출연기관의 사회공헌팀, 지방자치단체의 저소득 및 사회복지서비스 분야의 전문직에 많이 도전해 보기를 권장하고 싶다.

지금 당장 중앙부처나 민간기업으로 자리를 옮기라는 것이 아니라, 소정의 경력이 축적되면 다양한 취업의 기회가 생기므로 처음부터 욕심을 내지 말고, 일단 작은 곳에서라도 자신의 전문 분야를 만들어 나가는 과정이 필요하다는 것이다. 다시 말해, 여성교육훈련 전문가라든가, 국제협력개발(ODA)사업 전문가라든가, 사회보장제도 관련 전문가라든가, 청소년상담이라든가……. 특별한 자신만의 분야가 무르익어 가는 시간이 먼저 필요하다. 그런 뒤에는 민간사무관(5급) 채용제도에 도전하는 것도 좋은 계획이다. 국제사회복지서비스, 장애인복지정책, 청소년활동정책, 보건복지정책, 사회복지시설 관리 등의 관리자급으로 성장해 가는 것도 생각해 볼만 하다.

인턴, 자원봉사, 프로젝트, 블로그 활동 등 경력관리 및 적극적인 정보수집

나는 대기업과 대학교에서도 일했었지만 그때까지 프로젝트 연구보조원 말고는 정규직원으로는 중앙부처나 지방자치단체에서 일해본 적이 없었다. 그래서 취직되기 1년 전부터 나도 모르게 정규직원이 되고 싶다는 기도를 했다. 당시 지역신문에 지방자치단체의 채용공고가 나왔고, 정보수집을 위해 관련된 선후배분들께 연락도 취했다. 그리고 직접 기관의 사이트를 정리해서 선행학습을 해갔다.

지방자치단체에서 하는 일은 교육훈련프로그램을 기획하고, 적합한 강사를 초빙하고, 여성들과 만나 소기업창업의 애로사항을 들어보고 정책적 제안을 하기도 하며, 사회적 기업 창업준비를 하는 과정에 대한 안내도 제공한다. 나는 공인점수를 갖고 있고, 회화 영어를 조금 한다는 이유 하나로, 연간 12회 정도 방문하는 해외공무원연수단에 대한 기관설명 및 국제협력개발(ODA)사업도 함께 담당하고 있다.

사회복지는 매우 광범위한 사업 범위를 갖고 있기 때문에, 여성에 대한 취업과 창업 지원서비스도 사회복지의 범위에 들어간다. 국가인권위원회 채용공고를 살펴보면, 인권 범위 안에는 여성, 장애인, 노인, 아동, 이주노동자 등 사회적 약자를 포함하여 일반시민의 시민적, 정치적 권리, 경제 사회적 문화적 권리 등 기본권 분야를 통칭하고 있으며, 인권의 보장과 향상을 위한 연구 또는 실무 등과 관련된 모든 분야를 망라하고 있다.

지금의 직장(경기도청 전문계약직)에 들어올 때 가장 큰 역할을 한 경력은 여성학 석사와 다양한 여성 관련 프로젝트 연구경험들이라 생각한다. 1994년부터 2002년까지 민간기업과 민간여성단체 연구보조원, 자원봉사, 여성가족부 및 이화여자대학교 프로젝트 연구원 등으로 활동한 이후, 2003년 4월부터 현재까지는 지방자치단체 전문계약직 공무원으로 재직 중에 있다.

언론보도를 통해 보았겠지만, 정규 근무직원이 아니더라도 프리랜서, 자원봉사, 단체활동 등도 직위와 관련된 일정규모 수준 이상의 연구나 활동실적은 다 인정을 받는다. 자신이 전문 분야로 관심을 갖는 분야에서 인턴, 자원봉사, 프로젝트, 블로그 활동이라도 꾸준히 지속적으로 경력을 쌓는 것이 좋겠다. 요새 젊은 사람들은 취업할 때 SNS 활동 경력까지도 인사담당자가 알아본다고 하니 그런 부분도 전략적으로 준비하면 좋겠다. 요새 젊은 엄마들 사이에는

SNS로 대학교 입학사정관제 합격하기 특강이 있을 정도라고 하니 새로운 시대에는 새로운 취업 준비가 필요할 듯하다. 예전에는 인맥이나 학연, 지연 등으로 정보를 수집했지만, 요새는 취업관련 정보도 자신이 관심을 갖는 분야나 기관의 홈페이지를 즐겨찾기 해두고 적극적인 정보수집을 스스로 해나가야 한다.

어울림을 위해 서로 다름을 인정하고, 겸손한 마음으로 배우라

2003년 4월에 지방자치단체에서 처음 일하기 시작해서, 3년쯤 될 무렵, 석사학위에서 졸업한 지식들과 경험들이 고갈되기 시작하는 걸 느꼈다. 그래서 2006년 3월 여성들을 위해 좀더 넓은 물에서 좋은 분들을 만나기 위해 ㅇㅇ대학교 사회복지전문대학원 박사과정에 입학하게 되었다. 동시에 사회복지학 학사 졸업을 위해 사이버대학에 편입하여 졸업하였다. 만약 학교에서 강의나 연구를 하고 싶은 분들이라면 나처럼 분절적인 학위를 하지 말고, 반드시 학사—석사—박사를 동일전공으로 하거나, 최소한 석사—박사를 동일전공으로 준비하기 바란다. 이 글을 보는 분들은 다 알겠지만, 난 그런 것을 너무 몰랐고, 물어볼 선배가 없었다.

사이버대학, 박사과정 중에 사회복지실습과목이 있었기 때문에 평소 자원봉사하던 용인 청소년ㅇㅇ기관에서 성 문화 토요강사로 참여했고, 박사과정에서의 실습은 용인 모자ㅇㅇ시설에서 한부모여성가족 캠프진행 보조 등으로 참여하였다.

ㅇㅇ대학교 사회복지전문대학원 교수님들의 도움으로 대학원 동기들과 프로젝트를 함께 하고, 학회에 발표했을 때 직장생활 중에서 가장 큰 보람을 느꼈다. 지금까지도 여러 교수님들의 지도와 가르

침, 그리고 박사과정 동기들이 얼마나 든든한지 모른다.

20년 가까운 사회생활에서 내가 배운 점이 있다면 사람은 겸손해야 하고 배움은 끝이 없다는 것이다. 겸손한 사람에게는 늘 도움의 손길이 있고, 함께 살아가기가 편하다. 어울림을 위해 서로 다름을 인정하는 것이 첫 출발이다. 사람은 쉽게 바뀌지 않기 때문에, 상대방의 단점에 묶이지 말고, 장점을 잘 활용해야 한다. 서로가 윈윈(win-win)할 줄 알아야 한다.

내가 행복하면, 주변 사람들 행복해진다

민간기업과 대학교에서 일한 경력을 제외하고, 지방자치단체에서 일한 지 올해로 딱 10년이 되었다. 가만히 있으면 변화가 없지만 계속 배우려는 사람에게는 늘 도전의 기회가 온다. 나는 매년 한 번씩 이력서를 쓴다. 직장을 옮기지 않으면서도 쓰는 이유는 매년 두세 줄 나의 이력을 늘려가고 있는지 나를 점검하고자 함이다. 바꿔서 말하자면 정체되지 않고 매년 새로운 일들, 자격이나 경력이라든지……. 교양 강의나 특강, 학회 발표 등 직장에 매여 있더라도 계속 자기계발을 하고 있다는 걸 스스로 입증해 보이고 싶은 것이기도 하다. 그래서 내 컴퓨터 파일엔 연도별로 이력서가 저장되어 있다. 아주 좀더 먼 미래에는 다시 한번 민간기업의 사회공헌팀 또는 국제개발협력사업, 또는 종교단체의 복지서비스기관 등으로 가서 나의 커리어가 민관학을 넘나들 수 있는 멀티형이 되었으면 하는 바람도 있지만, 아직은 내 자신이 미흡하고 준비가 더 필요하다고 생각한다.

사회복지계에서 경험과 지식이 풍부한 분들 입장에서 보면 나는 진정한 아웃사이더이겠지만, 아웃사이더면 어떤가? 내가 행복하면, 주변 사람들도 행복해진다. 아마도 이 글을 읽는 분들은 더 멋지고 행복한 사회를 만들어 갈 것이라 기대해 본다.

여덟 번째 꿈: 교정복지

당신이 할 수 있다고 생각하면 할 수 있고, 할 수 없다고 생각하면 할 수 없다

당신이 할 수 있다고 생각하면 할 수 있고, 할 수 없다고 생각하면 할 수 없다

법무부 서울남부보호관찰소 보호주사보
이화여자대학교 사회복지전문대학원 박사과정
강방글

"인생은 언제나 스스로 부딪혀 경험하고 도전하는 사람에게 더 큰 영광을 안겨준다."

-J 허슬러-

후배 사회복지사들에게 나의 이야기를 들려 줄 준비가 되어 있는 사람인가를 고민하다 위의 명언을 생각하고, 이것도 새로운 도전으로 받아들이고 조심스레 이야기를 꺼내 본다. 90년대 학번인 나는 그 당시 사회복지가 무엇인지 알지 못하고, 그저 고등학교 때 원없이 놀기만 한 결과물로 받아든 수능 성적에 맞추어 사회복지학과를 진학해야 했다. 초등학교 때 그저 반에서 따돌림 당하는 친구가 안쓰러워 옆에서 묵묵히 그 친구를 챙겨준 적은 몇 번 있었지만, 내 안에는 남보다는 나의 이익을 먼저 생각하는 이기적인 요소들이 많이 자리 잡고 있었다. 그런 나에게 사회복지학과의 진학은 어쩌면 내 인생의 첫 번째 전환점이 아니었나라는 생각이 든다. 20대 초 나는 학교에서 사회복지 관련 강의를 듣고 자원봉사활동을 시작하면서 내가 모르는 세상 밖 사람들의 모습들을 알게 되면서, 그들의 삶에 대한 관심을 가지게 되었고 이제 조금씩 사회복지에 물들기 시작하였다.

갓 대학을 졸업하여 입사한 대학 선배의 권유로 정신장애인 사회복귀시설에서 처음 자원봉사를 하면서, 그동안 정신질환자에 대해 가지고 있었던 편견들이 사라졌고 그들과 함께하면서 생기는 새로움과 즐거움을 알게 되었다. 그들은 세상 사람들보다 더없이 순진하고, 순수한 사람들이었고, 사람들을 좋아하지만 표현하지 못하고 누군가가 자신에게 다가와 주기만을 바라는 사람들이었다. 그들이 타인에게 자발적이지는 않지만 관심과 애정을 보여주면, 한 발짝씩 나에게 다가와 주었고, 마침내 마음을 열면 굳은 얼굴들에 웃음이 번지는 변화들을 발견할 수 있었다. 이러한 대상자들을 만나면서 정신보건사회복지에 대한 관심을 가지기 시작하였고, 2년 넘는 시간 동안 장기간의 자원봉사와 실습을 통하여 정신보건사회복지사로서의 꿈을 품어나가기 시작하였다. 이러한 적극적인 관심을 가지면서, 사회복지 학문의 즐거움을 느끼게 되었고, 더불어 학기 내내 성적 장학금을 받으며, 3년 반 만에 조기졸업을 할 수 있었다.

정신병원에서의 인턴, 첫 직장 정신장애인 사회복귀시설

교수님의 도움으로 나는 모 대학의 정신병원에서 인턴으로 첫 직장생활을 시작하였다. 졸업 후 자만심으로 부풀어 있었던 나는 그곳에서 정신과 의사, 간호사들과 함께 팀워크를 하면서 나의 무지를 탓하며 한없이 자존감이 하락하기 시작하였다. 처음으로 난감한 것은 의사소통이었다. 회진, 사례회의, 프로그램 진행 후 쏟아지는 질문과 커멘트 속에 들려오는 알 수 없는 의학용어들뿐만 아니라, 정신의학에 대한 기본 지식이 부족하여 하루하루 출근할 때마다 오늘은 어떤 일이 벌어질지, 프로그램 사후 모임 때 어떤 말을 해야 할지에 대한 걱정과 불안들이 나를 엄습해 왔다. 이대로 물러설 것인가, 아니면 나아갈 것인가를 고민하다가, 이때 아니면 언제 공부해 보겠냐라는 생각에 커멘트에서 나온 스펠링을 알 수 없는 의학용어들을 한글로 써서 틈틈이 찾아보고, 정신의학 관련 서적과 자료들도 읽어나가면서 인턴 후반기 즈음에는 다학제 간 팀에서 의사소통하는 내용들을 이해할 수 있었다. 이러한 노력이 자연스럽게 대학원 진학과 정신보건사회복지수련으로 이루어졌고, 이 기간 동안 사회복지사로서의 전문성을 쌓아가는 시기로 내가 관심 있는 상담, 치료, 심리 등의 분야에 관련된 것들을 공부해 나갈 수 있었다. 이런 노력 끝에 수련 이후 첫 직장인 정신장애인 사회복귀시설에서 근무하면서 자신감 있게 클라이언트를 대할 수 있었고, 그들의 사회적 기능을 향상하기 위해서 필요한 개입방법과 기술들을 습득해 나갈 수 있었다.

정신장애인 사회복귀시설에서의 근무는 나의 사회복지 인생 중 가장 행복하고 즐거운 시기였다. 주간보호시설이기 때문에 정해진 대상자가 출퇴근 형식으로 개별 및 집단활동을 진행하였고, 그들과 매일 만나면서 다양한 활동을 경험하니 인간적인 정도 느끼고, 그들의 어려움과 기쁨을 진심으로 느낄 수 있었다. 그러나 근무 당시 사회복귀시설이 활성화되어 있지 않아 예산이 부족하였고 시설 및 식사 등에 투자가 어려워 점심식사를 담당할 자원봉사자가 오지 않으면, 사회복지사가 즉흥적으로 음식준비를 해야 했고, 화장실청소나 시설청소 등도 회원들과 함께 하는 등 궂은 일들도 해야 했다. 그 당시에 그런 일들에 대해서 '내가 이런 일을 하려고 이 기관에 온 것은 아닌데…….' 하는 불만과 편협한 생각들을 갖고 있었지만, 지금 생각해 보면 그러한 생각은 사회복지사와 클라이언트를 상하관계로 나누는 어리석은 생각이 아니었나 생각했고 함께, 그러한 경험들이 지금 나의 삶에 하나의 즐거운 에피소드가 되었다.

정신보건사회복지사로서 일하면서 인간의 심리와 치료에 대한 관심을 많이 갖게 되면서 재활적인 측면을 강조하는 사회복귀시설에서 정신병원으로 이직하게 되었다. 이전에 여러 사회복지사 동료들과 함께 일하던 것과는 달리 정신병원에 사회복지사라곤 나 밖에 없었고, 의사, 간호사, 보호사들이 사회복지 마인드가 있을까 하는 생각이 들 만큼 비협조적인 분위기였다. 그래도 굳이 장점라고 한다면, 타인에게 방해받지 않을 사회사업실이 있었고, 사회복귀시설만큼 일이 바쁘지 않아 짬짬이 시간을 내어 정신보건 관련 공부를 할 수 있는 여유, 그리고 내가 원한다면 언제든지 환자, 보호자, 그리고 프로그램을 계획하여 실행할 수 있는 것이 있었다. 아마 처음부터 정신병원에 혼자 근무했다면 그저 직장으로서 편안함을 유지했을 테지만, 이전 직장의 경험과 무료함을 싫어하는 본인에게는 이러한 직장분위기는 또 하나의 기회를 만들 수 있게 해주었다.

현장에서 사회복지사의 역할을 알리기 위한 노력과 열정

직장에서 정신사회복지사의 역할을 인식시키기 위해 제일 먼저 한 일은, 하루 두세 시간에 걸친 회진이었다. 격식을 차리지 않고 환자들의 방에 들어가 흘러가는 화제에 대해 같이 이야기하면서 관계형성을 하고, 개인적인 어려움에 대해서는 따로 상담시간을 잡아 상담하였다. 이러한 것이 쌓이면서, 아침 직원병동 회의시간마다 간호사가 환자에 대한 리뷰를 할 때, 옆에서 환자의 증상호전이나, 심리적인 문제 및 변화, 가족개입에 대한 보고도 함께 해나갔고, 환자가 입원할 때마다 심리사회적 상담을 통하여 환자의 병력과 개인력, 가족력, 병전 사회적 활동 및 병전 성격, 사회복지사 진단 및 개입 부분에 대한 기록을 꼼꼼히 해나갔다. 이러한 과정으로 병원장과의 신뢰관계가 높아지고, 전문의도 환자의 치료과정이나 퇴원계획에 대해서 자연스럽게 본인과 상의하고 결정하게 되었다. 또한 기존의 오락프로그램들을 조정하여 인지행동치료, 집단상담 등의 치료 프로그램들을 만들어 진행하였고, 다른 병원에서 혼자 활동하고 있는 나홀로 워커들과 함께 스터디도 계획하여 새로운 치료방법이나 이론들에 대해서 함께 공부하고 활용해 나갔다. 이러한 과정을 통하여 병원장이 개원한 세 곳의 병원에 사회사업실 셋업을 함께 해나갔으며, 마지막 의료법인 정신병원에서 근무할 당시 세 명의 사회복지사와 함께 일할 수 있었다.

개인병원에서 근무했던 나는 더 체계적인 시스템 속에서 다양한 경험을 해보고 싶다는 생각을 늘 해왔지만, 막상 대학병원에서 부서장 역할을 수행할 정신보건사회복지사를 채용한다는 소식을 들었을 때 정말 가야할 것인지 많이 망설였다. 그동안 노력의 결과로 동료 사회복지사들과 함께 일하게 되었고, 이제 병원 내에서도 관리자로서의 입지를 굳히고 있는 상황에서 또 다른 시작을 한다는 것은 정말 나에게는 모험으로 다가왔기 때문이다. 하지만 여기서 안주한다면 더 이상의 발전은 없다는 생각에 과감히 도전하여, 입사하게 되었다.

대학병원에서는 정신보건사회복지사의 역할뿐 아니라, 의료사회복지 업무도 함께 해야 했다. 또한 사회복지사로서 정규직은 나 혼자였으며, 같이 일을 도와줄 수 있는 직원은 정신보건사회복지수련생 둘뿐이었다. 입사하자마자 동시에 외부에서 시행하는 의료기관 심사 때문에 그동안 시행했던 실적들과 자료들을 모아야 하는 일을 진행하면서 어려운 난관에 봉착했다. 그동안 실적이라고 정리해 놓은 데이터에 의한 근거들을 찾는 데 어려움이 많았고, 의료보험수가상 해결해야 할 문제점들이 많이 있었다. 그 당시 수련생들에게는 너무나 미안한 일이었지만, 이런 부분에 대한 경험이 부족했던 본인은 업무지시를 구체적으로 할 수 없어 여러 차례 시행착오를 거쳐야 했다. 평가 과정 동안 입사한 것을 후회하며 힘들어 했지만, 평가가 끝난 이후 병원의 흐름과 사회사업실의 상황들을 명확히 이해할 수 있어 오히려 업무의 진행에 많은 도움이 되었다. 경험과 열정은 참 무서운 것 같다. 그동안 적극적이고 활동적으로 일했던 나는 다시 그곳에서도 사회복지사의 역할을 알리기 위해 부단히 많은 노력을 했던 것 같다. 원내의 소외계층에 대한 사회복지서비스 연결체계에 관심을 갖고, 병원 QI(Quality Improvement) 발표대회에 나가 사회복지 상담의 필요성과 개입에 대한 결과 성과를 보고하여 치료진의 환자에 대한 사회사업실 연계의 필요성을 알렸고, 외부자원들과 연계하여 세 차례의 원내 음악회, 아동학대예방사업, 자원봉사자 관리 등의 사업을 확장시켜 나갔다. 또 그동안 부족했던 사회사업 기록 부분을 강화하여, 사회복지사의 개입에 대한 활동 근거를 명확히 하고자 하였고, 병원 차원에서 기획하는 지역사회 내에 노인요양원, 치매지원센터, 장애인복지관 수탁에 관여하면서 전체적인 사업을 구상, 계획, 수탁하는 경험도 할 수 있었다.

새롭게 개척하고자 하는 욕망으로 정신보건사회복지사로 보호관찰소에 채용

사회복지사로 근무하는 10년 차가 넘으면서 마음속에 '사회복지사로서 일해야만 사회복지를 할 수 있는가?'라는 생각이 반복적으로 들기 시작했다. 매일 예상되는 클라이언트, 예상되는 일들 그리고 사회복지사의 역할과 가치, 개입에 대한 반복되는 이야기 속에서 나의 열정이 점점 사라지고 있다는 생각과 함께 '내가 우물 안 개구리가 아닌가' 하는 생각이 자리잡기 시작했다. 대학병원은 연봉이나 근무조건이 다른 사회복지기관보다는 좋은 편이기에 근속하는 사회복지사가 많고 들어가기 힘든 기관이기도 하다. 이러한 기관에서 나는 또 한 번 나의 도전과 열정을 시험하기 위해 정신보건사회복지의 불모지인 법무부 소속 보호관찰소에 정신보건전문가 특채로 정규직 공무원이 되었다. 주변 사람들은 어떻게 이직을 잘하냐고 능력도 좋다고 한다. 또 그 좋은 직장을 그만두고 왜 힘든 곳을 택하냐고 했다. 무엇이 좋은 직장을 선택하는 기준인가? 안정, 편안함, 연봉, 근무조건……. 물론 직장을 선택하면서 무시할 수 없는 조건들이지만 보호관찰소라는 직장을 선택한 것은 채용기준에 정신보건사회복지사 1급 자격자를 보호관찰소에서 처음으로 채용한 것에 가장 큰 매력을 느꼈다. 그것은 아마 내 안에 또 뭔가를 새롭게 개척하고자 하는 욕망이 나를 움직이게 한 것 같다. 보호관찰소에서 일하면서 주로 담당한 대상자별 업무는 크게 세 가지인데, 소년범죄, 가정폭력, 강간 및 살인자 등 중범죄자의 전자발찌 청구 조사업무였다. 조사업무이기 때문에, 대상자에 대한 개별적인 상담이나 개입을 하지 않았지만, 심리사회적 사정의 내용에 포함되어 있는 그들의 성장과정, 가족관계, 심리적인 문제들에 대한 것을 정리하면서 그들의 삶의 역동을 이해할 수 있었으며, 범죄의 근본적인 원인이 무엇인지에 대한 것들을 생각해 볼 수 있는 시간이 되었다. 또한 정신보건사회복지사이기에 다른 조사자들이 평가할 수 없는 정신과적인 문제나 역동을 인식할 수 있어 전문가적 의견을 작성하고 반영하는데 많은 도움이 되었다. 현재는 출산 후 육아휴직 중으로 근무하고 있지 않지만, 함께 입사한 정신보건사회복지사 동료들은 수강명령제도 내에서 알코올 문제 대상자에 대한 치료적인 프로그램을 계획 및 진행하고 있고, 또 법무부 내에서 새로운 치료 프로그램을 개발하거나, 새로운 제도를 도입할 때 TFT팀의 일원으로 참여하고 있다. 또한 최근에 이슈화된 성폭력 범죄자들의 인지행동치료를 위해 마련된 치료 센터 내에도 근무하면서 대상자들의 치료적 개입에 힘쓰는 등 다양한 분야에서 활동하고 있다. 올해 초에는 정신보건사회복지사 2기가 채용되었으며, 성폭력 범죄 등의 확산과 이에 대한 개입의 필요성에 대한 국민적 합의가 이루어지면서 보호관찰소의 인원이 증원되고 있는 추세이다.

깨어 꿈을 꾸라. 새로움을 두려워하지 말고, 사람을 귀하게 여기고, 스스로를 돌아보라

지금까지 내가 사회복지라는 이름으로 밟아온 시간들을 이야기하였다. 10여 년의 세월 동안 느낀 것들에 대해 지금 이 글을 읽고 있는 미래의 나의 동료들에게 몇 가지 이야기해 주고 싶다. 첫째, 항상 깨어 있어야 한다. 깨어 있다는 이야기는 내가 성장하기 위한 방법들을 실행에 옮겨야 한다는 말이다. 세상에서는 준비된 자만이 꿈을 쟁취할 수 있다. 아무것도 모르는 인턴에서 지금의 내가 된 것을 돌이켜 보면, 부족한 부분을 채우기 위해 노력한 탓이 아닐까 생각해 본다. 단지 나만 아는 노력이 되면 안 된다. 뭔가 문서로 남길 수 있는 노력이어야 한다. 자격증을 따는 것도 좋고, 교육 이수하였다는 이수증, 대학원 진학도 좋다. 그리고 자기소개서에 내가 가치 있는 일들을 해나갔다는 것을 멋지게 작성하는 것도 도움이 될 것이다.

둘째, 꿈을 꾸어야 한다. 꿈을 크게 가질수록 좋다. 그 꿈을 꾼다는 것은 꿈을 이루기 위한 원동력이 되기 때문이다. 꿈을 이루기 위해 나는 훈련하고 노력할 것이기 때문이다. 그리고 내가 원하는 일을 이루기 위해 늘 정보에 민감할 것이고, 준비하기 때문에 꿈이 현실로 이루어질 가능성이 높다. 입버릇처럼 "나는 ~할 거야, 나는 ~ 될 거야."라고 이야기하면서 늘 준비하고 기회를 잡아야 한다.

셋째, 새로움을 두려워하지 말아야 한다. 현실의 편안함에 안주한다면 꿈을 꾸는 자에 뒤처지고, 깨어있는 자에 뒤쳐진다. 지금은 편안할지 모르지만 나와 함께 시작한 동료와 친구들은 몇 년 뒤 나보다 더 앞서가고 있음을 알게 될 것이다. 실제로 사회복귀시설에서 근무할 당시 실습생이었던 학생은 일찍 박사과정을 마치고 현재 모 대학에서 교수로 재직 중에 있다. 젊은이들의 열정과 노력에 따른 앞일의 결과는 아무도 모른다. 새로움을 두려워하지 않는다는 것은 수많은 기회를 잡을 수 있다는 것과 같은 의미를 지닌다.

넷째, 인맥관리가 중요하다. 나의 사회복지 인생에서 반성이 되는 것이 바로 인맥관리이다. 그동안 앞만 보고 달리느라, 당장 그들에게 도움을 받았을지라도, 지금은 스쳐 지나가는 사람이 되어 버려 내가 연락하고 싶어도 미안해서 연락하기 힘든 사람들이 있다. 다시 돌이킬 수 있다면 사람과의 만남을 귀하게 여기고 만남을 이어나가는 것의 중요성을 알고 열심히 노력했을 것이다. 사회복지를 통해 만난 동료, 외부 지역사회 관계자, 학교 동기, 자원봉사 및 실습 기관 슈퍼바이저들이 나중에는 나에게 좋은 자원으로 돌아올 수 있다. 그들에 대한 좋은 이미지를 관리하는 것뿐 아니라, 인간적인 진실함을 보여준다면, 적절한 시기에 좋은 쓰임을 받을 수 있도록 도움을 줄 수 있을 것이다.

다섯째, 나를 돌이켜 봐야 한다. 현재의 나의 외모, 성격, 가치관, 의지, 열정, 바람, 소망, 행복, 어려움, 친구, 가족, 종교, 편견, 의식 등……. 자기 인식이 중요하다는 말이다. 클라이언트의 사회적 기능을 향상시키는 도구로 쓰임을 받기 위해서는 도구인 내가 어떤 사람인지를 알고 그들에게 올바르게 개입할 수 있는 도구인지 확인해 봐야 한다.

앞으로 본인은 가야할 길이 멀다. 지금은 육아휴직 기간을 활용해 그동안의 부족한 지식을 보충하러 대학원에서 공부하고 있다. 학교에 있으면서 그동안 사회복지 연구방법에 무지했던 나를 한탄하며, '실무에 있었을 때 더 많이 연구했으면 좋았을 걸' 하는 아쉬움을 뒤로 하고 앞으로의 연구활동을 계획하며 힘껏 날갯짓을 하고 있다. 인간의 배움과 욕망은 끝이 없기 때문에, 앞으로의 삶이 더욱 기대된다. 이글을 읽는 미래의 동료 사회복지사들도 지금이라도 마음속에 간직한 꿈을 이루기 위해 도약하기 바란다.

아홉 번째 꿈: 가족복지

사회복지사, 전문직으로서의 소양이 필요하다

한국복지경영교육재단이사장
오산건강가정지원센터장
용인대학교 라이프디자인(사회복지)학과 겸임교수
강성옥

'희망'을 나눠주는 봉사를 더 잘 하기 위해 시작한 공부

결혼을 하고 큰딸아이가 초등학교에 들어가면서 자원봉사활동을 하기 시작했다. 성격이 워낙 낙천적이고 긍정적이라 사람들과 함께 활동하는 것을 매우 좋아했기 때문에 아이들이 학교에 입학하면서 학교 자모회 활동부터 시작하여 지역사회 연계활동에 활발하게 참여하면서 '봉사'를 알게 되었다.

누군가를 자발적으로 돕는 자원봉사라 하면 '이타심'에 '무보수'라고 생각했고, 누군가를 위해 내가 할 수 있는 일이 있다는 것만으로 마냥 즐거웠다. 사람들이 나로 인해 삶에 대한 희망을 얻을 수 있고, 그 기쁨을 조금이라도 나눌 수 있다는 생각에 다양한 봉사활동 현장에 참여하게 되었다. 요양원이나 아동시설을 다니면서 말벗 서비스나 목욕봉사, 청소 등 열심히 이곳저곳을 다니며 사람들과 함께했다.

그러면서 마음 한구석에는 나눔을 통해 자아존중감을 스스로 높이고 보람을 느낄 수 있는 의미 있는 직업이 '사회복지사'라는 생각이 들었고, '나도 어느 정도 나이가 들면 사회복지사가 되어야지…….' 하는 마음도 가지게 되었다.

이후 계속된 봉사활동은 학업에 대한 아쉬움을 남겼고, 전문지식과 기술로 무장한 봉사가 하고 싶어 대학에 들어가기로 결심했다. 사회복지 공부를 밑바탕부터 제대로 해보자는 계획을 가지고 공부하기 시작했다.

깊이 있는 이해와 끊임없는 노력이 필요한 사회복지 공부

신입생 때는 사회복지사 자격을 취득하여 시설 운영을 해야겠다는 마음으로 공부를 시작했지만, 학부수업을 들으면서 자격증만으로 시설운영을 하겠다는 생각이 얼마나 안일하고 어리석었는지를 깨닫게 되었다. 또한 사회복지학 공부가 하면 할수록 어렵고 분야도 광범위하다는 것도 알게 되었다.

방학 중에도 해외봉사나 학회에 참여하는 것을 제외하고는 '쉬는 방학'은 없었다. 그렇게 학부, 석사를 공부하는 동안 '사회복지사'뿐만 아니라 몇 개의 관련 자격증을 취득하였으며 사회복지에 대한 매력에 빠져서 박사과정에도 진학하게 되었다.

현 직장에 오기까지 나는 특별한 경험을 많이 한 것 같다. 만학자로 공부를 시작했기 때문에 나이 어린 학생들과 진도를 맞추기 위해 다른 학생들보다 더 많이 노력해야 했고 전문가로서의 지식과 기술을 배우기 위해 내 나름대로 학교수업 이외에도 많은 공부를 해야만 했다. 방학 동안에도 자격증 하나라도 더 취득하기 위해 공부를 했고 학교수업을 하는 동안에도 수업 외에 공부를 하면서 여러 가지 복지와 관련된 자격증을 취득했다. 심리상담사, 미술치료사, 웃음치료사, 요양보호사, 복지레크리에이션, 건강가정사, 평생교육사 자격증을 취득하였다. 그 당시에는 호기심에 이것저것 취득했는데 지금은 이 자격증들이 나의 사회생활에 많은 도움을 주고 있다.

사회복지학 전공을 하면서 국내외 학술대회에도 다닐 수 있었는데, 이 또한 내게 많은 도움이 되었다. 국제학술대회에 참가하면서 여러 나라의 사회복지를 한눈에 볼 수 있었고 각 나라의 사회복지 교수님들과 실천현장에서 일하시는 분들의 지식과 기술을 배울 수 있는 기회가 되었다.

자원봉사 등 많은 연수에 참가한 것도 사회복지사로서의 소양과 자질을 키울 수 있는 기회가 되었다. 특히 아프리카 케냐 지역의 봉사활동에 참여하면서 제3세계 국가의 열악한 모습을 보게 되었고, 이 과정을 통해 복지사로서의 열정을 조금씩 키워나가게 되었다. 사회복지사로서의 태도나 역량을 키우기 위한 노력 또한 자원봉사의 경험을 통해 더 탄탄해지게 되었다.

그렇기 때문에 사회복지학을 공부하는 이들에게 다양한 자원봉사의 경험을 해보기를 권하는데 주저함이 없다. 자원봉사는 누군가가 억지로 시킨다고 하는 것이 아니라 본인 스스로 마음속에서 우러나와야 할 수 있다. 이타심이라는 기본 자세를 가지고 다른 사람을 도와줌으로써 스스로 만족감과 보람을 느끼면서 그 속에서 자아발전을 할 수 있는 동기부여가 된다고 생각한다.

급변하는 사회환경 속에서 사회복지 실천현장에서는 더 높은 전문성이 요구되고 있다. 그동안 부끄럽지 않은 사회복지전문가로서의 자질을 키우기 위해 열심히 노력하면서 얻은 지식과 기술을 이제는 사회의 필요한 곳에 환원해야 한다는 생각으로 현장에서 발로 뛰며 일하고 있다.

꿈 많은 사회복지사를 양성하는 교육의 현장

도움이 필요한 이들을 돕기 위해서는 능력과 자질을 갖춘 사회복지사를 키워내는 작업이 중요하다는 생각에 사회복지사 양성을 위한 교육재단을 설립했다. 용인시 소재 한국복지경영교육재단이라는 사단법인으로 현재 이사장직을 수행하고 있다. 대규모의 법인은 아니지만 아동복지사업과 전반적인 복지교육사업을 하면서 아동발달치료센터와 지자체 기금사업을 진행하고 있다.

다양한 가족을 위한 교육 · 상담 · 문화사업을 진행하는 건강가정지원센터

2012년부터는 오산시건강가정지원센터 센터장으로 사업총괄과 지역사회 네트워크 활성화를 위한 대외 업무를 주로 맡고 있다. 건강가정지원센터는 2005년 시행된 건강가정지원법 제35조를 근거로, 여성가족부 지침에 의거하여 가족문제 발생을 사전에 예방하고 일반가족 및 다양한 가족을 대상으로 통합적인 서비스를 제공하기 위한 효율적인 전달체계를 마련함을 목적으로 중앙, 시 · 도 및 시군구(2013년 전국 152개소 운영)에 설립하여 운영되고 있으며 운영비 및 인건비, 사업비는 국비로 하고 있다. 오산건강가정지원센터는 한 대학교의 산학협력단에서 오산시로부터 위탁을 받아 운영하고 있으며 2006년 6월 1일에 개소한 이래로 오산 시민의 건강한 가족 만들기를 위해 오산시 지역주민의 특성을 고려한 맞춤형 가족지원서비스를 제공하여 가족의 안정성 강화와 가족관계 증진에 기여하는 가족복지 중심축의 역할을 다하기 위해 많은 노력을 하고 있으며 그 결과 개소 이래 우리 센터를 이용한 분이 15만 명을 넘어서고 있다. 대표적 사업을 몇 가지 소개하면 여성가족부 필수 사업인 상담사업, 가족교육사업, 가족문화사업, 아이돌봄사업이 있으며 아동학대사업, 성평등사업 등 지자체 기금사업을 하며 오산시 지역주민의 가족복지 증진을 위한 역할도 수행하고 있다.

상담사업은 개인이나 가족 내 다양한 갈등과 문제의 해결을 위해 진행되는 사업으로 부부문제, 이혼문제, 부모문제, 자녀문제, 성인자녀와 부모세대 간의 문제 등 살아가면서 발생하는 어려움과 갈등을 다루고 있다. 가족교육사업 부문에서는 결혼해서 좋은 가정을 꾸리기 위해서는 어떻게 해야 하는 건지, 임신을 하였는데 태교는 어떻게 해야 잘 하는 것인지, 좋은 부모가 되려면 어떻게 해야 하는지 등 전 생애에 걸쳐 가족의 형성과 확대 축소에 따라 예측 가능한 문제를 미리 준비하고 그 단계에서 해내야 할 과업에 대해 생애 주기별 교육을 제공하고 있다. 가족문화사업 부문에서는 가족이 함께 많은 시간을 보냄으로써 서로를 이해할 수 있는 폭을 넓히고, 가족기능을 강화할 수 있도록 가족단위로 참여할 수 있는 프로그램인 가족사랑의 날, 가족캠프 프로그램 가족봉사단활동 등 가족단위로 지역 내에서 할 수 있는 활동 등을 통해 지역 내의 가족친화적인 문화를 만들어가고 있다. 아이돌봄 지원사업은 여성가족부 별도지침에 의해 시행되고 있다. 이 사업은 부모의 다양한 자녀양육 수요를 충족시킬 수 있는 가정 내 개별 돌봄서비스의 활성화를 통해 취업부모들의 양육부담 경감 및 개별 양육을 희망하는 수요에 대응하고, 경력단절 중장년 여성의 고용증진 및 취약계층의 육아 역량 강화를 목적으로 실시되고 있다. 만 12세 이하 취업부모 자녀 등을 대상으로 돌보미가 아동의 집으로 찾아가 돌봄서비스를 제공하는 것으로 부모가 올 때까지 임시 돌봄, 놀이 활동, 준비물 보조, 식사 및 간식 챙겨주기, 보육시설 · 학교 · 학원 등 · 하원 지도, 안전 · 신변보호 처리 등의 활동을 하고 있다.

지자체 기금사업인 아동학대예방사업은 건강가정지원센터의 고유사업은 아니나 아동보호전문기관이 부재한 오산시의 실정에 따라 우리 센터에서만 진행되는 사업으로 학대받는 아동과 그 가족을 지원하고 아동학대의 심각성에 대한 시민들의 인식증진을 위한 홍보 및 교육을 전개하고 있으며, 피해학대아동 및 가족을 위한 상담사업, 아동학대를 사전에 예방하기 위한 교육사업, 아동학대 반대 캠페인 및 홍보사업을 실시하고 있다.

지금도 건강가정 지원센터에서는 사회복지 실습생과 건강가정사 실습생들이 실습을 하고 있다. 나는 이들에게 실습이 끝난 다음에도 어느 정도의 자원봉사를 해주길 권한다. 꼭 우리 센터가 아닌 다른 곳에서라도 자원봉사를 하면서 사회복지사로서 갖추어야 할 바람직한 인격소양을 할 수 있는 기회를 갖도록 하고 있다.

열정 있는 전문가를 원하는 사회복지실천현장

요즘 특히 사회복지사 자격증이 학교뿐만이 아니라 온라인을 통해서도 쉽게 취득할 수 있는 방법들이 너무 많아 자격증을 남발하고 있다는 지적처럼 나 또한 우리 센터에서 실습하는 실습생들을 보면서 많은 고민에 봉착한다. 사이버나 온라인 강의를 통해서 사회복지사 자격증을 취득한 학생들이 종종 기본 소양 면에서 안타까운 점을 발견한다. 단체생활을 해보지 않았기 때문에 팀워크에 대한 것도, 남을 배려하는 것도, 복지사로서 해야 할 일이 무엇인지도 모르고 오는 학생들도 있다. 서로 공유하고 도와가며 공부한 것이 아니라 혼자서 한 공부라 사회복지사로서 지켜야 할 가치와 윤리, 인격소양에 있어서 미흡한 실습생들도 더러 만난 경험이 있다.

그래서 내가 만나는 학생들이나 미래의 사회복지사가 될 후배들에게 사회복지사로서 몇 가지 해주고 싶은 이야기가 있다.

첫째, 사회복지사는 누구나 할 수 있는 것이 아니다. 그냥 나이 들어서 일이 필요한데 쉽게 취득할 수 있는 것이 사회복지사라는 말만 듣고 사이버 강좌 등을 통해 배울 수 있는 기회가 많으니까 그냥 한번 해보자라는 입장으로는 곤란하다는 것이다. 우리들의 도움을 필요로 하는 내담자들을 편견 없이 바라보고 대하며 있는 그대로를 받아들일 수 있는 마음가짐과 기본적으로 봉사정신과 희생정신을 가지고 사람을 사랑하는 마음이 바탕이 되어야 한다고 생각한다.

둘째, 사회복지사는 사회운동가가 되어야 한다는 것이다. 휴먼서비스를 하는 우리들이기에 사회의 힘든 이들을 바라볼 때 그들의 개인적 입장이 아닌 사회의 책임으로 보는 시각이 필요하며, 우리가 만나는 모든 이용자들은 삶에 대한 무한한 강점이 있다는 것을 알고 그들을 강점관점으로 바라보며 지속적인 역량강화를 위해 다양한 교육과 자원 활용의 기회를 갖도록 하는 적극적인 자세가 필요하다고 생각한다.

셋째, 사회복지는 일상생활에 필요하고, 따라서 어떤 대상화된 특정 그룹이 아니라 사람이 살아가는 일상생활에서 접할 수 있는 것으로, 사회를 살아감에 있어서 시민의 권리이며, 같이 이루어가야 할 연대감에 대한 이해가 필요하다고 생각한다.

넷째, 사회복지사에게는 자원을 연계하는 실천적 자세가 요구된다. 긴급한 사회복지 지원을 위해서는 나 혼자만이 잘할 수 있다거나 자신의 영역만을 고집할 것이 아니라 생태체계적 관점으로 욕구를 사정하고 자원을 파악하며 적극적인 연계를 통해 지역사회와의 공동체 형성을 위해 노력해야 한다는 것이다. 단순한 정보제공보다는 그 자원을 연계하기 위해 적극적인 의뢰 및 지원 상황 검토 등 사례관리적 관점으로 욕구를 가지고 서비스를 요청한 이용자로 하여금 존중감을 느낄 수 있게끔 하여야 한다.

마지막으로 사회복지사는 전문가라는 자기 인식이 있어야 한다. 그러기 위해 이용자를 위한 기관의 모습, 이용자를 대하는 태도 등 전문가로서 지식과 기술을 키우기 위해 사회복지보수교육이나 전문분야 교육 참여 등을 통해 끊임없는 노력과 연구가 필요하다고 생각한다.

부족하나마 나의 경험담이 사회복지사가 되기 위해 열심히 노력하는 후배들에게 조금이나마 도움이 되었으면 하는 바람을 가지며 두서없는 글을 마친다.

열 번째 꿈: 종합복지관

아름다운 사회를 만들어 가는 꿈과 열정

사회복지사에게 사회복지를 묻다

작은 성공이 사회복지사를 행복하게 만들고, 그 성공이 쌓여야 남도 행복할 수 있다

베풂의 향기를 전하는 사회복지사를 소망하며

아름다운 사회를 만들어 가는 꿈과 열정

신길종합사회복지관 관장
공상길

인간의 변화와 사회의 변화를 꿈꾸는 행복한 직업

내가 처음 사회복지에 관심을 가지게 된 시기는 10살 때쯤이었던 것으로 기억된다. 경상북도 경산에서 태어나 초등학교에 입학할 당시 서울로 올라가기 전까지 어린 시절 함께 살던 사촌동생은 다운증후군이었다. 동생은 초등학교에 들어가지 못하고 사회복지시설에서 생활하고 있었다.

동생이 살던 시설에 큰어머니 손을 잡고 함께 찾아가 본 적이 있었다. 그때만 해도 사회복지시설은 참 열악했던 것으로 기억된다. 겨울임에도 동생은 시멘트 바닥에 맨발로 놀고 있었다. 동생은 큰어머니와 나를 보더니 손을 잡고 떨어지지 않으려고 발버둥을 쳤었다. 동생을 떼어놓고 나오는 길에 큰 어머니께 "왜 동생과 같이 살 수 없느냐?"고 물었고, 큰어머니는 말없이 눈물만 흘리셨던 기억이 또렷이 난다. 물론 동생을 돌봐줄 사람도 없고, 집에 불도 지르고 하니 도저히 감당할 수가 없어서 큰어머니도 시설에 맡길 수밖에 없었다는 것을 나중에 알게 되었지만, '동생을 잘 보호할 사회적 안

전망이 있었다면 가족과 함께 살 수 있지 않았을까?'라는 생각을 지울 수 없었다.

대학 진학은 부모님의 권유로 조선공학과를 선택했다. 그 당시는 "이공계를 가야 먹고 살 수 있다."라는 부모님의 강한 협박(?)을 피할 수 없었다. 졸업 후 부산에 있는 조선소에 근무할 때 내 나이는 25살이었다. 조선소에서 일하시는 용접공들 중 많은 분들이 50~60대의 아주머니였고, 현장기사로 일하는 내 역할은 용접상태를 점검하는 일이었다.

뜨거운 여름 뙤약볕 아래 가죽옷을 입고 철판을 용접하는 일은 인간의 한계를 넘어서는 일이었고, 철판 안 작업장은 사우나가 따로 없을 만큼 무덥고 힘겨운 환경이었다. 하지만 내 역할은 작은 망치를 들고 다니며 용접상태를 확인하는 것이었고 간혹 나이 많은 용접공에게 "이런 식으로 일하려면 때려치우세요."라고 말해야만 하는 악역이었다. 안전 때문에 어쩔 수 없는 일이라고는 하지만 부모님 같은 분들에게, 어려운 환경에서 이렇게 고생하시는 분들을 닦달해야 하는 건 인간이 할 짓이 아니라는 생각 때문에 괴로웠다. 생계가 아무리 중요하다지만 평생을 이렇게 살고 싶지는 않았다. 그래서 조선소를 그만두었다.

새로운 진로를 결정하는 과정에서 무슨 일을 하면 내가 즐겁고 행복할 수 있을까 고민을 하였고, 어린 시절부터 품어왔던 불쌍한 사람을 돕는 일을 해야겠다고 결심했다. 결국 대학교 사회사업학과 3학년으로 편입을 하게 되었고 첫 수업시간에 '아! 정말로 이 일을 하면 평생 행복할 수 있겠구나.'라는 생각이 들었다. 한 교수님께서는 사회복지개론 첫 수업시간에 이런 말씀을 하셨다. "눈 덮인 동산이 있으면 보기에 아름답겠죠? 그런데 그 속에 무엇이 있을까 생각해 봤습니까? 수많은 쓰레기가 있을 수도 있다는 사실을 잊지 마세요. 우리가 사는 사회가 눈 덮인 동산처럼 아름다워 보이지만 수많은 사회문제와 병들고 힘겹게 하루하루를 살아가는 고통받는 사람들도 있다는 것을 항상 잊지 마십시오. 이 상황을 변화시키는 일이 바로 사회복지입니다. 여기에 초점을 맞춘 후 희망과 비전을 갖고 일하십시오."

이 강의는 나에게 놀라운 감동으로 다가왔다. 인간의 변화와 사회의 변화라는 새로운 꿈이 생긴 것이다. 나는 사회복지사라는 직업은 행복한 직업이라고 생각한다. 통상 사회복지사 하면 월급이 적어 경제적 어려움을 겪는다는 생각을 많이들 하고 있다. 많이 나아지기는 했지만 여전히 사회복지사의 처우는 열악한 실정이다. 하지만 사회복지사라는 직업은 여전히 매력 있고 중독성까지 있는 행복한 직업이라고 생각한다. 특히 환경이 어려워 고민이 많은 아이들을 변화시키고 훗날 건강한 사회의 일원이 되어서 살아가는 모습을 보는 것은 전율이 흐를 만큼 감동적이라고 생각한다.

어려운 시기를 극복하게 해주는 '인생의 멘토', 사회복지사

1986년 사회복지학과를 졸업한 후 첫 직장은 연무종합사회복지관이었다. 복지관이 위치한 곳은 슬럼지역이라 할 수 있는 달동네와 새롭게 이주한 중산층이 함께 하고 있는 동네였고 복지관은 그 중간에 위치하고 있었다. 그런데 산동네의 아이들이 산 위에서 돌을 던져 복지관 유리창을 깨뜨리는 바람에 골머리를 앓았다. 어느 날은 잠복근무(?)를 하면서 돌 던지는 아이를 붙잡아 도대체 왜 돌을 던졌냐고 물어보니 그 녀석 대답이 "우리가 사는 동네는 지저분하고 집도 엉망인데, 복지관은 너무 깨끗하고 예뻐서 얄미워서 돌을 던졌다."고 대답하는 것이었다. 꼬마아이의 대답은 내게 가슴 아픈 메시지로 다가왔다. 그후 산동네를 돌며 살피기 시작하였고, 방치되어 있는 초등학생, 본드 부는(?) 중학생 아이들의 모습을 발견하고 복지관 내 중학교 그룹 활동 모임 "디딤돌"을 만들어서 집단활동 프로그램을 진행하였다. 그 당시 활동하던 그룹멤버들은 이제 성인이 되었고, 연무종합사회복지관의 후원자로, 자원봉사자로 활동하고 있다. 누군가가 그 아이들을 변화시켰다기보다는 바쁜 부모로부터 방치되어 있는 그 아이들에게 쉴 곳을 만들어 주고, 아이들의 이야기에 귀 기울여 들어주고, 그 과정 속에서 그 아이들은 스스로 자아를 찾아갔을 것이라 생각한다. 가족으로부터 방치되고 소외된 아이들에게는 폭력서클, 본드, 술, 담배가 유일한 위로가 되었을 것이다. 누군가가 그 아이들에게 관심을 갖고 진솔하게 이야기를 들어줄 수 있다면 청소년문제는 해결될 수 있다고 확신한다. 영화 〈친구〉에서 준석(유오성)은 한때 약물중독으로 어려운 시간을 보내고 있었는데, 생활고를 겪는 그에게 고등학교 동창인 상태가 찾아와 겨울 잠바를 입혀주며 약국에 가는 장면이 나온다. 그때 준석이 친구인 상태 앞에서 후회하며 나누는 대사가 있다. "내가 나쁜 길로 빠져서 방황할 때 인생을 그렇게 살지 말라고 얘기해주는 사람이 주변에 한 명만 있었더라도 지금 이렇게까지는 되지 않았을 거야."란 말이었다. 청소년기는 누구든지 방황할 수 있는 시기라고 생각한다. 방황하는 아이들의 말에 귀 기울여 경청하는 친구, 형, 선생님이 있다면, 그리고 인생의 방향키가 되어 줄 수 있는 사람이 한 사람이라도 있다면 그 아이들의 인생은 바뀔 수 있다고 굳게 확신한다. 아이들에게는 자신의 얘기를 들어줄 수 있는 사람이 필요하다. 그런 믿음으로 복지관에 아이들을 위한 쉼터를 만들었고, 공동체프로그램을 운영하였다. 자아계발, 현실성, 민감성 기르기, 놀이치료 등으로 구성하였고 인근에 있는 대학교 자원봉사자들을 참여시켰다. 디딤돌모임은 아이들이 잠시나마 여유를 갖고 쉴 수 있는 공간을 만들어 주었고, 자신의 미래를 계획할 수 있는 상담의 역할도 수행하였다.

지금은 고인이 되신 코미디언 백남봉 씨가 〈TV는 사랑을 싣고〉에 나온 적이 있었다. 그 분은 아동양육시설(고아원)에서 자랐고, 외로움과 배고픔, 형들의 폭력으로 한때 자살을 생각한 적도 있었다고 한다. 그때 백남봉 씨가 있던 시설에 24살의 사회복지학과를 갓 졸업한 사회복지사가 부임하게 되었는데 그 분이 지금은 동원정신병원 이사장이신 전덕기 선생님이었다. 백남봉 씨는 사회복지사 여선생님을 찾아가 살기가 너무 힘들어 "나는 아무짝에도 쓸모없는 사람이에요. 죽고 싶어요."라는 얘기를 했다고 한다. 그때 전덕기 사회복지사는 "무슨 소리야. 너는 사람들을 웃게 만드는 능력이 있잖아. 그 능력으로 세상을 행복하게 해 줄 수 있는데 왜 죽을 생각을 해?"라며 어린 백남봉 씨를 꼭 안아주었다고 한다. 그 말에 힘을 얻은 백남봉 씨는 세상을 행복하게 하겠다는 꿈을 꾸었고, 희극인이 되었다고 한다.

누구에게나 인생에 있어 멘토 한 사람은 필요할 것이다. 그런 측면에서 사회복지사라는 직업은 다른 어떤 직업보다도 한 사람의 어려운 시기를 극복하게 해줄 훌륭한 멘토의 역할을 할 수 있다고 생각한다.

'행복한 사회'는 가장 어려운 사람들이 인간답게 살 수 있는 사회라는 믿음

1989년부터 1992년까지 근무한 두 번째 직장은 인천에 위치한 부랑인복지시설 은혜의집이었다. 지금은 많이 좋아졌다고 하지만 여전히 생활시설은 사회복지사에게 힘든 근무환경이라고 할 수 있다. 그 당시에는 형제복지원 사건이 터져 온 사회가 사회복지시설에 대한 불신과 인권에 대한 심각한 문제제기로 들끓게 되었다. 형제복지원 사건은 가뜩이나 열악한 사회복지환경에서 후원자의 급감과 함께 사회복지시설에 대한 불신과 부정적 인식을 심어준 사건이었다. 하지만 형제복지원 사건은 예견된 사건이었다. 1986년 아시안게임과 1988년 올림픽을 앞둔 상황에서 정부는 많은 외국인이 우리나라를 찾아오고 전세계의 매스컴이 우리나라를 주목하고 있는 상황에서 부랑인이나 노숙인의 모습이 매스컴을 통하여 전세계에 알려지는 것을 우려하였고, 마치 손님이 오면 어질러진 방 안의 물건들을 옷장이나 보이지 않는 곳에 처박아 놓듯이 보사부훈령을 통하여 "도시 미관을 해치는 부랑인 일제 소탕령"을 내려 전국 각지에 있는 부랑인을 시설에 강제로 수용시켰다. 그 당시 형제복지원에는 약 3,000여 명의 시설생활인들이 집단으로 거주하였지만 사회복지사는 단 1명도 없는 상태였다. 거의 수용소와 다름없는 환경이었고, 한 숙소에 500명 이상이 함께 생활하는 형편이었다. 형제복지원 사건이 터지고 난 후 가장 큰 변화 중에 하나가 시설생활인 50명당 사회복지사를 1명씩 의무적으로 고용해야 하는 법이 만들어지고 그에 따라 사회복지사들이 부랑인시설에 들어가게 되었다. 그 시기에 사회사업 계장으로 사회복지사 10명과 함께 일하게 되었다.

당시 사회복지사 회의를 통해 "부랑인도 태어날 때부터 부랑인으로 태어난 것은 아니고, 그분들에게도 가족이 있을 것이고, 가족에게 돌려보내는 것이 우리의 사명이다."라는 확신이 있었고 인근 경찰서의 도움으로 전체 시설 생활인을 대상으로 지문조회를 실시하였다. 그 결과 많은 분들의 가족이 파악되었고, 가족들에게 연락하여 집으로 돌려보내려는 노력이 있었다. 그러나 우리의 생각과는 달리 가족들의 반응은 냉담하였다. 전화를 끊어버리거나, 가족임을 부인하거나, 심지어는 연락처를 바꿔버리기까지 하는 일들이 벌어졌다. 그중에 몇몇 분들은 집으로 보내졌지만 한 달도 안 되어 역전에서 다시 앵벌이하며 노숙하는 악순환이 반복되었다. 가족들에게 돌려보내는 것이 최상의 방법이라는 생각은 잘못이라는 결론을 내리고, 가족이 도저히 보살필 수 없다면 시설에서 보호할 수밖에 없다는 현실적 판단에 도달하였다. 즉 가족이 무책임해서가 아니라 우리나라의 열악한 사회적 인프라 때문에 가족만의 힘으로는 도저히 그분들을 보호할 수 없다는 것이 현실임을 깨달았다. 무조건 가족에게 돌려보내야 한다는 판단은 잘못된 것이라는 사실을 깨닫고 이분들을 시설에서 잘 보호하는 것도 사회복지사의 역할이라고 마음을 다잡았다. 그후 그분들을 대상으로 사회적응훈련(social skill training: SST)과 직업적응훈련(job skill training: JST)을 실시하였다. 시설에서 생활하는 대부분의 생활인들이 시설에 들어온 후 한 번도 바깥으로 나가보지 못한 분들이 대부분이었기 때문에, 사람들을 위해 반드시 필요한 일이라고 생각했다. 삼성복지재단에 프로포절을 신청했고, 현장심사를 나왔던 담당자 분을 설득해서 프로그램 지원을 받아 사업을 시작하였다. 시설의 개방은 어려움이 있었지만 원장님을 설득했고, 지역주민을 자원봉사자로 모집하여 일정한 훈련(돈 사용법, 전철이용법, 시계보기, 에스컬레이터 이용법 등)을 실시한 후 자원봉사자와 일대일로 매치하여 외출프로그램을 실시하였다. 그러나 그들을 대하는 일반시민들의 시각은 불안함과 편견이 합쳐진 것이었다. 너무나 신기한 백화점의 에스컬레이터를 몇 시간씩 오르락내리락하는 모습을 보고는 평소에는 보지 못했던 조금은 낯선 행동과 모습("이상한 사람들이 나타났다.")에 당황한 시민들의 민원이 이어졌고, 급기야는 구청에서 외출을 자제해달라는 요구까지 이어지게 되었다. 우리의 시민의식이 아직까지 그분들을 우리의 이웃으로 받아들이기가 쉽지 않다는 것을 느꼈다. 우선 인식의 변화가 필요하다는 사실을 깨달았고, 그분들이 '위험한 사람'이 아니라 '우리와 같은 사람'이라는 인식의 변화는 짧은 시간 안에 되기 어렵다는 사실도 깨닫게 되었다. 빠른 시간 안에 시민의식의 변화를 위해서는 언론의 도움이 필요하다고 생각되어 지역신문사를 찾아가 캠페인의 필요성을 얘기했지만 오히려 부정적인 측면으로 기사를 다루어 난처한 입장에 빠지게 되었다. 기자들의 시각에서는 긍정적인 부분보다 자극적인 보도를 원했던 것 같다.

그로부터 20여 년이 지난 지금의 시민의식은 많이 변화되었지만, 인권의식과 시설생활인의 삶의 질은 '인간다운 삶'과는 여전히 거리가 있다고 생각한다. 시설생활인의 삶의 질이 높아지고 인간답게 살 수 있기 위해서는 기본적으로 시설에서 근무하는 직원, 특히 사회복지사의 인권민감성이 향상되어야 한다고 생각한다. 1992년 부랑인복지시설을 떠나게 되었지만 지금까지도 생활시설에서 못 이룬 꿈과 안타까움은 마치 빚을 진 것 같은 부담감을 느끼게 한다. 그런 고민을 담아 2007년도에 한국사회복지학회지에 공동연구로 '부랑인복지시설에 근무하는 직원들의 인권민감성에 관한 연구'를 발표하였다. 부랑인복지시설에 근무하는 450여 명에 대한 전수조사 형식의 연구였다. 부랑인복지시설은 안고 있는 구조적인 한계가 있지만, 여러 가지 어려움에도 불구하고 사회복지시설에서 근무하는 사회복지사의 열정과 헌신이 무엇보다도 중요하다는 내용이었다.

자본주의 사회에는 어쩔 수 없이 사회부적응자가 생기기 마련이고, 그분들을 위한 사회복지서비스가 필요하다면 예전처럼 사회방위적 차원에서의 시설보호는 탈피해야 한다고 생각한다. 세상은 변하고 우리는 더 좋은 환경에서 살고 있는데, 그 분들의 삶의 만족도는 나아지지 않고 있다. 물질적인 풍요는 이루었지만 어느 누구도 예전보다 행복해졌다고 생각하지 않는다. 가장 행복한 사회는 어떤 사회일까 고민해 본다. '가장 행복한 사회는 가장 어려운 사람들이 인간답게 살 수 있는 사회'라는 믿음과 함께 타인을 배려하고 소외된 계층을 돌보려는 노력, 시민사회의 인식개선에 대한 노력도 함께 병행되어야 한다고 생각하며, 그 선두에 사회복지사들이 나서야 할 때라고 생각한다.

재가노인복지사업의 도입, 발전과정의 이슈들

1992년부터 1998년까지 근무한 세 번째 직장은 한국노인복지회였다. 한국노인복지회는 1987년도에 우리나라 최초의 재가노인복지사업이라 할 수 있는 가정봉사원파견사업을 민간주도로 시작하였고, 정부의 정책도입 및 제도권에 진입시키는 데 크게 기여하였다. 더욱 놀라운 사실은 그 당시 체계적인 교육과 슈퍼비전 시스템을 가동시켰다는 점이다. 그 당시 자문 교수는 1주일에 1회씩 봉사활동에서 제기되는 제반문제에 대하여 슈퍼비전을 제공하였다. 이러한 슈퍼비전시스템은 이후에 재가노인복지협회의 세미나 등을 통하여 가정봉사원파견사업을 전국의 시설에 보급하는 데 중요한 영향을 미치게 된다. 재가노인복지정책의 발달과정에서 특징적인 점은 민간조직이 주도적으로 재가노인복지정책을 견인하였다는 점이고, 그 과정에서 네트워크를 구축하고 교육을 추진하여 왔다는 점이다. 네트워크 구축의 중요한 역할을 수행한 것이 한국재가노인복지협회였고 협회의 사무국장으로서 초기 협회의 설립과 활성화에 기여할 수 있었던 것은 나에게 소중한 경험이었다. 1992년 전국의 10개 재가노인복지기관(한국노인복지회, 은천노인복지회, 남부노인복지관, 북부노인복지관, 영락재가노인복지센터, 우리모두복지재단, 성애원, 노아복지회, 현양원, 애광원)이 모여 '전국재가노인복지기관협의회' 창립총회를 개최하였다. 협의회의 목적은 프로그램개발, 직원연수, 정보교환, 친목, 재가노인복지 증진에 기여하는 것이었다. 1년에 4회 기관장 간담회를 개최하였고, 1년에 2회 세미나를 통하여 직원들을 교육시켰다. 당시의 세미나는 재가노인복지기관 직원뿐 아니라 시도 노인복지 담당 공무원도 초청하여 민관이 함께 참여하는 세미나로 진행되었다. 초창기의 세미나는 실무적인 문제점과 현황, 그리고 선진국의 재가노인복지 프로그램 소개 등으로 이루어졌고 참여하는 기관의 실무자 모두가 기관의 사례를 발표하는 형태로 진행되었다. 협회를 통한 세미나 개최의 중요한 시사점은 초창기 가정봉사원 파견사업에 대한 이해가 부족한 기관장, 직원, 공무원들에 대한 교육을 집중적으로 실시했다는 점이고 이를 계기로 협회를 통한 본격적인 제도화 과정과 모델의 보급, 전국사업으로의 확대가 이어지게 되었다. 비공식기구로 활동하던 '전국재가노인복지기관협의회'가 1995년 11월 29일 사단법인 '한국재가노인복지협회'로 법인설립 허가를 받으면서 본격적인 제도권에서의 협회 역할을 수행하게 되었다. 이후로도 지속적으로 전국사업으로의 확대를 도모하였는데, 기억에 남는 일은 퇴근시간 이후 당시 보건사회부 노인복지과 과장을 포함한 전 직원과 협회 회장단이 모여 좌담회(실제는 노인복지과 직원교육)를 가졌다. 이 모임을 통해 복지선진국의 재가노인복지 프로그램, 한국 재가노인복지사업 현황, 일반노인을 위한 유료서비스의 필요성 등 다양한 현안문제들을 논의하였다. 이 좌담회는 퇴근시간 이후 공무원과 민간기관장이 함께 재가노인복지사업에 대해 머리를 맞대고 논의하였다는 점에서 의미가 있고, 이러한 열정이 모여 우리나라의 재가노인복지사업은 엄청난 속도로 발전시킬 수 있었다고 평가된다.

이와 같은 재가노인복지사업의 정책과정은 여타 사회복지 영역에도 많은 영향을 끼치게 되는데, 1992년도 도입된 재가복지봉사센터가 대표적이라 할 수 있다. 당시 한국노인복지회, 은천노인복지회 등 많은 재가노인복지기관들이 왕성한 활동을 펼치고 있었고, 재무부 고위관료 등에게 여러 차례 정책건의를 하던 중 1992년 정부가 '재가복지봉사센터운영지침'을 제정하고 사회복지관, 노인복지관, 장애인복지관, 사회복지협의회 등에 부설형태로 재가복지봉사센터를 설립하도록 하였다.

또 다른 형태는 서울시가정도우미제도의 도입을 들 수 있다. 서울시가정도우미제도는 재가복지 분야를 확충하려는 정책결정자들의 의지로 이루어진 프로그램이다. 처음 명칭은 가정봉사원제도였는데 봉사라는 용어는 무료라는 인식이 강하기 때문에 유료의 개념인 가정도우미로 하자는 의견을 수용하여, '서울시가정도우미'로 최종 결정되었다. 초기 가정도우미사업 예산으로 2억 원이 배정되었는데, 최종적으로는 46억 원으로 확대하기로 결정되었다. 당시 논쟁과정에서 46억 원이라는 막대한 재정을 굳이 가정도우미사업을 위해 투입할 필요가 있느냐는 회의적인 견해를 보인 국장들과, 지하철공사나 도로공사 등을 조금 늦게 하더라도 서울시민의 복지욕구의 확대와 질적 고급화, 보편적 복지욕구 경향, 재가복지서비스의 욕구 증대, 사전 예방적 사업 중심의 복지대책의 일환으로 저소득층의 삶의 질을 높여야 한다는 정책결정자들 간에 치열한 논쟁이 벌어졌다. 그런 논쟁 가운데 결국 서울시민의 삶의 질을 높여야 한다는 견해가 우세하여 서울시가정도우미제도가 우리나라 지방자치단체로서는 처음으로 1996년 4월 1일 실시되었다. 이때 예산배정의 논쟁 중 서울시 지하철 1킬로미터 공사비가 40억 원에서 50억 원 이상이 드는데 그 정도는 되어야 하지 않겠냐는 주장이 제기되었고 그러한 정책결정자의 의지가 반영되어 초기사업으로는 획기적인 예산이 배정된 것이다. 서울시가정도우미의 모델이었던 한국노인복지회의 유료가정봉사원 시범사업은 삼성복지재단의 프로그램 지원으로 1993년부터 1995년까지 2년간 시범사업으로 수행된 사업이었다. 그러나 가정도우미사업을 운영함에 있어서 문제점도 있었다. 갑작스런 도우미 모집이 이루어지다 보니 일반 주민들에게 폭넓은 홍보가 이루어지지 못하였고 정보가 상대적으로 빠른 관변단체나 선거활동원 등에게 선별적으로 이루어졌다. 통장, 반장 등과 친한 사람들을 중심으로 청탁형 모집이 이루어지게 되면서 가정봉사원의 경험이 있거나 봉사마인드가 있는 사람들보다는 활동비를 받을 수 있다는 금전적 목적의 사람들이 대거 참여하게 되어 가정도우미 자질에 심각한 문제를 안고 출발하게 되었다. 교육에 있어서도 충분한 교육과 실습을 진행하기가 어려웠다. 관리시스템 또한 자치구에 1명의 가정도우미 담당 사회복지전문요원을 배치하였지만 경험부족과 과다한 업무량으로 인하여 가정도우미에 대한 효율적인 관리가 어려운 상태였다. 시간별 수당지급에만 국한되는 형태여서 가정도우미에 대한 체계적인 관리는 불가능했던 것이다. 아울러 점검시스템의 부재와 평가 및 슈퍼비전 등이 제대로 가동되지 못해서 열심히 일하는 가정도우미가 소진되거나 그만두게 되는 현상까지 벌어지게 되었다. 이러한 문제들은 서비스 제공과정에서도 극명하게 나타났으며 기존 자원봉사형 가정도우미들과 많은 마찰을 빚게 되었다. 제도 시행 1년 후 제반 문제점들이 사회복지계에서 제기되었고 도우미의 관리를 민간기관이 맡아야 한다는 현장의 목소리도 나왔다. 그러나 서울시가 민간기관에 맡기기에는 어려움이 있었던 것으로 생각되는데, 그 이유는 신뢰와 책임성의 문제로 판단된다. 사회복지관이나 노인복지관에 맡기는 데 대한 부담이 있었고 실천현장의 문제를 그다지 심각하게 받아들이지도 않았다. 또한 많은 예산이 수반되는 사업으로 책임성과 투명성이 요구되므로 공공에서 수행해야 한다는 의지가 강하게 작용한 것으로 판단된다. 시장이 "만루 홈런"이라고 표현할 정도로 임기 중 가장 잘한 정책이라고 평가되었던 서울시가정도우미제도는 1999년 노조설립과 서울시 담당공무원 변경에 따른 사업 이해 부족 등으로 골치 아픈 사업으로 전락되어 더 이상의 인력보강 없이 기존에 채용된 도우미의 자연감소(1996년: 557명, 2005년: 388명, 2012년: 230명)에 의한 사업종료를 기다리며 서울시의 시행착오에 의한 정책으로 남게 되었다.

한편 보건복지부에서도 한국재가노인복지협회와 가정봉사원파견사업 시설의 강한 요구와 서울시가정도우미 시행에 자극을 받고 유급 가정봉사원에 대한 필요성을 인식하고 중앙정부 차원에서 제도를 도입하게 된다. 이러한 제도시행에는 협회가 실시한 홍콩 사회복지 선진기관 견학이 많은 영향을 미쳤다. 홍콩의 가정봉사원제도가 유급으로 실시되는 것을 보고, 연수에 참가한 보건복지부 공무원들도 한국의 가정봉사원파견사업에서 유급의 필요성을 절감하였던 것이다. 그 당시 노인복지 계장은 필요성은 절감하였지만 예산확보에 어려움이 있어 고민하던 중 협회와 함께 재정경제부를 설득하여 유급 가정봉사원에 대한 예산을 배정받게 되었다. 그 결과 기관별로 80만 원씩 3명의 유급봉사원을 쓸 수 있는 예산을 월별로 240만 원을 배정하였고, 이 예산의 범위에서 풀타임과 파트타임 인력을 위한 예산을 기관의 특성에 따라 집행할 수 있는 재량권을 주었다. 이로써 중앙정부 차원에서도 유급 가정봉사원의 서비스가 가능하게 되었다.

이상의 내용에서와 같이 한국의 재가노인복지정책과정은 다른 선진복지국가와는 달리 민간부문의 노력에 의한 것이라는 특징이 있고, 아무리 훌륭한 정책이라도 정책의 형성과정(예: 모집, 교육훈련, 점검, 평가 및 슈퍼비전)이 무시되었을 때는 실패할 수밖에 없다는 교훈도 우리에게 제시하고 있다. 서울시의 디딤돌사업, 그물망사업, 경기도의 무한돌봄사업, 그리고 각 지자체의 마을만들기사업 등도 우리에게 적지 않은 시사점을 던져주고 있다.

빈곤, 약물중독, 노인문제 등 사회문제를 해결하기 위해 일하는 사람들

1998년도부터 2002년도까지는 자선단이 운영하는 수서명화종합사회복지관과 남부노인종합복지관(현 관악노인종합복지관)에서 근무하였다. 자선단은 법인 산하시설로 이 두 군데 기관 외에 성남시에 청솔종합사회복지관을 운영하고 있었다. 1998년도에 근무한 수서명화종합사회복지관은 강남구 수서동 임대아파트 지역에 위치한 복지관이었다. 도시빈민이 집단을 이루어 생활하는 수서동 임대아파트 단지는 하루라도 조용할 날이 없는 문제투성이의 마을이었다. 초등학교 아이들의 방임문제, 중고등학교 청소년들의 약물중독 문제, 성인 어른들의 알코올 및 빈곤문제, 장애인문제, 노인문제 등등 그야말로 "사회문제의 집합체"였다고 할 수 있다. 초등학교 아이들은 학교에서 돌아오면 집에 아무도 없는 상태에서 방임되었고, 그중에는 부모들이 보는 성인물 비디오를 틀어놓고 같은 반 짝꿍과 화면에서 나오는 장면을 흉내 내고 있어 가정방문 나갔던 여자 사회복지사를 기겁하게 만드는 일도 있었다. 이 아이들을 위해 복지관에서 기획한 프로그램이 방과후 공부방(After School Program)이었다. 중고등학교의 청소년들은 더욱 심각했다. 자신이 사는 동네를 '시발(?)아파트'(도시개발아파트의 도와 개를 빼고 격음화시켜서 부름)라 부르며, 현실에서 도피하고자 본드와 부탄가스를 불고 탄천교의 다리 교각에 기어올라가 판자를 깔고 혼숙하는 등 문제가 심각한 상태였다. 그때 강남구의 6개 복지관 사회복지사들과 수서동 사회복지전문요원 등이 의기투합하여 만든 모임이 '강남구청소년약물모임'이었다. 사회복지사들은 저녁 10시부터 11시까지 탄천교 일대를 돌며 청소년들과의 상담을 실시하였고, 학교와 가정, 복지관을 연계하여 약물청소년 문제에 개입하였다. 강남구청도 합심하여 약물청소년 캠프프로그램비를 지원하는 등의 사업을 전개하였다. 성인들의 알코올문제도 심각하였는데 할머니, 할아버지는 막걸리를 마시고 취해 계셨고 아저씨, 아주머니는 소주를 마시고 취해 계셨다. 토해 놓은 토사물을 쪼아 먹은 비둘기들까지 취해서 비틀거리는 술 취한 동네(drunken village)였던 것이었다. 이분들을 위해서 알코올 교육사업과 자활사업을 실시하였다. 처음에는 시큰둥하였지만 일자리를 제공하고, 자식들의 미래에 대한 교육을 실시하면서 많은 변화가 일어났다. 노인문제는 라이프스타일의 변화가 가장 큰 문제였다. 무허가판자촌에 살던 습관으로 쓰레기를 12층 베란다에서 집어던져 길을 걷던 행인이 날벼락을 맞기도 하고, 복지관의 휴지, 생수, 심지어는 좌변기까지 떼어가 아파트 응접실의 소파 대용으로 쓰는 등의 문제가 빈번하게 발생하였다. 신바람노인대학 등의 프로그램을 통하여 어르신의 여가문화프로그램과 시민의식 교육 등을 실시하였다. 많은 사회학자들이 임대아파트 단지가 슬럼(slum)화 될 것이라고 우려하였다. 물론 아직까지도 많은 문제가 발생되고는 있지만 그나마 사회질서를 유지할 수 있었던 것은 임대아파트 단지 내에 의무적으로 설치되어 있는 복지관의 역할이 컸다고 생각한다. 밤낮을 안 가리고 일했던 사회복지사의 헌신과 열정이 있었기에 가능할 수 있었다고 생각한다.

지역주민들과 소통하는 복지관, 마음을 나누고 함께하는 복지운동

2002년도부터는 불교복지와 인연이 되어 구로구 궁동종합사회복지관의 관장으로 취임하였다. 사회복지를 시작한 지 16년 만인 42살의 나이에 기관장이 된 것이었다. 지금은 30대 후반에 관장이 되는 후배들도 많이 있지만 그 당시로는 무척 빠른 편이었다. 복지관이 위치한 수궁동 지역은 서울시 구로구의 행정 구역이지만 씨족사회의 전통과 마을공동체가 남아있는 약간은 농촌스러운 지역이었다. 지역 유지들을 집집마다 찾아가 큰 절을 올리고 새로 개관한 복지관의 관장이라고 인사를 드렸다. 마을 잔치는 대부분 복지관 마당에서 이루어졌고 복지관의 프로그램을 이용하시는 지역주민들과의 소통은 긴밀하게 이루어졌다. 1년간의 궁동종합사회복지관 관장 업무는 기관장의 역할과 지역사회복지관의 역할에 대해 많은 느낌을 갖게 하였다.

2003년도에는 궁동복지관과의 1년간의 인연을 뒤로 하고 새로 개관한 신길종합사회복지관에 취임하게 되었다. 영등포구는 여의도를 제외하고는 도시 서민들이 살고 있는 곳이라 할 수 있다. 특히 복지관이 위치하고 있는 신길1동은 전형적인 서민밀집지역이다. 지역의 특성을 기반으로, 지역주민의 욕구조사를 통하여 다양한 주민복지사업을 계획하였다. 종합사회복지관은 지역사회를 기반으로 일정한 시설과 전문 인력을 갖추고 지역주민의 참여와 협력을 통하여 지역사회 복지문제를 예방하고 해결하기 위하여 종합적인 복지서비스를 제공하는 시설을 말한다. 여기서 지역사회복지란 주민의 복지증진과 삶의 질 향상을 위하여 지역사회 차원에서 전개하는 사회복지를 말한다. 2013년도에 들어서면서 사회복지관의 주요사업은 5대사업(가족기능강화사업, 지역사회보호사업, 지역사회조직사업, 사회교육사업, 자활사업)에서 3대 기능(사례관리기능, 서비스제공기능, 지역조직화기능)으로 개편되었다. 기존의 5대사업이 3대 기능으로 개편되었지만 사업의 양이 줄어든 것이 아니라 사례관리기능이 새로이 추가되고, 서비스제공기능 안에 가족기능강화사업, 지역사회보호사업, 사회교육사업, 자활사업이 합쳐진 것이라 할 수 있다.

신길종합사회복지관의 미션은 '지역주민의 삶의 질' 향상이고 비전은 "가족기능강화 중심의 새로운 복지모형 개발을 통한 지역통합에 기여"이다. 이러한 미션과 비전을 달성하기 위한 많은 사업을 실시하고 있지만 몇 가지 특색 있는 사업을 소개하면 다음과 같다.

첫째, '가족과 함께 떠나는 자원봉사캠프'(family vacation volunteer: FVV)사업이다. 가족의 기능이 점점 더 약화되어 가고 있는 현 시점에서 가족 간의 만남과 교류의 시간을 갖고자 하는 목적으로 실시되는 프로그램이다. 캠프 활동 중 대부분의 시간은 가족 단위 봉사활동으로 구성되어 있다. 주로 벽지의 분교나 농촌지역의 지역아동센터 페인트 작업과 도배작업 등 환경개선사업을 실시하고 있다. 함께 시간을 보내기 어려운 아버지와 아이들이 방학이나 휴가를 맞아 3박4일 텐트를 치고 야영을 하면서 가족단위로 단기봉사활동에 참여하는 식이다. 프로그램에 참여하는 가족들의 반응이 좋아 9년째 실시하고 있다. 캠프활동 준비 및 진행과 사후모임은 사회복지사가 주도해서 프로그램을 짜는 게 아니라 캠프 참가자들이 모임을 갖고 연락하는 등 자조모임의 성격으로 진행되고 있다. 결국, 지역사회복지운동이란 기관에 의해 의도적으로 끌려가는 것이 아니라 주민들의 자발적 참여 아래 서로가 서로를 돌보는 자조활동이 되도록 만들어 가는 것이 중요하며, 기관은 단지 매개체의 역할을 하는 것임을 확인할 수 있었다. 함께한다는 것만큼 강력한 사회안전망은 없으며, 이러한 자발적 네트워크가 만들어진다면 우리 사회는 좀더 희망이 있고 살 만한 사회가 될 것이라고 생각한다.

둘째, '두루모아'[장애아동부모(respite): 부양의 짐을 덜어주기]사업이다. 장애아동을 보육하는 부모는 죄책감과 부양의 고통으로 힘든 일상을 보내고 있다. 월요일부터 금요일까지는 학교에 보내면 되는데, 문제는 주말이라 할 수 있다. 주5일제 근무가 정착화 되면서 학교는 토요일에 쉬지만, 토요일에도 출근해야 하는 직장이 많고, 1주일에 한번은 부모에게도 쉼이 필요하기 때문에 누군가가 그 시간에 아이들을 돌봐주고 문화체험 등의 활동을 해준다면 부모의 짐을 덜어줄 수 있겠다는 생각에서 출발하였다. 지금까지 9년째 매주 토요일 20명의 장애아동과 20명의 자원봉사자를 일대일로 연결하여, 평소 못 가보던 문화시설 관람이나 백화점나들이, 연극공연, 스포츠관람 등을 실시하고 있다. 장애아동을 토요일 하루 동안 돌봐주고 문화생활을 즐길 수 있도록 하고 그 부모들은 하루만이라도 편히 자기시간을 갖도록 도와주자는 취지이다.

이 사업은 장애아동에 대한 이해와 케어 기술을 요하며, 자원봉사자들의 역할이 매우 중요하고, 고생스럽고 지속적인 봉사활동이 필요하기 때문에 어려움이 있었지만 지역주민과 사회복지학과 봉사동아리의 헌신적인 희생과 열정적인 활동으로 가능할 수 있었다.

셋째, '3시간 빠른 우리 동네 밑반찬, 도시락배달'사업이다. 복지관에서 실시하는 밑반찬, 도시락배달은 11시가 넘어야 배달할 수 있었다. 그 시간이면 대부분의 어르신들은 집에 계시지 않고, 제때에 신선한 음식을 전해드리기 어려운 문제가 있었다. 문제는 이른 시간 밑반찬과 도시락을 배달해야 할 봉사자를 구하기가 쉽지 않다는 것이었다. 다행히 신길종합사회복지관에는 헬스장과 수영장이 있었고, 그곳을 이용하는 회원을 설득하였다. 대부분 시간적 여유가 있고, 차량이 있으며, 인근지역에 거주하기 때문에 조건이 적합하였다. 처음에는 "내가 왜 그 일을 해야 하나?", "차에 냄새가 밴다."며 거절하던 아주머니들에게 집에 가는 길에 전해주기만 하면 된다고 간곡히 부탁하였다. 몇몇 분이 제안을 수용했고 이분들을 통해 8시에 배달을 할 수 있었다. 처음에는 어르신 집 앞에서 클랙슨을 빵빵 울리며 "할머니 도시락 받아가세요!" 하면 할머니들이 후다닥 나오셔서 받아 갔다고 한다. 그러나 몇 달이 지나고 봉사자들과 할머니가 얼굴을 익히고, 이야기도 나누면서 친해졌다고 한다. 봉사자들을 통해서 들은 얘기가 "할머니가 너무 잘 대해주시고, 할머니에게 많이 배운다."는 것이었다. 이분들은 이제 복지관의 열혈봉사자로 활동하고 있다.

복지운동은 크거나 거창한 일이 아니라고 생각한다. 우리가 살고 있는 집 주변을 한 번만 돌아보면 해결될 수 있다. 내가 사는 지역 어딘가에 3평짜리 온기 없는 사글세방에 외롭게 살고 있는 어르신이 있다는 사실, 그 분들이 우리와 함께 사는 이웃이라는 사실을 받아들이면 그것이 복지운동의 시작이라 할 수 있다. 물질적인 도움도 중요하지만, 마음을 나누고 함께 해주는 것이 더욱 중요하고, 이러한 노력이 모여 함께 사는 사회, 아름다운 사회가 만들어질 것이다.

사회복지실천 현장에서 일한 지 27년에 접어들고 있다. 이제 사회복지계의 중견으로서 많은 책임감을 느낀다. 1986년 사회복지사로 처음 출발할 때 "5년 후에 공무원 수준의 임금을 보장하겠다."는 약속은 2013년 지금까지 계속되고 있다. 사회복지사의 현실을 생각해보면, 27년 전보다 처우나 근무환경이 많이 좋아졌다고는 하나, 여전히 저임금과 과로에 허덕이고 있는 것이 사실이다. 서울시에는 98개의 복지관이 있고, 2,000여 명의 사회복지사가 1,000만 서울시민의 최전방에서 고군분투하며 복지의 현장을 지키고 있다.

전 서울시장의 재임기간 4년간 사회복지예산이 전혀 증액되지 않았고 사회복지사의 급여도 4년간 동결되었다. 더 이상 이대로 있을 수 없다는 주변 후배관장들의 강압(?)에 못 이겨 2010년 서울시사회복지관협회장에 출마했고 당선되었다. 당선되자마자 시장과의 면담을 요구했고 80여 명의 관장님들과 새벽 조찬모임 자리에서 사회복지사 처우개선 약속을 받아냈다. 2011년 사회복지연대회의를 구성하여 사회복지사 임금 8.6% 인상이라는 쾌거를 달성하였다. 이후 현 시장 체제가 들어서면서 사회복지계는 새로운 도전과 기회를 맞고 있다. 우리들에게는 새로운 환경변화에 적극적으로 대처할 수 있는 용기와 비전이 요구된다.

보이지는 않지만 아름다운 사회를 만들어 가는 꿈과 열정

우리가 살고 있는 사회는 양희은 님이 노래한 "작은 연못"에 비유할 수 있다. 그 노래 가사에 조그만 연못에 사는 붕어 두 마리의 얘기가 나온다. 한 마리는 힘이 센 붕어고 다른 한 마리는 작고 힘없는 붕어였다. 힘이 센 붕어가 아무짝에도 쓸모없다고 여겨 힘없는 붕어를 물어죽이니 그 시체로 연못이 오염되어 결국 같이 죽어버렸다는 내용이다. 이처럼 우리는 함께 사는 연못(사회)에 있는 것이라 할 수 있는데 내가 힘이 세고 권력이 있다고 해서 힘없는 장애인, 노인을 무시하고 돌보지 않는다면, 결국 모두가 살 수 없는 사회가 될 것이다. 그런 측면에서 볼 때 우리는 함께 살아가는 사회의 일원으로서 후원이든 자원봉사든 어려운 사람을 돕는 것은 선택사항이 아닌 의무사항이라 생각해 볼 수 있다.

사회복지를 공부하는 제자들과 사회복지사를 꿈꾸는 후배들이 "선배! 사회복지가 비전이 있나요?"라며 묻는다. 이 질문의 비전이란 말에는 물질적 의미가 포함된 것 같다. 27년의 경험에서 볼 때 사회복지사로 떼돈을 벌었다는 사람을 본 적이 없다. 그런 의미에서 사회복지사라는 직업은 물질적인 측면에서 볼 때 비전이 없는 직업이라 할 수 있다. 하지만 사회복지사라는 직업은 개인을 변화시키고 사회를 변화시키는 직업이며, 행복한 사회를 만들어가는 위대한 직업이라고 생각한다. "보이지 않는 것을 보이게 하는 힘"이라는 말이 있듯이 사회복지의 비전은 "보이지는 않지만 아름다운 사회를 만들어 가는 꿈과 열정"이라 생각한다.

"가장 아름다운 사회는 어려운 이웃도 인간답게 살 수 있는 사회"라는 믿음을 가지고 사회복지사로서의 비전을 키워나가길 기대한다.

사회복지사에게 사회복지를 묻다

강남종합사회복지관 부장

정흥채

자원봉사로 시작한 인연, 사회복지사에게 '봉사'는 준비과정

대학 초년생 시절엔 모든 것이 좋았다. 1992년 2월에 대학에 입학하기 전 학과 사무실을 찾아갔던 날 바로 나는 자원봉사를 시작하게 되었다. 그것도 다름 아닌 지금 현재 내가 몸담고 있는 강남종합사회복지관에서 봉사를 하게 되었다. 지금 생각하면 참 큰 인연이 아닐 수 없다. 여러분들도 자원봉사활동에 대해서 항상 일선의 예비 현장 사회복지사가 되기 위한 준비과정임을 명심하기 바란다.

이상과 현실 속에서 사회복지사로서의 적절한 동기 찾기

1998년에 강남종합사회복지관에 입사하면서 처음 시작한 업무는 그룹홈의 일종인 노인의집(홀몸 어르신 그룹홈)과 희망의집(실직 노숙인을 위한 단기보호서비스)에서의 재가복지서비스였다. 희망의집을 담당할 때 서울역에 집중되어 있던 노숙인들을 희망의집에 입소시키기 위해 실태조사를 실시하였다. 이런 노숙의 상황은 갑작스러운 것이 아닌 이미 예견된 것이었고 노숙인이 다수 발생하게 된 원인은 사회적 안전망이 부족하기 때문이었다. 한 예를 들자면 복지관 지하에 준비 된 희망의집에서 같이 숙박하면서 음주로 인한 칼부림과 집단 싸움 그리고 지역 주민과의 불협화음으로 인한 퇴소 등을 겪으면서 노숙인들은 다시 희망의집으로 입소하기를 꺼려했다. 이유는 자유가 없다는 것이다. 서울시와 행정 당국의 입장은 동사를 막고 가정복귀와 자활을 위해 희망의집을 계획하였지만 노숙인들의 생각과 욕구가 반영되지 않은 상황에서는 무의미한 것이었다.

2005년까지 가족복지, 지역사회조직 관련 업무를 하다가 현재의 총무업무를 시작하게 되었는데 처음에는 행정에 대해 전혀 무지한 상태에서 업무를 접하다 보니 막연함과 두려움으로 혼란스러운 시간을 보냈다. 이젠 사회복지를 하게 된 동기를 뒤돌아보곤 한다. 또한 어떠한 목표를 추구하고 있는지도 점검하곤 한다. 최근에는 업무와 관련된 회계 및 세무에 대한 지식과 경험을 축적하여 복지실천 실무자들에게 길라잡이 역할을 하리라는 목표를 설정하였다.

사회복지 실천능력에 경영, 회계, 세무 등 '행정'에 대한 지식이 필요한 환경

최근 복지실천 현장에서는 회계의 투명성, 명확성, 공정성이 자주 언급되고 있으며, 지방자치단체는 사회복지기관을 대상으로 정기적인 회계검사를 시행하고 있다. 투명성이 강조되는 이유는 보조금과 후원금을 운영함에 있어서 적법한 절차를 중요하게 여기기 때문이다. 그러나 예산의 계획과 집행 그리고 정산이라는 일련의 과정에서 현 사회복지기관의 운영체제하에서는 이를 준수하기는 쉽지 않다.

예를 들면 지역사회 기부-나눔을 활성화하여 어려운 이웃에게 온정을 전달하는 희망온돌사업을 위하여 집행하는 과정에서 사업자 등록증의 사업주 명의로 된 통장에 입금(현금영수증 등)을 해야 하지만 그렇지 못하고 일반적인 영수증을 첨부하거나 다른 명의의 통장에 입금을 하는 경우가 있다. 회계에 있어서 적격증빙 영수증이 첨부되어야 하지만 그렇지 못하는 상황이 발생하는 것이다. 이처럼 사회복지시설에서 가장 많이 준용하는 '사회복지법인 및 사회복지시설 재무회계규칙'(이하 "회계규칙" 이라 칭함)과 희망온돌사업에서 인정하는 영수증 간에는 다소 차이가 있다.

희망온돌은 현장을 반영한 적격증빙 영수증 이외의 다른 증빙서류도 가능하지만 기관에서는 회계규칙에 의한 기준을 가지고 검증을 하려 하니 서로 상충된다.

사회복지 행정업무를 하다보면 각종 지도점검, 회계검사, 감사원감사, 지방자치단체 행정사무감사 등 각종 감사가 끊이지 않는다. 그러나 일선 사회복지현장에서는 행정 담당 공무원의 잦은 변경과 그로 인한 지침에 대한 해석이 일관적이지 못한 경우가 발생한다. 이것은 행정의 지침이 되는 규정과 법규도 아직까지 제대로 정비되지 못한 것을 증명하는 것이다.

이처럼 회계를 바라보는 관점이 서로 상이할 경우를 대비해서 현장에 대한 이해를 바탕으로 사회복지사들이 행정업무를 보다 쉽게 처리할 수 있도록 지도・교육하는 역할을 할 수 있도록 준비해 보고 싶다.

현재 사회복지계의 인적자원은 사회복지사가 대다수를 차지한다. 그러나 보다 다양한 분야에 정통한 인력이 필요하다.

사회복지 필드에서 사회복지사의 업무는 기존의 사회복지서비스나 프로그램을 직접 실천하는 부서와 간접적으로 지원하는 행정부서가 있다.

그러나 앞으로는 사회복지 영역에 있어서 다른 직종의 전문가가 사회복지 필드에서 같이 협업, 공존하는 현상이 증가될 것이다. 과거에는 예비 중학생을 위한 지역사회 개입 프로그램 중에서 직업탐색 프로그램을 할 때 모두 수작업을 통하여 프로파일을 작성하였지만 이제는 프로파일을 외부에서 작성해 준다.

또 심리상담 시에도 HTP(House, Tree, People 등의 그림을 그려 심리를 알아보는 검사)를 하기 위해서는 사회복지사가 직접 운영하였지만 이제는 외부 전문가에게 의뢰하는 경우가 많다. 이를 긍정적으로 보자면 사회복지 분야가 지속적으로 전문화된다고 할 수 있지만 역으로는 사회복지사의 입지가 축소된다고 볼 수도 있다. 프로파일을 직접 작성하지 않고 심리검사를 외부에 의뢰하게 되면 과연 사회복지사는 어떤 영역에서 자신의 전문성을 인정받을 것인가?

사회복지사는 자신의 전문성을 확보하기 위한 준엄한 자기성찰과 자기계발의 노력을 경주해야 할 것이다.

복지에 대한 주민의 사회적 욕구수준의 향상과 이에 부응하기 위한 새로운 제도와 정책의 도입은 부가적인 사회복지서비스 전달체계를 요하며, 이러한 상황에서 사회복지사는 새로운 역할을 부여받기 마련이다.

예컨대 사회복지 부문 외에 경영학, 회계학, 세무학 등 여타 인접 관련 영역에 정통한 인력도 필요하게 되었다. 아울러 사회복지사에게도 사회복지의 고유한 영역뿐 아니라, 인사, 노무, 회계를 비롯한 다양한 경영능력을 강화할 필요성이 대두되고 있다.

사회복지 분야 이슈와 트렌드에 귀 기울이기

사회복지 분야에도 시대에 따라 이슈화되는 분야가 변화한다. 2010년도 이전에는 지역사회보호, 가족복지 영역에 큰 사회적 관심이 집중되었다면, 그 이후로는 지역사회조직 영역이 큰 주목을 받는 것으로 사료된다.

서울시에서도 지역사회조직사업의 일환으로 마을만들기 사업이 지역사회복지관의 주요한 트렌드가 되고 있다. 본 복지관도 지난 2010년도부터 마을공동체사업의 일환으로 '한울공동체'사업을 진행하고 있다. 이 사업은 강남구 내에서 통용되는 지역화폐 '한울'을 통하여 자신이 가지고 있는 물품과 능력을 지역주민 간에 서로 거래할 수 있는 현대판 품앗이 프로그램이다. 그 예로 아동미술의 지원인력에 월급과 한울 포인트를 같이 제공하면서 한울을 가지고 서로 지역주민 간의 필요한 물건 구매, 카페 이용, 지역의 가맹점 이용 등으로 주민 간의 순환 매개체 역할을 할 수 있는 계기를 만들어 준다.

지역사회복지관의 관점에서 첫째, 지역복지라는 환경의 범위를 이제는 해당 자치구가 아닌 보다 포괄적인 범위를 가져야 할 것이다. 접근성이 과거에 비해서는 많이 쉬워졌고 이용하는 사람도 거리보다 자신의 욕구에 맞게 참여하고자 하는 의지가 있기 때문이다.

둘째, 이제는 사회복지의 욕구를 충족시키기 위해서는 이용자가 원하는 서비스와 프로그램뿐 아니라 환경까지 고려한 개입이 필요하다. 사람은 환경 속의 동물이다. 물리적인 환경 속에 사람이 공존하고 있기에 환경에 대한 변화도 같이 시도되어야 한다. 따라서 생태적, 물리적인 환경 등에 대한 사회복지적 개입이 필요하다고 본다.

셋째, 지역사회복지관은 이제 복지관이라는 물리적인 공간에 머물며 기다리는 것이 아닌 지역사회로 찾아가는 서비스가 실천되어야 한다. 생활과 밀접한 복지, 고정된 공간, 익숙하지 않는 공간이 아닌 이용자가 친근하고 익숙한 공간으로 찾아가야 보다 효율적이고 효과적일 것이다.

사회복지 현장의 총무팀에서 종사자들에 대한 이해와 이들의 업무에 대한 몰입 증진을 도모하기 위해서 다양한 방안을 강구하게 된다. 이러한 작업을 진행함에 있어서는 우선 현재 필드에서 근무하는 젊은 세대를 이해하는 것이 필요하다.

과거 젊은 세대를 일컫는 말엔 밀레니엄 세대(IT 기술에 능하고, 팀워크와 자신의 성장을 중시하고 최신기술을 빠르게 습득), Y세대(인터넷 등 IT 기술 사용에 능하고 낙관적이며 자신감이 강하고 정당한 이유 없는 야근은 싫어하고 모든 것의 1순위는 항상 자기 자신) 등이 있으며, 현재 사회복지실천 현장에서 실무자로 근무하는 세대는 Y세대라 할 수 있다.

그리고 ① Broad Nertwork & Spec(넓은 인간관계와 스펙추구), ② Reward-Sensitive(평가와 보상에 민감), ③ Adaptable(새로운 것에 대한 강한 적응력), ④ Voice(감정과 생각을 솔직하게 표현), ⑤ Oriented to myself(회사보다 개인생활을 중시) 등을 아울러 'BRAVO'라는 용어로 이들의 특성을 표현하기도 한다.

이렇듯 기성세대와는 다른 문화와 가치관을 지닌 이들의 특수성에 대한 면밀한 이해를 바탕으로 그들에게 적합한 조직 및 업무 몰입 방안을 고민해야 한다.

업무의 효율성과 효과성을 높이기 위한 동기부여의 중요성

종사자들은 직무를 수행하는 데 있어서 효율성과 효과성을 높이기 위해서는 동기부여가 중요하다. 그러나 개별 종사자들마다 각자 선호하는 업무와 업무의 패턴이 있고, 조직의 문화 그리고 관리자의 성향 등에 의하여 업무의 몰입도와 만족도가 달라질 수 있다고 본다.

이렇듯 업무의 몰입도와 만족도에 있어서는 그에 대한 적절한 피드백과 인센티브가 중요한 역할을 하게 된다. 인센티브란 사람이 어떤 행동을 하도록 동기를 불러일으키는 긍정적 또는 부정적인 환경 자극을 의미한다. 일반적으로 인센티브는 “금전적 보상”이라 생각되지만 사람의 행동을 유발함에 있어서는 내면적 보상이 더 효과적일 수도 있다. 인센티브의 긍정적 효과는 동기유발, 사기진작, 경쟁유발, 사업의 효과성 증진이 있을 수 있으며, 부정적인 효과는 조직 구성원 간의 관계 악화, 창의성 저하 등을 들 수 있다.

인센티브는 외재적 인센티브와 내재적 인센티브로 구분되며, 외재적 인센티브는 “명예”, “보상” 등 다양한 요소가 있는데, 그중 ‘돈’ 중심의 금전적 인센티브가 대표적이다. 내재적 인센티브는 ‘흥미’와 ‘도전’ 등 인간 내면에서 자발적으로 생성되는 동기를 강조한다.

이러한 내재적 동기를 이끌어 내기 위한 네 가지 방안은 다음과 같다.

첫째, 업무에 대한 열정을 이끌어 내는 가치를 부여하는 것이다. 인간은 옳은 일을 하려는 욕구가 있고 이것과 본인의 업무방향이 일치하면 동기부여는 극대화된다.

둘째, 직원의 몰입을 유도하는 도전목표와 긍정적 피드백이다. 몰입은 개인의 역량을 극대화시킬 뿐 아니라 창의성의 핵심 요인이다. 직원의 몰입을 유도하기 위해서는 직원 역량과 목표의 적합성, 긍정적 피드백이 필수적이다.

셋째, 과감한 제안과 실패를 용인하는 문화의 제공이다. 일반적으로 자신이 제안한 업무에 대해서는 흥미를 가지고 기량을 최대한 발휘하는 것이 인간의 본성이다. 그러므로 직원들이 도전과제에 대해서는 실패를 두려워하지 않고 과감히 실행할 수 있도록 수용하는 문화를 조성해야 한다.

넷째, 자율성을 최대한 부여하는 것이다. 어떤 업무를 할 것인지, 그 업무를 언제 어떻게 수행할 것인지를 직원의 자율성에 맡기면 내재적 동기 유발이 가능하다.

직원 스스로가 동기부여를 할 수 있도록 지속적으로 자극해야 하고, 업무 성격에 따라 외재적 인센티브와 내재적 인센티브를 적절하게 활용하되 외재적 인센티브의 남용은 경계해야 하며, 특히 창의성이 필요한 업무에는 내재적 인센티브를 적극 제공해야 한다. 이를 위해 직원들이 무엇을 원하는지를 정기적으로 조사하여 개인별 성향을 고려한 '맞춤형 인센티브'를 제공하고, 처벌과 통제 중심인 부정적 인센티브를 만성적으로 사용하지 않도록 주의해야 한다.

스스로 동기부여하며 능동적이고, 폭넓은 관점을 갖는 'Job Cra-fting'

매년 보건복지부에서 발간되는 '사회복지관 운영관련 업무처리 안내'에 의하면 사회복지관의 목표는 사회복지서비스 욕구를 가지고 있는 모든 지역사회주민을 대상으로 보호서비스, 재가복지서비스, 자립능력 배양을 위한 교육훈련 등 그들이 필요로 하는 복지서비스를 제공하고 하는 것이다. 또 가족기능 강화 및 주민상호 간 연대감 조성을 통한 각종 지역사회문제를 예방・치료하는 종합적인 복지서비스 전달 기구로서 지역사회 주민의 복지증진을 위한 중심적 역할을 수행하여야 한다.

또한 현재 종합사회복지관의 사업은 사회복지사업법 시행규칙 제23조의 2 제3항에 제시된 바와 같이 크게 사례관리기능(사례발굴, 사례개입, 서비스연계), 서비스제공기능(가족기능강화, 지역사회보호, 교육문화, 자립지원 등 기타), 지역조직화기능(복지 네트워크 구축, 주민조직화, 자원개발 및 관리)사업 등 세 가지로 분류될 수 있다.

기존 사업의 영역에서 신규로 추가된 영역은 사례관리 영역이기에 사회복지사는 기본적으로 사례관리에 대한 이해가 필요하다. 사회복지기관에서 업무를 하면서 이러한 사회복지사업법의 개정과 다른 지침의 변경이 있으면 능동적으로 대처하고 이에 대해서 항상 관심을 가지는 자세가 필요하다. 이런 변화는 직무와 무관하지 않기 때문에 직무를 진행함에 있어서 종사자들의 능동적인 대처능력과 직무를 바라보는 관점의 변화를 요구한다. 즉, 잡 크래프팅(Job Crafting)은 직원 스스로 동기부여와 능동적이며 폭은 관점을 갖는다는 점에서 잡 디자인(Job Design)과는 차이가 있다.

종사자들이 사회복지 업무를 추진함에 있어서 사회복지사와 물리치료사, 방과후보조교사, 취사원 등 다양한 역할을 수행하지만 모두가 공히 사회복지이용자를 위한 업무를 진행하고 있다.

그런데 사회복지 이용자들의 욕구는 다양하고 항상 변화가 일어나고 있는 것이 현재의 상황이다. 이러한 변화와 욕구에 맞춰 사회복지 서비스와 프로그램을 진행할 때는 사회복지사의 의도적 개입이 필요하지만 무엇보다도 이용자의 욕구에 대한 면밀한 이해가 선행되어야 한다.

더불어 사회복지 프로그램의 효과성과 효율성을 기하기 위해서는 이용자에게도 자기 주도적 참여정신이 요구된다. 그리고 사회복지사가 프로그램을 계획할 때에는 서비스 이용자의 욕구에서 출발해야만 보다 효율적인 프로그램이 마련될 수 있다. 즉, 잡 크래프팅이 이루어져야 프로그램이 유익하게 운영이 된다.

그리고 이러한 주관적인 동기부여와 능동적인 계획이 기관의 미션과 비전이 부합하는 경우에 종사자 개인이 아닌 기관의 직무에 대한 책임감과 몰입의 정도는 상승할 수 있을 것이라 생각한다.

사회복지에 대한 정확한 정보와 냉철한 분석, 비전을 고려하여 대안을 강구하라!

끝으로 사회복지 분야에서 종사하고자 하는 후배들에게 전하고 싶은 말이 있다. "선배님! 제가 사회복지를 할 건데 종합사회복지관, 노인복지관, 장애인복지관, 아니면 공무원 등등 어떤 분야에 취업을 하는 게 좋을까요?" 이러한 질문에 나는 먼저 지금 나열된 사회복지에 대한 정확한 정보와 자신의 비전을 생각한 뒤 같이 고민하는 게 어떨까?라고 제안한다. 슈퍼바이저(supervisor)도 모든 직원들에게 항상 옳은 답을 제공할 수는 없다. 단지 바람직한 방향에 대한 조언, 지지, 중재 등을 할 수 있다. 그런데 슈퍼비전을 받기 위해서는 먼저 슈퍼바이지(supervisee)가 스스로 충분한 고민과 대안을 강구한 뒤 슈퍼비전을 받아야 하는 것이 아닐까 생각된다.

작은 성공이 사회복지사를 행복하게 만들고, 그 성공이 쌓여야 남도 행복할 수 있다

원광종합사회복지관 과장

이창훈

성장과정에서 가족과의 갈등, 방황, 어려움

내게 있어서 사회복지를 시작한 동기는 가족과 관련이 깊다. 가난으로 인한 배고픔, 아버지의 음주와 동생의 장애로 인한 부부싸움 그리고 어머니의 가출, 집이 싫어 밖에서 지내며 저질렀던 싸움과 절도, 학교에서의 차별 등이 나의 어린 시절과 청소년 시절을 설명하는 것들이다. 중학교를 다닐 때는 공부를 꽤 했던 나는 고등학교를 다니면서 학업을 진행하는 데 있어서 선생님들의 관심과 격려가 중요하다는 것을 알았다. 이때 선생님들로부터 경제적 및 사회적 차별, 소외를 겪게 된 후 공부와는 거리를 두고 취업으로 시야를 돌리게 되었다. 그러다 가족과의 또 한 번의 갈등을 겪게 되고, 다시금 공부를 하여 대학이라는 곳을 가게 되었다. 늦은 시작으로 인해 대학교와 전공 분야를 몇 개 정도에서 선택할 수밖에 없는 나는 단순히 다른 사람들을 만나기 좋아하고 앞으로 사회복지가 전망이 좋다더라는 어머니의 말씀에 사회복지학 전공을 내 대학교 전공 분야로 선택하게 되었다.

뚜렷한 목표도 꿈도 없는 나의 대학생활은 그렇게 시작되었고 그로 인해 또 한 번의 방황이 시작되었다. 이미 대학을 들어오기 전에 삶의 여러 가지 힘든 과정을 겪은 나는 전공과목과 교수님들의 수업을 들으면서 '피부에 와 닿지 않는 수업이구나'라는 생각이 들었다. "직접적으로 그들과 겪어보고 얘기해보고 말씀하시는 건가?"라는 의문과 의심이 더욱 들었고, 그러한 질문이 거듭될수록 흥미와 관심은 더욱 떨어졌다. 그러면서 대학이라는 곳에 대한 회의까지도 들었다. 그러던 중 나의 흥미와 관심을 끌었던 것은 흔히 말하는 "나는 누구인가?"라는 질문과 "노동가요"였다.

"나는 누구인가?, 내가 원하는 게 뭐지?"라는 질문을 하면서 내 자신에 대한 탐색과 이해를 하기 시작하였고, 이에 'Here & Now'라고 하는 동아리 활동을 하면서 대학교 의과대학의 사이코드라마를 접하게 되었고, 나에 대한 관심이 높아질수록 상담에 대한 공부가 이루어졌다. 그리고 "노동가요"를 부르면서 사회에는 수많은 부조리와 차별, 갈등이 존재한다는 사실들을 알게 되었다. 그러면서 잊고 지냈던 내 성장과정과 장애를 가지고 있는 동생이 눈에 들어오기 시작하였다.

그래서 시작한 것이 사회복지학과 선배가 있는 전주평화사회복지관의 자원봉사였다. 지체장애 1급의 장애인가정의 목욕서비스를 6개월 정도하면서 너무나도 많은 변화를 경험하게 되었다. 청각장애가 있는 동생에 대한 부담감을 어느 정도 내려놓을 수 있게 되었다. 그리고 사회복지에 대한 지식과 기술이 없음에도 항상 반갑게 맞아주는 그분에게 입대로 인해 자원봉사를 이제 못하게 되었다고 말씀을 드릴 때 미안함을 느꼈다. 군대를 제대한 후 사회복지에 대한 공부를 해야 한다라는 동기가 커졌다. 입대 전 자원봉사를 한 이후로 사회복지학과를 다니면서 더 이상 전공과 관련된 지식도 기술도 없는 이가 되기를 원하지 않았다. 하지만 너무나 많은 어려움이 있었다. 사회복지를 공부함에 있어서 어디서부터 시작해서 어떻게 해야 하는지도 몰랐고, 모르는 게 많아질수록 공부를 더해야 하는 상황들이 발생했다. 그러면서, 경제적인 문제까지 생기기 시작했다. 그 당시 가계사정은 전혀 나아진 것이 없었다. 이에 나는 취업을 해야겠다는 생각을 하게 되었고, '일하면서 공부를 계속하면 되지'라고 생각을 하게 되었다. 지금생각해보면 그 당시에 나는 너무나 세상을 모른 채 의욕만 앞선 사람이었던 듯하다.

첫 직장 "자활" 현장에서 사회복지사의 정체성 찾기

그래서 학과의 선배들로부터 취업할 자리를 알아보기 시작했고, 4학년 2학기 첫 사회복지현장이 나에게 찾아왔다. 그곳은 그 당시의 나는 알지 못했던 "자활"이라는 분야였다. 그때를 생각하면 웃음이 나올 수밖에 없다. 면접을 보는데, 늦게 도착한 면접관이 밀짚모자와 삽을 들고 면접장소에 들어왔기 때문이다. 그러면서 물었던 것이 보통 사람들은 처음 사회복지현장을 접하는 것이 지역사회복지관인데 왜 자활사업에 찾아왔냐는 것이었다. 그때 나는 "제가 모르는 것이 자활이고 처음이고 쉬울 것 같지 않아서요."라고 대답하였다. 그때 그 면접관이 나의 첫 직장인 원광자활후견기관(현 원광지역자활센터)의 실장이었고, 나의 멘토가 되었다. 취업 후 자활후견기관에서 내가 담당한 일은 상담과 교육이었다. 상담에 관한 전문적 지식도 없고 경험도 없었던 20대의 나에게 교육수준이 낮고, 병치

레, 음주 그리고 다툼이 잦은 50대 이상의 지역자활 참여주민들은 너무나 버거운 상대였다. 취업한 지 3일 만에 공동작업장의 반장님은 내 멱살을 잡았다. 그동안 공부했던 사회복지 이론이나 상담의 이론들은 너무나도 현실과 동떨어져 있었다. 발달심리학, 성격심리학, 성장심리학, 해결중심상담, NLP(neuro linguistic programming)이론 등 이러한 모든 것들이 머릿속에서만 떠도는 구름 같았다. 그때 멘토인 '실장님'은 빈곤문화라는 말을 해줬고, "그 사람들 안에 들어가서 살아야 그들을 이해할 수 있고, 지원할 수 있다."라는 말을 해줬다. 그러면서 "입사 전 공부하면서 현장에 적용해보고 싶다."는 의견을 드렸더니 이를 허락해 주셨다. 그리고 그러한 공부들을 할 수 있는 환경을 만들어 주셨다. 무엇보다도 내게 도움이 되었던 것은 다양한 간담회, 교육과 주민들과의 상담시간이었다. 하루 한 명의 참여주민을 만났을 때 그분들에게 여쭙고, 듣고, 의논하고, 부탁하는 활동을 하면서 사회복지사의 정체성을 찾아갔다.

교육과 상담을 6개월 정도한 후 유기농사업, 간병인사업, 지렁이사육사업을 맡게 되었다. 팀장으로서 내가 배운 적도 없는 생소한 사업들을 끌고 가야만 했고 그러려면 그에 합당한 지식 내지 기술이 필요하게 되었다. 팀장으로서는 모르는 게 많으면 많을수록 팀원들의 신뢰도 떨어지고 논의도 할 수 없기 때문이다. 이 때문에 한 번도 배운 적도 없는 지식과 기술을 배우려고 유기농법을 이용하는 농촌지역, 환경학교, 지렁이사육농가, 간병인교육, 주제 관련 연구를 하시는 교수님 및 농업기술센터 등 안 다녀보고 안 물어 본 적이 없을 지경이었다. 그리고 해본 적 없는 집단프로그램을 한 달에 한 번씩은 꼭 했다. 또 사업장을 방문하여 그곳의 책임자와 의견을 교환하고 휴일 근무(토요일, 일요일)를 하고 있는 참여주민을 찾아가 얘기하고 손잡아 주는 활동을 했다. 그러면서 자연스럽게 참여주민들에게 노력하는 팀장, 현장에 있으면서 같이하는 팀장으로 인정을 받게 되었다. 많은 역할을 할 수밖에 없었던 환경, 그 자체가 나에게는 많은 지식과 기술을 습득할 수 있게 해주었다. 그중 가장 큰 변화는 그들 스스로 사고하고, 행동하고, 문제를 해결해 나가면서 진정으로 지역사회에 참여하는 주민으로 설 수 있게 되었다는 것이 가장 큰 성과였다. 참여주민들이 노력에 힘입어, 사업 수익률은 전년도에 비해 월등히 높아졌다. 특히, 간병인사업의 경우, 전년도 대비 40배에 달하는 수익을 달성하기도 하였다. 하지만, 사업을 진행하면 할수록 더 다양한 어려움에 봉착하게 되었는데, 이러한 어려움을 극복하고자 나는 학업을 택했다. 힘든 일이긴 했지만 우선 사회복지대학원 석사과정에 등록하였다. 때마침 비영리조직, 사회복지실천 등의 과목을 들으면서 자연스럽게 협동조합, 사회적 기업 등에 관심을 가지게 되었고 그러한 노력은 공동체에 대한 관심으로 이어졌다. 하지만 기관장의 교체로 인해 더 이상 자활후견기관을 다닐 수 없는 상황이 되었다. 멘토였던 실장님은 지켜주지 못해 미안하다고 말씀하셨다.

비영리조직과 관련된 공부, 시행착오를 거치며 도전하고 고민

그후 나는 직장을 그만두고 그동안 모아놨던 약간의 자금과 아버지의 퇴직금으로 대학원을 다니게 되었다. 한 학기 동안 하루 2시간만 자면서 학교의 교과과정 특히, 관심을 가지고 있는 비영리조직과 관련된 공부를 하였다. 하지만 사회복지 기초과목에 대한 준비부족과 몸에 익숙하지 않은 수업(체계적인 공부: 연구방법) 등은 나를 더욱 절망감에 빠져들게 하였고 포기하고 싶은 마음을 더 부추겼다. 지도교수님과 상의하고 싶지 않았고 하루하루 자신의 부족함을 느끼면서 가족이나 가까운 지인들에게도 알리지 않고 수료만을 해놓고 그만두게 되었다. 내려와서 예전에 같이 일했던 참여주민들과 사회복지사들을 만나고 일을 조금씩 도와주면서 작은 성공의 기쁨이 찾아왔다. 그러한 작은 성공과 기쁨들이 새로운 일의 시작을 가져오게 했다.

다음으로 근무했던 곳은 원광모자원이었다. 저소득 모자가정의 생활안정 및 자립생활을 지원하는 기관의 사무국장으로서 조직의 행정, 회계, 상담, 프로그램 기획 등의 업무를 수행했다. 그곳에서 개인적으로는 행정, 회계에 대한 기본이 쌓여졌다. 한 번도 해보지 않았던 기관 실무의 총괄은 나에게 더 큰 노력을 요구했고 그에 맞는 지식도 요구하게 되었다. 하나하나 알아가고 시행착오를 겪으면서 새로운 도전에 대한 성공의 기쁨은 날로 배가 되었다. 하지만, 시설 내 사회복지사와의 상담시간이 참여주민의 시간과 전혀 맞지 않는다는 생각이 들었다. 이에, 근무시간을 참여주민들의 퇴근시간에 맞게 조정하고 공익요원과 자원봉사자들을 활용하여 방과후교실을 열어 좋은 성과를 거두었다. 하지만, 그곳에서 일하면서 10년 뒤를 생각해보니 여전히 난 정적인 역할을 수행하는 사회복지사일 듯했다. 참여주민을 만나면서 고민하고 행동하는 사회복지사를 원했던 나로서는 너무나 힘든 일이었다. 새로운 시작을 하기로 결심하고 또 한 번 직장을 옮겼다.

다음으로 근무했던 곳은 한 보험사였다. 남들이 말하길 인생의 가장 끝이라는 그런 곳이었다. 주변의 반대도 심했고 그곳이 나와 어울리지 않는다는 소리도 들었다. 하지만 해보고 싶었다. 인생에 있어서의 도전이었고 기업에서의 마케팅 프로세스를 배울 수 있는 기회였고, 또한 내가 할 수 있는 기술을 다 써볼 수 있는 곳이었다. 왜냐하면, 그곳은 100% 이상의 경쟁사회였고 성과위주의 사회였다. 그만큼 자유롭게 개인이 지니고 있는 지식과 기술을 활용할 수 있는 곳이었다. 직장은 바뀌어도 직업만은 바뀌지 않으면 된다고 생각도 했다. 그곳에서 사례관리의 개념을 도입해서 고객들을 관리했다. 그만큼 실적도 높았고 보수도 높았다. 내가 모르는 마케팅 기술도 배울 수 있었다. 즉, '전략'과 '전술'이 없으면 그만큼 성과도 없는 곳이었다. 그곳에서 의사소통기술, 상담기술, 마케팅기술, 업무프로세스, 습관관리 등 여러 가지를 배울 수 있었다. 하지만, 만나는 대상이 우리가 말하는 저소득층부터 고소득층까지 광범위하다 보니 그들의 성향과 생각을 파악하는 것이 쉽지는 않았다. 그렇게 그곳에서 4년의 시간을 보냈다. 이 일을 하면서 사회복지사의 직업을 잊지 않고 있던 나에게는 많은 고민이었다. 프리랜서 사회복지사처럼 다른 기관에 교육, 프로그램 진행, 참여주민 상담, 기획자문, 후원자 등의 일을 했던 나는 배우자가 원래의 옷을 입었으면 좋겠다는 말에 더더욱 고민을 하게 되었다. 다시 한 번 이직을 했다.

사회복지사로 돌아와 현장에서 지내고, 보고, 듣고, 느꼈던 것을 다시 기획

다음으로 근무했던 곳은 원광종합사회복지관으로, 과장의 직책으로 현재까지 일을 하고 있다. 2010년 첫해에도 행정, 회계, 후원자관리, 기획실무, 복지관 5대사업실무총괄 등을 맡으면서 24시간이 부족할 만큼 열심히 일했다. 예전처럼 대상자를 만나고, 만난 내용을 정리하고, 이를 프로그램이나 서비스 등으로 기획하고, 그 기획된 것의 자금을 확보하고, 기획된 것을 실행하는 일을 끊임없이 했다. 그러면서 가지고 있던 지식과 기술을 다른 직원들과 공유하고 만들어갔다. 하지만, 나에게 가장 중요한 업무는 기관의 사회복지사들의 의견을 한데 모으고 동기부여를 하는 것이었다. 참여주민의 행복은 사회복지사가 행복할 때라고 믿는 나로서는 그것이 가장 중요한 업무였다. 그리고 사회복지사는 사무실보다는 현장에서 지내고, 그 현장에서 보고, 듣고, 느꼈던 것을 다시 기획하도록 하는 것이라 생각했다. 그 결과 2012년 사회복지관 평가에서 좋은 평가를 받을 수 있었다.

지금까지의 나의 경험을 돌이켜 보면, 직장보다는 직업인으로서 사회복지사로 살기, 부족한 부분을 채우기 위한 교육 및 훈련, 혼자의 판단(judgement)을 내리기보다 같이 고민하면서 판단내리기 그리고 그때마다 멘토와 멘티들과의 대화하기가 주효하였던 거 같다. 새로이 부과되는 업무와 직무에 대해서는 그것이 누가 되었든 무엇이든 찾아보고, 물어보고자 하였다. 이러한 관점 속에서 심리상담 교육과정 비전형성과 리더십 훈련, 제안서 및 사업계획서 실무 교육과정, 프리젠테이션 실무과정, 회계교육과정, 공동체학교 과정 등 다양한 부문을 경험할 수 있었다.

현 직장에서 요구되는 소양 내지 인간상으로는 이용시설의 특성을 찾아 지역의 복지 당사자뿐 아니라 지역사회로 하여금 복지를 구현할 수 있도록 인도하는 사람이 요구되어진다. 사람 사이에 관계와 소통을 살려 돕는 사람, 사람을 돕되 그 사람들이 살 만한 사회를 만드는 사람이 필요하다. 사회복지의 근간은 사람(지역주민)과 사회이다. 사회복지는 한정하지 않으면 세상 모든 일이 사회복지실천이며, 그 사회복지를 구현하기 위해서는 인간이 사회 속에서 각자 자신의 역할을 충실히 수행해 나가는 것이 중요하다고 생각된다.

직장이 아닌 '직업인으로서의 사회복지사'로 살자

마지막으로 사회복지업무를 꿈꾸는 후학들에게 전하고 싶은 말은 "직장이 아닌 직업인으로서의 사회복지사로 살자"와 "작은 성공이 사회복지사의 행복을 만들고, 그 행복이 남을 행복하게 만든다."는 것이다. 지금까지 내가 느끼는 사회복지와 사회복지를 행하는 사회복지사는 하면 할수록 어렵고, 계속해서 훈련 또는 연습이 필요하고 공부가 필요한 일이었다. 또한 주민을 만나는 일이든, 다른 역할에 따른 업무를 하든 작은 성공이 모여 행복한 상황을 만든다고 생각한다. 그 행복을 타인과 공유할 때 나 스스로를 행복하게 만들고 남을 행복하게 만들었다. 이를 실천하기 위한 구체적 방법을 제시하면 첫째, "그릇을 키우는 공부"를 하였으면 좋겠다. 사회복지에서도 성과주의 방식이 지속적으로 힘을 얻고 있다. 그러다보니 모든 일선의 사회복지사들은 그릇만을 채우려고 노력하고 있다. 그래서 그릇을 채우고 나면 어느덧 나도 모르게 매너리즘에 빠지고 움직이지 않는 사회복지사가 되고 만다. 움직이지 않으니 사회복지를 흐르게 할 수 없다. 대학시절에는 그릇을 채우려고 하기보단 그릇 자체를 키우기 위해 노력했으면 한다. 대학시절 이후부터는 오히려 그릇이 작아지고 더욱 굳어져버리기 때문이다. 그릇의 크기에 따라 사회복지를 바라보는 방식도 달라지는 듯하다. 그릇은 인간적 품성을 말한다. 인간적 품성은 사회복지사에게 요구되는 소명(calling)과도 관련이 있다. 이 소명이 커지고 바로 설 때 복지는 흐를 수 있고, 이를 행하는 사회복지사는 일(事)이 아닌 업(業)으로서 행복하게 일할 수 있다. 또한, 생각이 다른 지역주민을 만났을 때에도 오해 없이 서로 공유하고 소통하는 복지를 만들 수 있다.

둘째, "기초공사와 주춧돌이 시작인 집 만들기"를 하였으면 좋겠다. 개인적으로는 기초공사가 안 되어 있는 상태에서 공부를 하고 실천을 하니 너무나 힘들었다. 우리는 어릴 때부터 집을 그리곤 하는데 그 집을 그림에 있어서 위에서부터 아래로 그리는 집을 만드는 것에 익숙하다. 그러다보니 모든 것을 쉽게 모든 일상생활에 적용시켜 나간다. 하지만, 사회복지에 있어서 그러한 것은 많은 문제들을 만들어 낸다. 드라마를 보면 한 회를 보지 않아도 앞뒤가 맞아지는 경우를 우리는 경험한다. 하지만, 사회복지의 수업은 한 회를 출석하지 않으면 연결되지 못한다. 그러면 당연히 이해를 할 수가 없다. 나는 이러한 차이를 사회복지실천현장에 와서야 깨달았다. 그러다보니 너무 많은 시간이 걸렸고 너무 많은 어려움에 봉착했었다.

셋째, "긍정적으로 바라보고 작은 성공경험 만들기"를 하였으면 좋겠다. 사회복지는 생태체계론적 관점에서 출발한다고 해도 과언이 아니다. 그리고 그 체계에 접근을 할 때 지식과 기술이 필요하고 때론 그 체계에 따른 접근을 할 때 실망과 실패, 그리고 심지어 절망에 빠질 때도 있다. 그리고 오해를 받기도 한다. 그럴 때마다 긍정적 노력을 하지 않으면 각 체계를 편견을 가지고 바라보게 되고 쉽게 판단을 내리게 된다. 그러면 그 편견으로 인해 규정화가 되어

원치 않는 방향으로 결론이 나기도 한다. 그리고 사회복지의 대상인 사람, 사물 그리고 모든 사건에 대한 작은 성공경험이 있어야 한다. 대상에 있어서는 작은 성공이 있을 때 지지, 격려 내지 자존감이 높아져 변화를 만들 수 있다. 사회복지사는 작은 성공들이 모아졌을 때 동기부여가 된다. 흔히들 큰 목표와 큰 성공 또는 변화를 기대하는데 이는 쉽게 실패와 절망감을 가지게 한다. 작은 성공들의 경험이 모였을 때 성공의 경험으로 인한 또 다른 성공을 불러온다는 것을 알아차려야만 한다.

넷째, "세상을 자기에게 맞추려는 우직한 사람되기"를 하였으면 좋겠다. 사람들은 쉽게 세상에 자기 자신을 맞추어 살려고 한다. 그러다보니 다양성이라는 말을 이해는 하지만 인정하지는 못하는 단계에 있다. 그리고 세상을 바라봄에 있어 원칙과 소신을 가지고 살아가야 하지만 쉽게 타협하며 살아간다. 그러다보니 원천적인 변화는 일어나지 못하고 겉만 변화되는 결과를 초래한다. 우직하게 자신의 원칙과 소신을 가지고 세상을 자기에게 맞추다 보면 원천적인 변화를 일어난다.

다섯째, "평생을 함께 할 파트너 발견하기"를 하였으면 좋겠다. 아직까지도 사회복지사로서 많은 부분이 부족함을 느끼고 시시때때로 실망과 절망감에 빠지는 모습을 발견한다. 그럴 때마다 항상 내 주변에 있는 주민과 멘토 그리고 멘티들이 나를 붙잡아 다시 제자리로 돌려놓았다. 사회복지사는 다양하고 복잡한 문제 내지 상황에 놓이게 된다. 다양하고 전문적인 지식과 기술이 필요하고 그때마다 부족함과 마주하게 된다. 그 부족함으로 인해 실망과 절망에 빠져 있을 때 다시 힘을 내게 해주는 게 파트너이다. 소통, 공감할 수 있는 다양한 사람을 발견하고 만드는 게 가장 중요하다.

여섯째, "실패는 해도 포기하지 않는 학습과 시도하기"를 하였으면 좋겠다. 인간은 태어나서 죽을 때까지 수많은 공부를 한다고 한다. 그것을 나이가 드신 분들께서는 경험이라 하고 현재는 평생학습이라고 한다. 사회복지사는 참으로 다양하고 깊고 넓은 학문을 공부해야 한다. 왜냐하면, 우리가 만나는 모든 대상이 역사, 문화, 경제, 교육, 행정, 사회, 심리, 예술, 정치 등 여러 분야에 걸쳐져 있기 때문이다. 모든 대상을 이해하고 지원하려면 다양하고 전문적인 지식과 기술이 필요하다. 하지만, 그러기엔 너무나 많다. 그래서 지금 직면하고 있는 또는 관심을 가지고 있는 분야에 대한 학습과 시도를 하였으면 한다. 실패를 두려워해 시도를 하지 않는 것은 나를 후퇴시키는 계기를 만든다. 실패하면서 또 다른 공부가 필요함을 알게 되고 꾸준히 공부하다 보면 점차 사회복지사로서의 자신의 모습을 발견하게 될 것이다.

내가 행복하고 작은 성공의 경험이 많아야 행복을 전할 수 있다

가끔 나는 사회복지를 공부하거나 전공하는 실습생 및 후배들로부터 사회복지에 대한 나의 소견 내지 비전을 질문받는다. 그때마다 항상 고민을 한다. 있는 현실 그대로를 말해야 하나 아님 질문자가 원하는 긍정적인 것을 얘기해야 하나 말이다. 그리고 답을 해준다. "여러분들이 바라보는 미래는 어떤가요? 절망적인가요? 희망적인가요? 저는 절망적이기도 희망적이기도 합니다."라고 답해준다. 그 누구도 사회복지를 하면서 큰 부를 축적하고자 하는 사람은 없다. '나는 이 사회에서 이 세상에서 나는 아니어도 내 자녀들이, 그리고 내 후손들이 행복하게 살아갔으면 한다.' 그럼 우린 절망적인가? 희망적인가? 현재의 나는 절망적이다. 왜냐하면, 현재는 처해져 있는 현실이, 일하는 처우가 열악하기 때문이다. 하지만, 희망적이다. 점점 나아질 수 있으니까 말이다. 그 작은 성공의 경험이 자꾸 늘어난다면 행복하게 변하지 않을까? 나는 나로부터 사회복지의 기본을 찾는다. 내가 행복해야 그리고 내가 작은 성공의 경험이 많아야, 남에게 이를 알려주고 행복하게 만들 수 있다고 믿기 때문이다.

베풂의 향기를 전하는 사회복지사를 소망하며

구리시종합사회복지관 과장
안옥경

"과는 선택했니? 사회복지사가 앞으로 전망 있다는데… 선생님 말 들어"

입사철이 되면 나는 '힘든 사람을 돕고 싶어서, 중・고등학교 때 봉사활동을 하였으며 그 경험을 바탕으로 사회복지사가 되고 싶었다'는 예비사회복지사들의 말을 종종 듣는다. 이럴 때마다 나는 "과는 선택했니? 사회복지사가 앞으로 전망이 있다던데."라고 고3 담임선생님의 말씀이 떠오른다. 나 역시 충분한 준비과정없이 사회복지학과와 사회복지현장에 뛰어든 것이다.

은근한 화롯불처럼 시작한 사회복지사로서의 첫걸음

사명감에 불타서 선택한 사회복지사는 아니지만, 은근한 화롯불이 더 오래간다고 했던가.

대학 3학년 때 사회복지현장실습을 시작으로 사회복지사가 어떤 일을 하는 사람인지 그제서야 알게 되었고 더불어 취업현장이 녹록하지 않다는 것, 그리고 내 스펙이 남들이 부러워할 만한 상황이 아니라는 사실과 더욱이 여자 사회복지사는 정말 취업하기 어려우며 학교에서 배운 것만으로는 현장에서 힘들다는 이야기를 봉사활동을 통해 만난 선배 사회복지사들을 통해 알게 되었을 때, 나는 돌파구를 찾기 위해 참 많이 고민했던 것 같다.

'많이 보고 배우고 다니자. 하다 보면 길이 보이겠지.' 이후 한 학기에 하나씩 수료하자는 생각으로 치료레크리에이션, 심리상담사, 볼룬티어, 수화 등을 배우면서 참 많이도 돌아다녔다. 이러한 나의 사회복지사를 준비하는 행보는 대학 다니는 딸의 과외 수강료까지 챙겨주시면서 배우고 싶은 것이 있으면 배우라며 적극 지지해 주셨던 부모님이 계셨기에 가능하지 않았나 생각한다.

사회복지현장실습을 통해서 알게 된 구리사회복지관에서 꾸준히 봉사활동을 하던 중 나에게 기회가 왔다. 4학년 여름방학이 끝날 무렵 여기저기 이력서를 넣고 면접을 다니던 중 구리사회복지관에서 채용공고가 났고 3차 면접까지 본 나는 비로소 현장 사회복지사가 되었다. 대학 4학년 2학기. 치열한 9월을 보내고 10월 1일자로 입사하는 기쁨을 누리게 되었다.

사실 그때의 취업은 나름대로 나의 전략이 있었다는 것을 이제서야 고백한다. 실습 후 봉사활동은 그 어떤 일이 있어도 빠지는 일 없이 참석하였고 복지관 행사에도 교수님께 말씀드려 수업 대체로 봉사활동을 하는 등 나의 열정과 성실함에 대한 기관의 신뢰를 쌓아가고 있었다. 하지만 그 당시에도 사회복지사 채용이 많지 않은 상황에서 어찌 보면 취업에는 행운이 따라 주었던 것도 사실이다.

입사 후의 사회복지현장에서는 한 명의 사회복지사가 동시다발적으로 다양한 사업을 진행해야 하고 또한 자원봉사자, 후원자, 이용자 등 다양한 사람들과 긍정적 관계를 형성, 유지해야 하는 등 여러 어려움들을 겪었다. 특히 직장 내에서 동료와의 관계는 사회생활 적응과 효과적인 업무수행을 위한 중요한 요소였다.

지금 생각하면 웃음이 나오지만 입사 초 동료와의 관계에서 나는 적지 않은 어려움들을 겪었다. 바로 위가 제일 무섭다는 말처럼 6개월 먼저 들어온 직원과의 보이지 않는 갈등과 경쟁으로 어려움도 있었으나 이후 더없는 친구가 되었다.

지금도 사업계획서를 쓸 때면 가끔 그 친구가 생각난다. 나는 사회복지공동모금회 지원사업계획서를, 그 친구는 경기도 지원사업계획서를 각각 쓰면서 서로 묘한 경쟁심에 늦은 시간까지 일했던 기억, 막판에 집에도 못 들어가고 밤새 사업계획서 쓰고 아침에 사우나 갔다가 해장국 먹고 출근하던 일, 긍정적인 결과를 듣고 사업을 진행하고 서로가 서로를 지지하던 일, 이 모든 것이 즐거운 직장생활의 원동력이었다. 좋은 동료는 상호 간의 노력을 통해 얻게 될 수 있고 또한 나를 성장시키는 긍정적인 에너지가 될 수 있다.

소진은 지나칠 수 없는 성장통

대부분 3년차 정도 되면 일하는 곳에서 스스로의 비전에 대해 고민하고 힘들어 하는 때인 것 같다. 비슷한 고민으로 어떤 동료들은 다른 계획을 진행하기도 하고 이직을 하기도 하는데 나 역시 그맘때 즈음에 정체성에 대해 심각한 고민을 하였던 거 같다.

그럼에도 불구하고 내가 한 복지관에서 10년 이상 근무할 수 있었던 것은 '올인 하겠다'는 굳은 각오 덕이었던 거 같다. 그리고 그 당시에는 일에 대한 욕심도 많았던 것 같다. 나의 성실함과 적극성은 크고 작은 어려움을 극복하는 데 큰 힘이 되어 주었다. 내가 아니면 안 되는 일을 해놓으라는 금언에 따라 나는 나의 역량을 키워 나가는 노력을 시작하였다.

이른 아침, 복지관 문을 제일 먼저 열고 퇴근시간을 생각하지 않고 일을 하는 등 열심을 다하는 중에 일을 좇아가는 수동형 모습에서 일을 계획하여 이끌어 가는 주도형의 내가 된 것을 어느 순간 느끼게 되었고 하나 둘 성취 속에 일의 즐거움과 재미를 느끼게 되었던 것 같다. 필요한 사람이 되기 위해서는 스스로가 먼저 끊임없이 변화하기 위한 노력을 경주해야 한다는 간단한 진리를 알게 되었다.

'일하는 사람은 많지만 일을 맡길 만한 사람은 없다'라는 선배 사회복지사의 말에 나는 일을 맡길 수 있는 사람으로 성장하기를 늘 기도하며 노력하였다. 그리고 즐거운 마음가짐으로 소진을 극복하였다.

이후, 5년차에 팀장으로 승진이 되면서 그 동안의 노력을 보상받았다는 기쁨을 누리는 것도 잠시 어느새 나는 과장과 일선 사회복지사 사이에서 우왕좌왕하는 팀장이 되어 있었다. 나만 일을 잘해서는 안 되고 팀 전체의 파트너십이 중요하였다. 이제는 내가 끌어주고 밀어주어야 하는 역할이 더 많아졌고 단순하게 프로그램 진행이 아닌 전체적인 틀 속에서 모든 사업을 계획해야 했으며 내 어려움이 아닌 팀원들의 어려움을 먼저 살피고 해결하면서 상호 WIN-WIN하는 방안을 찾아야 했다. 초기에는 팀원들에게 일을 시키는 것이 시간이 더 오래 걸려 차라리 내가 하고 말지라는 생각에 나도 힘들고 직원도 힘든 시간을 보냈다. 이때 나는 독서를 통해 방법을 고민하고 나를 바꾸려는 노력을 시작하였다. '배려'를 알게 되었고 일을 빨리 해야 하는 조급함 보다는 기본을 다져가는 것이 중요하다는 것을 알게 되었다.

함께 일하는 동료 중 승진이 원하는 대로 되지 않자 사직을 결심한 한 동료에게 '자리보다 더 중요한 것이 무엇인지 본질을 생각하고 노력하면 원하는 직책도 따라 온다.'라고 말했던 생각이 난다. 그럼에도 이직을 했고 지금은 타 기관에서 팀장으로 잘 지내고 있다. 얼마 전 출산을 앞두고 찾아온 그 친구의 얼굴이 한결 여유로워 보여 기분이 좋았다. 스스로 책임을 져야 하는 직책을 통해 내가 아닌 타인을 먼저 생각 하게 되고 빠름보다는 조금 느리더라도 함께 하는 법을 배우게 되며 본질에 대해 진지하게 고민하는 시간을 갖게 되는 것 같다.

《논어(論語)》 三人行, 則必有我敵(삼인행, 즉필유아적)

공자는 《논어》에서 '세 사람이 함께 행하면 그중에는 반드시 나의 스승이 있기 마련이다. 함께한 사람들 중 선한 것을 가리어 그것을 따르고, 그 사람들 중 선하지 못한 것을 가리어 그것을(거울삼아 나의잘못을) 고쳐야 한다.'고 가르쳤다.

내 생활에서 늘 이 문장을 마음에 담고 살고자 한다. 한 기관에서 오랫동안 근무한 나에게는 장점도 있지만 경험의 부족이라는 단점이 늘 고민되어 왔다. 그 시기에 읽었던 《논어》에서 고민의 해결방향을 찾게 되었다. 굳이 내가 경험하지 않았더라도 다른 사람의 경험을 통해서 극복해 보리라는 마음을 갖게 되었고 이후 동료들을 통해서 현장의 다양성에 목말라 있던 나는 상대를 살피고 분석하여 나의 부족함을 채울 수 있도록 노력하였다. 나이, 직위와 관계없이 상대에게 배울 것이 무엇인지, 단점보다는 장점과 강점이 무엇인지를 먼저 살피는 과정은 긍정적인 인간관계와 폭넓은 시야를 확보할 수 있는 힘을 주었다. 스스로의 약점을 안다는 것은 중요하다. 약점을 알고 나면 극복할 수 있는 방법을 찾기 마련이다.

결혼 후 첫아이를 출산하고 4년 뒤 쌍둥이를 낳으면서 나는 내 인생 최대의 위기를 맞게 되었다. 노력하면 안 되는 일이 없다는 나의 신념에 노력해도 안 되는 일이 생겨버린 것이다.

쌍둥이 자녀를 양육하는 일, 누군가 "안 해본 사람은 말을 하지 말라." 했던가.

출산 전에 양육에 대한 어려움이 있으리라는 생각은 이미 했었고 베이비시터와 어린이집, 시댁어른들의 도움이 준비되어 있었기에 큰 걱정은 하지 않았었다. 그러나 두 아이가 동시에 울어대는 데에는 대책이 없었다. 그럼에도 내 일을 포기하는 것을 생각해 본 적은 단 한 번도 없었던 것 같다. 대안, 대안, 대안을 생각했고 되는 방향으로 가기를 고민했다. 다행히도 무상보육정책이 나에게 경제적인 지지가 되어 주었고 양가 집안에서 아이들을 살펴주심에 무사히 복직할 수 있었다. 또한 우연하게 듣게 된 한 강사의 강의는 심리적으로 지친 나에게 큰 힘이 되었다.

'객사(客死)하지 말라' 현재 내 상황을 어쩌면 그렇게 딱 맞추었는지…….

"30대여 돈 벌 생각 하지 말라. 애 키우면서 돈은 써야 한다. 30대의 나에게 투자해라. 10년간 투자한 내 직업에서 객사한 사람으로 남지 말라. 시간이 가면 애는 큰다." 구구절절이 나에게 와 닿는 말 이었다. 결혼과 출산으로 내 일과 자녀 사이에서 선택의 고통을 받고 있는 후배들이 있다면 이런 생각을 해보면 어떨까 제안하고 싶다. 지금의 상황에서 굳이 둘 중에 하나를 결정하지 않아도 되며 어린이집을 활용해서 일과 가정 두 가지 분야에서 모두 이겨내는 방법을 최선으로 생각해보라는 것이다. 아이를 돌보는 비용이나 내 급여 상황이나 비슷하다고 해서 일을 포기하는 것은 내 일에 대한 가치를 너무 평가절하하고 있는 것은 아닌지 생각해보고 아이들은 3년 후면 엄마와 함께하기보다는 친구들과 어린이집에서 노는 것을 더 좋아한다는 것을 깨달아야 한다는 것이다.

그리고 지금은 나에게 더 큰 투자를 해야 하는 시기이다. 직장생활을 하면서 스스로의 성장을 위한 투자는 중요하지만 이를 실행하기에는 여러 어려움이 있는 것이 사실이다. 교육일정을 온전히 기관에 요청하거나 연가를 통해 진행하는 것은 실제 업무에 대한 지장을 초래하며, 또한 지금 당장의 내 업무와 연관되지 않은 교육내용에 대해서는 개인적인 시간과 자본을 투자해야 하는데 사실 녹록하지 않다. 그나마 결혼을 하게 되면 시간 제약 때문에 한층 더 어려워진다.

그래도 궁하면 통한다고 했다. 시대가 좋아져서 온라인을 통한 여러 대안적 자료 수집과 교육으로 부족분을 대체할 수 있었다. 물론 이러한 온라인 교육은 오프라인 교육에 비하여 한계는 있다. 그러나 배움을 갈망하기만 하고, 배우지 않고 고민만 한다는 것은 더 소모적인 일이라 생각했기 때문에 다양한 방법으로 교육받는 것을 찾아나서는 것이었다. 의외로 온라인 교육은 유익했고 스스로의 시간에 대한 조절능력과 열정, 그리고 자본이 있다면 가능하였다. 최근에는 시민단체에서 진행하는 강좌에 참석해서 여러 사람의 생각을 듣고 토론하면서 사고의 폭을 넓히는 행복한 시간을 키워나가고 있다. 또 하나의 대안은 책이었다.

우리는 우리가 읽은 것으로 만들어진다는 독일의 대문호 마르틴 발저(Martin Walser)의 말에서, 그리고 기본에 충실함을 요청하는 근래의 사회적 분위기가 더한 요즈음 얼 쇼리스의 《희망의 인문학》 책을 만남으로써 나는 생각의 힘을 키울 수 있는 기회를 갖게 되었다. 인문학에서 다루는 것은 '지식'이었으며 나는 사회복지사로서 좀더 지혜로운 삶을 살아가는 법을 배울 수 있었다. 우리가 독서를 하는 이유는 새로운 지식만을 쌓기 위한 것이 아닌 사색하고 고민하며 사고력을 확장시켜 나가기 위한 것이다. 이렇듯 사고하는 힘을 키울 수 있는 학문인 인문학을 만나면서 양질의 소프트웨어를 요구하고 있는 사회복지 현장에서 스스로 철학적 삶을 준비할 수 있는 시간을 가지게 되었다.

사회복지사와 클라이언트, 기관과 나

클라이언트로 인해 지치기도 하지만 '사회복지사 존재의 필요성은 클라이언트로부터 나오는 것이 아닐까 ?'라는 생각을 한다. 11년간 현장에서 만나온 나의 이웃들이 주마등처럼 지나간다.

매일 이른 아침 복지관 문을 열면서 짙은 술 냄새를 풍기며 인사하셨던 아저씨, 복지관 앞마당 조그마한 모퉁이에 꽃씨를 심으시던 할머니, 우리말이 서툴러 한글을 배우러 남편과 함께 복지관에 찾아온 이주여성, 왼쪽다리가 불편했지만 축구선수가 되고 싶다던 아이. 클라이언트와 사회복지사 모두가 희망찬 내일을 기대하는 이웃이었다.

녹음이 짙어가던 7년 전 6월의 어느 날, 직원연수 일정으로 양평으로 이동하던 중 국무총리실이라며 걸려온 전화 한 통은 우리 복지관 아동도시락사업의 스토리텔링이 되었다. 당시 진행하고 있었던 결식 아동도시락사업은 구리시의 적극적인 행정적 지원과 지역의 25개 민간조직이 협력하여 진행하고 있었다. 도시락사업으로 지원되는 보조금은 순수하게 아동들에게 양질의 도시락을 지원할 수 있는 재료비로 활용할 수 있었는데, 더불어 아이들의 배고픔뿐만 아닌 마음의 굶주림까지 치유하고자 개별 상담과 개별 욕구파악을 통한 체험프로그램 진행하였다. 또한 함께 하는 지역사회 주민들과의 정기적인 간담회를 통한 사업의 질적 성장은 구리시 아동도시락사업이 명실상부한 명품도시락으로 그 가치를 더하게 하였고, 마침내 국무총리와 식약청, 보건복지부, 교육부차관과 구리시장이 함께 모여 복지관에서 아동급식 간담회를 열기도 하였다. 이후 복지관 아동도시락사업은 다양한 유명 시사프로그램에 소개되고는 하였다.

중간관리자의 비전과 목표는 기관의 비전과 목표에 부합되어야 하며, 충분히 준비되지 못할 경우에는 본인뿐 아니라 함께하는 직원들도 힘들고 지칠 수 있다고 나는 생각한다. 10년 이상 일을 하고 있는 관리자는 프로그램과 사업을 진행하는 일선 사회복지사들의 마인드를 넘어서 기관을 운영하는 운영자의 마인드를 가져야 한다. 다른 노력보다는 이러한 '가치'에 대한 고민으로 더 많은 고통과 어려움이 따르는 것이 사실이다. 물론 천부적으로 본질에 대한 성찰에 익숙한 사람들이 있기는 하나, 이 또한 장기적인 시각으로 노력하면 어느 정도는 보완될 수 있다고 생각한다.

사회복지사가 되고 싶었던 첫 마음을 기억하고 그것을 일구기 위한 한걸음 한걸음에 충실하라

사람을 살리는 일이기에 더 없이 소중하지만 스스로의 기준을 두지 못한다면 한없이 어렵고도 힘든 일이 '사회복지' 분야일 것이다. 사회복지사의 심리적 스트레스와 처우에 대한 상대적 박탈감을 예상하여 주저하거나 직업으로서의 선택에 갈등하고 있는 예비사회복지사가 있다면, 마지막으로 하고 싶은 말은 사회복지사가 되고 싶었던 당시의 마음을 기억하고 그것을 일구기 위한 한걸음 한걸음에 충실하기를 제안한다.

꽃향기는 백리를 가고 술향기는 천리를 가지만 사람향기는 만리를 간다는 누군가의 말처럼, 이 사회에서 여러분도 베풂의 향기를 발산하는 아름다운 사회복지사가 되기를 소망하며, 여러분과 사회복지 현장을 동행하는 의미있는 시간을 기대해 본다.

열한 번째 꿈: 재단

나만의 색을 지닌 사람

사회복지, 익숙해진 그 이름

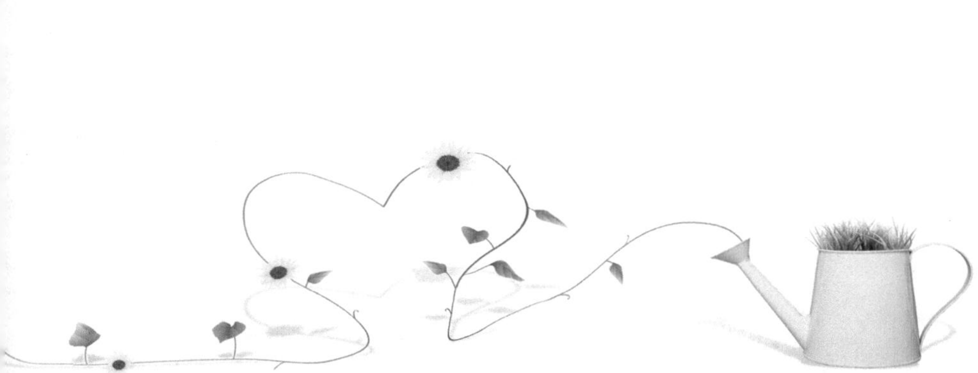

나만의 색을 지닌 사람

KT&G복지재단 남부복지센터 센터장

이정탁

사회복지는 정치, 경제 등 모든 면에서 중요한 이슈

요즘은 언론뿐만 아니라 정치, 경제 모든 면에서 사회복지를 언급하는 세상이 되었다. 얼마 전 치러진 대통령 선거에서도 모든 후보가 사회복지를 중요 공약으로 내세웠다. 이처럼 현재 우리나라는 사회복지가 가장 큰 이슈로 자리 잡고 있다. 그만큼 사회복지는 경제 성장과 더불어 선진국 대열에 합류하기 위한 중요한 기준이 되었다.

불과 십수 년 전만 하더라도 사회복지 업무는 사회에서 기피하는 직종이었다. 전문직업이 아닌 착한 일, 좋은 일을 하는 것으로 인식되었다. 물론 지금도 다른 전문직종과 비교하였을 때 저평가 받는 부분도 있지만, 과거에 비해 전담공무원도 대거 확충할 만큼 사회에서 중요한 직종으로 현재는 자리 잡고 있는 듯하다.

우리나라 사회복지사 자격취득의 문제점

이처럼 너도 나도 사회복지를 외치는 시점에서 우리나라에서는 무수히 많은 사회복지사가 배출되고 있다. 그러나 대학을 다니는 학생도, 졸업한 취업준비생도 진로에 대해서는 많은 고민을 가지고 있으리라 생각된다.

여러분이 생각하는 사회복지는 무엇인가? 아마 가장 쉽게 접근하는 생각은 노인, 장애인, 아동 등 사회 속에 상대적 약자들에 대한 제반 업무를 수행하는 것으로 생각할 것이다. 또는 무수히 많은 사회문제에 대한 접근으로 해석될 수도 있다. 치매, 우울증, 자살, 폭력 등 이러한 예방적, 치료적 접근으로도 사회복지를 바라볼 수도 있을 것이다. 과거에는 지역종합사회복지관에서 지역 내 모든 복지서비스를 전달하는, 말 그대로 종합복지서비스를 구축하고 지원하였지만, 현재에는 노인복지관, 장애인복지관, 노인요양시설, 아동복지시설, 영유아복지시설, 건강가정지원센터, 다문화가족지원센터, 치매지원센터, 정신보건센터 등 점점 세분화되어 복지서비스가 보다 집중적, 전문적으로 전달되고 있다.

여러분은 내 적성은 이러한 다양한 분야 중 어디와 맞을지 아마 쉽게 결정내리지 못하고 있을 것이다. 또한 결정을 내렸다고 해도 정부에서 채용하는 사회복지전담공무원처럼 시험에 합격하면 바로 채용되어는 것도 아니고, 원하는 근무처에 자리가 생겨야 비로소 일할 수 있는 기회를 잡을 수 있을 것이다. 이처럼 사회복지사 자격증 취득이 취업을 보장해 줄 수 있는 시스템이 구축되어 있지 않기 때문에 어쩌면 다른 전문직종과는 달리 고려하여야 할 부분이 있을지 모르겠다. 예를 들어 의대, 법대 등 사회에서 고소득으로 분류되어 인정받는 직종의 시스템은 개인의 역량과 선택에 따라 다소 차이는 있을 수 있으나 관련 분야 전문 자격 취득이 완료되면 직업의 보장성이 다른 분야에 비해 월등히 우수하다. 개인의 선택에 따라 개인병원 의사, 개인 법률사무실 변호사처럼 개인이 직접 운영하는 것도 가능하다. 반면, 우리나라 사회복지사 자격취득은 이러한 현실과 거리가 멀다고 볼 수 있다. 매년 배출되는 사회복지사를 수용할 만한 전문기관의 수도, 채용인력 수도 턱없이 부족할 뿐만 아니라, 미국처럼 개인복지사무소를 개소할 만한 사회적 인식도, 시스템도 구축되어 있지 않다. 다만 국가 정책적으로 노인장기요양보험제도 도입으로 인해 그나마 몇 년 전부터 장기요양시설이 생겨나고 있지만, 이 또한 이미 포화상태이다.

사회복지 관련 학과가 미래의 진로선택에 미칠 영향력 고려

그렇다면 결국은 치열한 경쟁구조 속에 나는 과연 어떻게 사회복지업무를 위해 준비를 하고 선택을 해야 할 것인가에 대한 고민의 시간을 보내고 있을지도 모르겠다.

먼저, 여러분이 선택한 사회복지 관련 학과는 내 미래의 진로에 얼마만큼의 영향력을 미칠 것인가 생각해 보았으면 한다. 사실 나의 경우에도 처음부터 사회복지 분야가 내 적성에 맞아 준비한 직업 분야는 아니었다. 여러분 중에도 시험 성적에 맞춰서 사회복지학과에 진학한 분들도 있을 듯싶다. 나 또한 다르지 않았으며, 졸업 후에도 사회복지 분야에는 사실 관심이 없었다. 잠시 내 과거 얘기를 조금 하자면 대학 졸업 즈음에 이미 이수했던 교양과목이 전공과목으로 바뀌면서 전공이수학점이 모자라서 졸업을 못 할 수도 있었다. 동일과목이었지만 인정이 안 되었던 것이었다. 그때 담당교수님께서 일단 취업을 졸업 전에 하면 졸업위원회에서 인정해 줄 수 있다는 말씀에 구직활동을 했었고, 다행이 졸업 전에 지역사회복지관에 입사할 수 있게 되었다. 여러분들도 후에 겪게 될지 모르겠만 나는 입사 후에도 진로에 대해 수차례 갈등의 시기를 거치고, 고민도 많이 하였지만, 10년이 지난 지금은 사회복지 분야를, 나의 길로 인식하고 열정을 가지고 근무하고 있다. 과거에는 사회복지사 자격을 취득하는 사람도 많지 않았으며, 적어도 지금보다는 취업의 문이 넓게 열려 있었다. 반면 지금은 복지관 구인공고 하나에 수십 명이, 많게는 수백 명이 관심을 가질 만큼 인력에 비해 일자리가 턱없이 부족하다. 즉, 여러분이 사회복지 분야에서 평생 종사할 수 있는지에 대한 스스로의 선택이 우선적으로 행해져야 하며, 사회복지에 뜻을 결정하였다면 그에 맞는 준비를 충실히 하여야 할 것이다.

수많은 사회복지 분야에서 경험을 통해 관심과 적성 찾기

일단 사회복지 분야로 진로를 결정했다면, 보다 구체적으로 어떤 분야에 관심과 적성이 있는지 찾는 것이 다음 순서이다. 학부 강의에서 이론으로 배운 노인, 장애인, 아동 기타 분야에 대한 관심과 흥미를 찾을 수도 있겠지만, 나는 현장 경험이 무엇보다 중요하다고 생각한다. 학교에서 의무적으로 사회복지현장실습을 필수 과목으로 지정한 것은 조금이나마 현장에 대한 이해를 하는 것이 진로선택에 도움이 되기 때문이다. 때문에 실습할 기관을 선정하는 것 또한 매우 중요한 선택 중에 하나이다. 실습은 예비 사회복지사로서 사회복지 분야에 첫 발을 내디디는 것이라 해도 과언이 아니다. 하지만 실습하는 것 또한 내가 원한다고 해서 선택한 곳에서 다 받아주지는 못한다. 기업에서도 대기업과 중소기업이 있듯이 사회복지기관에서도 나름 우수기관으로 평가받는 기관이 존재한다. 이러한 기관들은 실습과정운영에서도 우수성을 보인다. 현장에 실습 나온 대학생을 종종 접할 때가 있다. 어떤 학생은 이수해야 할 과목이니까 여기저기 알아보다가 빈자리가 있어서 들어온 학생도 있고, 어떤 학생은 노인 혹은 장애인 등이 관심 분야라서 관련된 기관에 지원한 학생도 있고, 또 어떤 학생은 우수기관을 확인하고, 그 기관에서 꾸준히 봉사활동을 하다 실습과정을 마치고 나아가 그 기관에 취업하는 경우도 있다. 나중에 다시 언급하겠지만 우리나라 사회는 아직 공동체 성격이 강하기 때문에 학연, 인맥 등에 의해서 결정되는 것 또한 적지 않은 게 현실이다. 여러분이 만약 졸업 후 사회복지기관에서 근무를 희망한다면 사전에 다양한 정보와 봉사활동 등의 경험을 통해서 몇 개의 기관을 미리 선정하고 전략적으로 준비하는 것이 필요하다. 또한 실습기관을 선정하는 기준에 있어서 자신의 적성과 분야에 대한 관심이 정해졌다면 단종복지관 즉, 노인복지관, 장애인복지관, 청소년수련관 및 시설 등 각 분야 중 전문기관을 선택해서 지원하는 것이 옳다. 하지만 관심 분야와 개인의 적성이 어떤 분야인지 판단이 서질 않는다면 다양한 대상자와 관련 사업을 시행하고 있는 종합사회복지관을 선택하는 것을 추천한다.

인적네트워크가 중요한 사회복지 분야에서 자원봉사활동의 필요성

다음은 봉사활동에 대한 부분이다. 지금은 취업에 있어서 자원봉사활동에 대한 평가는 절대적이다. 따라서 실습 외에도 자원봉사활동 경험이 복지시설에 입사할 때 중요한 평가부분으로 작용한다. 일반적인 노력봉사활동도 있겠지만 전문 프로그램에 참여하는 봉사활동도 있다. 선택이 가능할 경우 전문성이 요구되는 프로그램에서

봉사활동을 경험한다면 일반적인 노력봉사활동보다 큰 도움이 될 것이다. 또한, 어디서 근무했는지, 시설장과 담당 사회복지사는 누구였는지조차 입사에 영향을 미칠 수도 있다. 사회복지 관련 기관에서 근무하는 모든 분들이 똑같이 말씀하시는 것 중에 하나는 "이 바닥 참 좁다"이다. 한두 사람만 통하면 웬만한 사람과는 다 인맥이 형성이 된다. 그래서 여러분이 실습을 할 때도, 봉사활동을 할 때도, 입사해서 근무를 할 때도 조직구성원과 원활한 관계형성은 매우 중요하다. 이는 여러분이 취업 후 이직을 할 때도 마찬가지로 작용한다는 걸 명심해 주길 바란다.

사회복지기관과 기업복지재단 업무의 차이점들

나는 현재 KT&G복지재단에서 근무하고 있다. 과거 한국담배인삼공사라고 불리던 기업의 복지재단이다. 기업복지재단 입사에 대한 관심을 가진 분들도 많이 있을 것 같다. 말 그대로 기업의 이윤을 사회공헌을 통해 사회에 환원하는 것이 목적이자 책임이다. 또한 기업에 대한 홍보의 수단으로 사회공헌활동이 이루어지기도 한다. 대기업뿐만 아니라 다양한 분야의 기업, 공동체, 모임, 연합회 등으로 조직이 구성되어 정부보조금과 관계없이 자체적으로 사회공헌활동을 하고 있다. 이곳에는 사회복지사를 채용해 운영하는 곳도 있으며, 사회복지사가 아닌 재단의 성향과 목적에 따라 기업 내 담당 직원이 활동하는 곳도 있다.

기업복지재단은 정부보조금으로 사업을 진행하지 않기 때문에 앞서 소개한 정부보조금으로 사업이 이루어지는 복지관 및 시설 등과는 평가, 지도점검, 감사 등에 있어서 보다 자유로울 수 있다. 또한 임금수준도 일반 사회복지종사자와 동일한 경력으로 비교한다면 높게 책정될 수도 있다. 물론 근무하는 환경의 조건이 더 나을 수도 있다. 하지만, 상황에 따라서는 생각하는 수준만큼 높은 임금도, 훌륭한 근무 조건도, 보장된 미래가 없을 수도 있다는 것도 고려하여야 할 것이다. 나는 재단에 입사하기 전에 지역종합사회복지관에서 재가복지팀장으로 근무를 하다가 기회가 되어 이직을 하게 되었다. 다행히 내가 속해 있는 KT&G복지재단은 지역밀착형 복지사업을 추구하기 때문에, 지역사회와의 네트워크 형성을 기반으로 사업이 이루어지고 있고, 과거 지역복지관에서의 근무 경험이 현장을 이해하고 사업을 추진하는 데 있어서 많은 도움이 되었다.

우리 재단은 사회복지법인으로 독립적으로 운영되고 있다. 그래서 대부분의 직원이 사회복지사이다. 올해 2013년을 기점으로 재단 설립 10주년을 맞이하게 된다. 이 얘기를 왜 하냐면, 기업재단에 신입으로 입사를 해서 만약 10년의 세월을 기업재단에서만 보냈다고 하면 그 직원은 추후 이직에 있어서 여러 가지 제약이 있을 수 있다는 부분을 전달하고 싶어서이다. 지역사회복지관에서 10년을 근무한 사회복지사와 기업재단에서 동일한 근무를 한 사회복지사의 역량은 분야에 따라서 다를 수도 있지만 차이가 많이 날 수밖에 없다. 이는 업무내용과 분야가 다르기 때문이다. 사회복지기관은 다양한 분야의 임상경험과 사업의 흐름, 프로그램 기획관리, 회계관리, 인사관리 등 기관 자체가 하나의 조직으로 운영되면서 조직 전체를 이해할 수 있는 기회가 제공되지만, 기업복지재단의 경우에는 하나의 부서개념으로 반복되는 업무가 대부분이고, 직접 프로그램을 운영하기보다 지원사업 위주로 사업이 구성되기 때문이다. 또한 지역사회복지관에서는 부서별 업무이동과 승진의 기회가 주어지거나, 타 기관으로 승진하여 이직하는 경우도 가능하겠지만, 기업재단의 경우에는 조직의 구성원이 적을 경우 부서 간의 이동이나 승진이 제한적이다는 점을 유념하여야 한다. 물론, 다양한 기업재단의 특성과 장점을 살려 개인의 역량을 키워 더 좋은 미래가 보장 될 수도 있다. 즉 기업복지재단의 장점과 단점을 함께 충분히 고려해 보아야 할 것이다.

노력과 함께 지식이 동반된 스킬(skill)의 "우수성(Well)"이 필요

우리 재단에서는 매년 경승용차 지원사업을 시행하고 있다. 이는 전국에 있는 사회복지 관련 단체 및 기관에게 지원신청서를 받아 일 년에 100대씩 차량을 지원하는 사업이다. 올해 사업을 진행하면 총 1,000대의 경승용차가 전국의 사회복지 관련 시설에서 지원되는 것이다. 이 사업에 신청하고자 하는 기관은 재단에서 원하는 양식에 맞게 지원서류를 제출하게 된다. 경승용차를 매년 100대씩 지원하지만, 매번 1,200여 시설에서 지원신청서가 접수가 된다. 표면상 경쟁률은 12 : 1이지만 실질적인 경쟁률은 약 5 : 1 미만이다. 이유는 지원신청서 첨부서류가 양식에 맞지 않거나, 관련 서류가 미첨부되었거나, 지원목적과 용도 등 서술이 부적합하거나, 여러 가지 기준미달의 서류가 접수되어 심사 자체가 이루어지지 않는 경우가 있기 때문이다.

어떤 경우에는 규모가 같은 A 기관이 B기관보다 보유한 차량이 많음에도 불구하고 A라는 기관에 차량을 지원하게 되는 경우도 발생을 한다. 이는, 심사위원이 판단하는 기준에 맞게 서류를 작성하고, 필요성에 대해 잘 서술하고, 심사위원이 이해하기 편하게끔 서류를 잘 구성해서 제출했기 때문이다. 같은 규모의 기관이라면 잘 구성한 서류를 제출한 기관이 먼저 지원될 수밖에 없다. 즉, 열심히, 많이, 시간을 오래 투자해서 준비하는 것이 다가 아니라, 잘(well) 준비하는 것이 필요하다는 것이다. 사람의 역량에 따라 다소 차이가 있긴 하지만, 주변에 공부 잘하는 친구들을 돌아보라. 1등하는 친구는 그리 오래 공부하지 않는다. 반에서 쉬는 시간에도 공부하고, 언제나 공부만 하는 친구들 중에 1등하는 친구는 많지 않았던 것으로 기억한다. 즉, 업무에 대한 노력과 성과는 별개라는 것, 열심히 노력만 하는 것이 아닌 노력과 동반된 지식과 기술이 필요하다는 것이다.

남들에게 기억될 수 있는, 적어도 한 가지는 인정받는 색깔 있는 사람

마지막으로 색깔 있는 사람이 되었으면 한다. 모든 사람은 개인의 능력이 모든 분야에서 뛰어날 수는 없다. 적어도 한 가지는 남들에게 기억될 수 있는, 인정받을 수 있는 사람이 되었으면 한다. 예를 들어 앞서 제시한 지원신청서 작성을 아무리 해도 잘 안 되는 이들도 있다. 하지만, 밖에서 사람과 만나서 대화하면 분위기를 주도하고, 후원을 유도하고, 호감을 받고, 쓰기보다 말하기를 잘하는 사람도 분명 있을 수 있다. 반면에, 개인의 성격상 외부에서 원활한 관계형성은 안되지만 앉아서 글로 표현하고 행정업무에 있어서 두각을 나타내는 이들도 있다. 가능하다면 모든 면에서 두각을 나타내면 좋겠지만, 여러 가지 개인적 성향과 역량에 기초하여 자신만의 색깔을 반드시 찾아 발전시키길 바란다.

변화를 즐기고, 복지마인드를 가슴에 품은 주관이 뚜렷한 사람이 되라

성격 좋고 착한 건 사회복지사의 바른 소양이 아니다. 자신의 복지마인드를 가슴에 품고, 주관이 뚜렷한 사람이 되어야 한다. 내가 아는 후배 중에 변화를 즐기는 친구가 있다. 그 후배는 새로운 것에 도전하길 좋아하며 그 안에서 자신의 영역을 개척해 나간다. 게다가 주변과 원만한 관계도 잘 유지하여 항상 다른 사람보다 집중을 받는다. 그 후배는 변화를 위한 도전 속에서 얻는 긴장감, 그리고 그 도전을 성공적으로 이루어 냈을 때의 성취감이 좋다고 한다. 나는 그 후배를 좋아한다. 그 친구를 보고 있노라면 가슴이 뿌듯해지고, 같이 있다 보면 뭔가 새로운 긍정적인 에너지가 생긴다.

반면, 어떤 사람들은 그를 너무 튄다고 경계하는 사람도 있다. 여러분은 변화에 진취적이고 긍정적인 이런 사람과 함께 한다면 어떨까? 좋을까? 불편할까?

난 전자의 견해에 한 표를 주겠다. 뒤에서 앞서가는 사람을 시기하고 바라만 보는 것은 자신의 발전에 조금도 도움이 되지 않는다. 변화를 싫어하고 회색분자의 입장을 취하는 사람은 되지 말았으면 한다. 있으나 마나한 존재는 조직의 발전에 아무 영향을 미치지 못한다. 자신의 개성을 꼭 표출하고, 자신의 색으로 타인에게 기억되는 이가 되길 바란다.

사회복지 분야에서 공부하다 보면 사회학자 '칼 마르크스'에 대해 많이 접해보았을 것이다. 마르크스는 "죽은 자의 전통이 산 자의 가슴을 악몽처럼 짓누르고 있다."고 했다. 사회복지는 현재의 삶을 재조명하기도 하지만 우리 모두의 미래에 희망을 전하고, 후배들에게 악몽이 아닌 기쁨을 전해주는 것이 아닐까 생각한다. 여러분의 미래에 나도 함께 힘찬 응원을 보낸다.

사회복지, 익숙해진 그 이름

전 서울시 복지재단 사회복지사
최원희

사람을 배우는 내 인생의 유쾌한 자극제, 사회복지

"할머니~~ 할아버지~~~" 이 말은 어릴 적 내가 "엄마, 아빠"만큼이나 많이 했던 말이다. 어릴 적 우리 가족은 아버지의 회사 지방 발령기간을 제외하곤 서울에서 할머니 할아버지와 같이 살았다. 덕분에 과자 간식보다는 고구마에 동치미를 즐겨먹고 시래기된장찌개 등 전통의 맛을 일찍 깨달아 토속적인 내가 되었다. 나는 이웃 할머니, 할아버지며 동네 가게 어르신들에게 줄곧 돌아다니며 인사하기 바빴는데, 이러한 내 일상에서의 경험들은 할머니, 할아버지께 비교적 마음을 열고 이해하려는 태도를 가지게 하는 데 도움이 된 듯하다. 또한 항상 날 예뻐해 주셨던 그 분들의 마음을 어린 나이에도 느낄 수 있었던 것 같다. 또한 성당을 다니는 우리 가족에게는 꽃동네로의 견학과 봉사활동은 지극히 자연스러운 것이었다. 재활원 봉사활동 등으로 인해 학교에서 요구하는 봉사시간이나 활동에 대한 부담이나 고민은 전혀 하지 않았던 것 같다. 항상 안쓰러운 마음으로 어떻게 하면 그분들의 마음에 더 쏙 들게 도와드릴 방법이 있을까, 그리고 더 즐거운 시간을 보낼 수 있을까 하는 궁리를 했던 터라 봉사에 대한 회의를 느끼지는 않았던 것 같다.

사회복지 관련 시설에서의 봉사경험은 나로 하여금 보다 올바른 사람이 되어야 한다는 중요한 가르침을 준 것 같다. 이렇듯 난 어릴 적부터 어르신들과 장애인들에 대해 친근감을 가질 수 있었다. 그러나 시간이 지나면서 나의 미약함에 대해 아쉬움을 느끼기 시작했다. 학창시절의 나는 여러 외부의 스트레스 상황을 잘 감당하지 못하는 학생이었다. 중학교와 고등학교 시절 엄청난 편두통으로 인해 병원 치료가 필요하였고, 그로 인해 빈번히 조퇴를 하기도 하였다. 이때까지는 내가 스트레스로 머리가 아픈 줄도 몰랐으며, 때로는 두통의 정도가 심해 기절하기도 했던 나는 진로에 대해서는 생각할 정신적 여유가 없었다. 수능시험 즈음에는 두통이 더욱 악화되어 소위 명문대학교라는 곳으로의 진학하는 꿈은 버린 지 오래였다. 이러한 상황에서 고등학교 3학년 무렵 나를 잘 알고 계시는 수녀님께서는 사회복지학 관련 전공을 내게 제안하셨다.

수녀님의 소개로 대학교에서 사회복지학을 전공하게 되었으며, 본격적으로 학문으로서 사회복지학을 접하게 되었다. 신기하게도 대학교 입학 후 두통은 씻은 듯이 사라졌으며 대학교의 시험과 보고서 그리고 발표 등의 과제는 묘한 긴장과 이에 따른 보상으로 내게는 자신감과 보람을 가지게 하는 유쾌한 자극제가 되어 주었다. 수업시간에 나름 열심히 들었던 수업내용과 이에 대한 메모와 필기자료는 비단 사회복지사 자격증시험 준비뿐만 아니라 이후에도 가물가물했던 내용들을 나만의 방법으로 기억을 되살리는 데 큰 도움이 되고 있다. 요즘도 그 자료들을 전공서적과 함께 종종 살펴보는

데, 사회복지학에 대한 이해의 폭을 넓히고 잊혀진 중요한 사항들을 다시 점검하는 데 많은 도움이 되곤 한다. 나의 오지랖 때문인지 아니면 다른 사람들을 경계해서 생긴 관심인지 모르겠지만 사람을 알아가고, 사람에 대한 배움이 흥미로웠다. 생애주기에 따른 행동과 사회문제에 대한 원인과 그 결과 그리고 아동, 여성, 노인 등 사회적 약자인 그들에 대한 파악에 관심이 생겼다. 직접적인 사회복지 실천이나 서비스보다 정책 및 제도 등 간접서비스에 대한 관심을 키워가며, 한정된 자원의 (재)분배에 대해서도 각별한 관심을 가지게 되었다. 자연스레 비영리조직, 사회복지행정 및 정책 등의 관련 전공 교과목 그리고 심리학, 여성학 등의 교양과정도 나의 흥미를 자극했다. 또한 이러한 주제 관련 학회 준비를 도우면서 틈틈이 들었던 발표 내용들은 나에게도 문제를 제기하고 보다 나은 대안을 고민해볼 수 있는 좋은 기회를 제공하였다. 또한 복수전공한 실버산업마케팅 영역에서 조직에 대한 이해와 실버산업에 대한 경영방법 등의 과정은 노인학과 경영학을 연계하여 논의할 수 있는 시간을 제공하였다. 대학에서 사회복지학과 실버산업학을 복수전공을 하던 중 참여한 교수님의 다문화가정, 여성노동자, 노인, 탈북자 등의 주제에 대한 연구 보조원의 경험은 다양한 사회복지 분야의 면면을 살펴보고 고민해볼 수 있는 좋은 시간이었다.

다양한 학문과 연계되어 최선의 것을 만들어 가는 분야

나는 전공 공부를 하면서 사회복지학은 다양한 분야의 학문과 연계되어 있으며, 여러 사람들이 함께 사회를 최선의 것으로 만들어 가는 분야라는 점에 매료되어 가기 시작하였다. 이러한 과정 중 노인주간보호센터에서 현장실습을 하게 되었다. 어릴 적에 내가 보았던 할머니 할아버지는 나름 정정하시고, 가끔 호통도 치시는 그런 이미지였는데 실습기관에서 본 어르신들은 내게는 너무나도 나약하고 무기력한 모습이었다. 실습현장에서 집으로 돌아오는 길에는 그 분들의 얼굴이 떠올라 울기도 많이 울었고, 밤잠을 설치기도 했다. 나에게 이 시기는 감정과 이성이 뒤죽박죽 정리되지 않아 혼란스러웠던 시간으로 기억된다. 학창시절 봉사활동을 했을 때 고민했던 많은 사안들이 내가 직접 해결해야 할 일로 내 목전에 다가왔을 때에는 지나친 감정 개입에서 헤어나오는 데 취약한 나를 발견하게 되었다. 클라이언트들에 대한 감정이입이 긍정적인 에너지와 생각으로 바뀌어 재창조될 수 있기보다는, 순간순간에 내가 도움이 되지 못한다는 생각에 사로잡혔다. 또 불쌍하게만 보고 가슴 아파하는 모습을 발견했을 때 진로로써 사회복지 분야에 대해 회의를 느끼며, 처음부터 다시 생각하게 되었다. 이때 나는 정책과 행정의 변화 또는 프로그램 개발 등을 통해 복지를 실천하는 것이 나에게는 더 보람을 느끼면서 열정적으로 할 수 있을 것이라 생각하게 되었다. 앞서 말했듯이 대학교 시절 교수님들의 연구를 도울 수 있는 시간이 있었는데, 이 시간들은 사회복지 정책과 행정 분야에 대해서도 실제로 현장에서 접해볼 수 있는 기회를 제공하였다. 학회와 포럼 행사 일을 하면서 강연을 듣는 기회도 몇 차례 있었는데, 이는 나의 관심 분야를 서서히 구체화할 수 있는 기회였다. 대학교 3~4학년 때에는 본격적으로 교수님 연구실로 매일 출근하며 연구를 보조하였는데, 이 시기에 나는 보다 다양한 사회복지 연구주제를 접할 수 있었으며 막연했던 사회복지 분야가 내게는 조금씩 구체적으로 다가오게 되었다. 복지자원의 재분배, 기업의 사회공헌 등 나의 작은 아이디어들로 시작한 연구들을 해보고 싶다는 의욕과 도전의식이 생겼다.

즐겁고 흥미롭게 공부할 수 있도록 해준 '호기심'의 힘

대학교 졸업을 앞둔 시점에서는 사회복지현장에서 직접 일하는 것보다 조금 더 공부가 필요하다고 생각하게 되었다. 관심 분야에 대한 나만의 연구가 하고 싶었던 이유가 컸다. 대학원 진학 후 수업과 과제를 통해 좀더 심도 있는 공부를 할 수 있었다. 대학원에서도 사회복지 관련 학회 일을 하게 되었고 대학교 때부터 사회복지 관련 행사나 학회 준비를 한 경험 덕분에 학회의 운영 등 행정업무 또한 비교적 수월하게 진행할 수 있었다. 대학원 수업과 학회 행정 업무, 조교업무를 하며 대학원 생활은 빨리 지나가는 것 같았다. 3학기부터는 일과 학업을 병행하였다. 나의 성격 및 업무 처리 방식들을 인정해 주신 선배님과 교수님의 추천으로 가능하였다. 3학기부터 시작된 직장일은 녹록하지 않았다. 집과 직장이 멀어 출퇴근만 3시간이었고 학교수업을 다 듣지 않았기 때문에 퇴근 후 야간에 수업을 들어야 했다. 재단에서는 일상적인 비서업무 이외에 대표이사의 재단 내외의 일정관리 및 재단의 각종 사업에 관련된 회의 및 직원회의 등의 준비 및 내용파악 그리고 시 관련 행사 참여와 특강 등 외부 일정 수행을 하였다. 재단과 관련된 전반적인 업무 및 중점사업을 파악하고 주요 인물들을 파악해 최대한 적절히 영접하고자 노력하였다. 하지만 더 큰 문제는 졸업논문 준비였다. 나의 졸업논문은 노인복지 분야였다. 어려서부터 친근했던 어르신들에 대한 연구를 주제로 삼았다. 나의 일정상 하루 종일 졸업논문에 매달릴 수 있는 상황이 되지 못하였기에 남들보다 조금 더 일찍 준비하여야 했다. 매일 조금씩 관련 서적 및 논문을 읽고 요약하여 놓았으며 설문을 통해 자료를 수집해야 하는 상황에 대비하여 교수님들 및 사회복지현장 실무자분들께 설문문항에 대해 자문을 구하여 미리 준비해 놓았다. 이 시기에 예전부터 관심 있었던 주제에 대해 연구를 진행했기 때문에 그 과정과 결과에 대한 호기심은 컸으며 그러한 호기심은 나로 하여금 즐겁고 흥미롭게 논문을 준비할 수 있게 하였다. 논문의 진행과정 중반 시점부터는 퇴근 후에 자료수집을 진행하였다. 설문 시 녹취와 메모를 하면서 일대일면접으로 설문을 진행하였다. 이렇게 일찍 준비한 덕분에 4학기 때 논문심사 일정에 맞춰 졸업논문을 작성할 수 있었다.

여러 경험들을 모아 자신의 역량을 최대한 발휘하는 현장

나는 서울시복지재단에서 대표이사 비서직을 수행하였다. 과거 친구들한테 항상 "나 비서하면 잘 할 것 같아."라고 멋모르고 했던 말이 현실이 되어 돌아왔다. 비서의 업무는 생각보다는 더 많은 도전과 긴장의 시간이었다. 대학교와 대학원 때 했던 학회 행정일 덕분에 사회복지 관련 현장 전문가 분들의 소속과 전공 분야 등을 잘 기억할 수 있었고, 이는 내가 업무를 진행하는 데 적잖은 도움이 되었다. 또한 교수님들을 도와 진행했던 다양한 분야의 연구경험 덕분에 복지 전반적인 일을 다루는 재단에서 다른 사람들보다 조금은 빠르게 업무를 파악하고 적응하지 않았나 생각한다. 대표이사의 일정관리 및 각종 회의 준비 그리고 손님접대 등 기본적인 일을 할 때에는 물론이고 재단 대표이사의 각종 복지 관련 인터뷰 및 칼럼 그리고 현장업무파악을 위한 답사 등 복지가 있는 곳곳의 내용을 파악하고 있어야 가능했던 일들이 많아서 그간 했던 경험들은 내게 큰 보탬이 되었다.

지금은 심화학습을 위한 박사과정 준비로 직장을 그만두고 틈틈이 교수님들의 연구들을 도와드리기도 하고 자기계발의 시간을 가지고 있다. 곧 박사과정에 진학하여 조금 더 깊게 공부도 할 것이고, 그후 사회복지 분야의 연구를 진행할 계획이다. 난 여전히 노인복지에 관심이 많고 이를 사회공헌과 연결하여 접근하는 것에 흥미를 느끼고 있다. 많은 공부를 통해 더 구체적인 방향과 계획의 설정이 필요하다는 것을 안다. 난 여전히 내가 소망하는 바를 이루기 위해 나 자신의 소양과 역량을 준비하여야 한다고 생각한다.

"자신을 파악하고 본인의 성격과 적성에 맞는 분야와 방법을 찾으라"

사회 이곳저곳에서 복지라는 말이 많이 들리는 요즘이다. 복지를 하지 않는 사람들은 복지를 하는 사람들에게 타인을 위한 희생을 직업으로 삼는 것처럼 말한다. 그래서인지 사회복지사들의 처우개선 및 보수인상 노력에 대해서 사회복지인들이 이기적이라고 평가하는 이들도 적지 않은 듯하다. 나는 사회복지인들이 요구하는 처우와 보수의 수준은 봉사자가 아닌 직업인으로서 이들의 업무에 대한 엄연한 사회적, 경제적 기본 권리이자 보상이라 생각한다. 그러나 사회복지사는 변화하는 사회상과 정책에 따른 전문적인 지식을 구비하여야 할 책임도 지닌다. 또한 정책들과 그에 따른 하위의 구체적 프로그램들의 조화 및 효과성에 대해서도 전문가로서의 세심한 주의가 필요하다고 생각한다. 대학원을 진학할 때에는 본인이 도망쳐서 온 것이 아닌지를 생각해 보는 것이 좋겠다. 자신이 연구하고 싶은 분야 및 관심주제가 있다면 모를까 그냥 고급 학위가 필요해서 들어간다면 아마 본인이 학교 다니는 시간은 지루하고 고통스러울 것이라 생각한다. 그리고 학부시절에 수업을 듣거나 과제를 하면서 다양한 자신의 면면을 살필 수 있는 기회를 가진다면 자신의 진로를 계획 하는 데 많은 도움이 되리라 생각한다. 난 자기계발서적을 그다지 좋아하는 편이 아니다. '좋은 말을 쓰자고 마음먹으면 말은 누가 못해?'라는 곱지 않은 시선이 있다. 그러나 지금에 와서 생각해 보면, 박지원, 정약용 등 우리나라의 위인뿐 아니라 외국의 위인전이나 자서전은 네게 많은 영향을 준 것 같다. 한 분야에 몰두하고 꾸준히 노력해야 목적지에 이를 수 있다는 그 당연한 진리이자 이치를 그들의 삶의 이야기를 들으며 알게 되었다. 어쩌면 '이렇게 해야지 성공할 수 있다!'라고 말해주는 책들보다 '이 사람들은 너와 이게 달라!'라고 말해주는 그러한 책들이 나의 마음을 더 움직였다. 나는 사회복지사를 꿈꾸는 이들에게 차근차근 자신을 파악하고 본인의 성격과 적성에 맞는 분야와 방법을 찾아 자신의 역량을 최대한 발휘하는 것이 중요하다고 말해주고 싶다. 혹시 지금 여러분은 고등학교 때까지의 학업에 지쳐 학업으로부터 해방을 외치고 있는가? 대학교에 들어온 이상 자유롭게 자신이 원하는 바를 학습하는 자세가 필요하다고 본다. 대학 시절에는 모든 시간을 본인 스스로 관리하게 된다. 목표 없이 표류하는 것은 시간 낭비다. 매시간이 그러하지만, 여느 때보다도 대학생 시기에는 자신의 꿈을 실현할 수 있는 다양한 기회를 마련해야 한다고 생각된다. 삶과 진로에 대해 성실히 고민하고 한 단계 한 단계 구체적인 목표를 향해 나아가는 것이 필요할 때이다. 개인의 심리에서부터 사회적 관계, 그리고 그러한 개인과 사회환경과의 관계를 재규정하게 하는 정책에 이르기까지 진정한 사회복지사로서의 역량을 갖추는 데 있어서는 쉼없이 배워 나아가야 할 것이 무궁무진하다. 나 역시도 이제 막 사회복지에 발을 들인 초심자이다. 사회의 안녕을 위해 우리 모두 자신을 가다듬고 일신우일신하는 노력이 필요할 것 같다.

열두 번째 꿈: 이익단체 · 공공부문

사회복지사의 아름다운 도전과 변화

사회복지의 저변확대와 역량강화를 위해

나는 사회복지 전담공무원이다

사람이 사람을 만나 변화를 만들어 가는 과정, 어렵지만 해볼 만한 일

내 멋대로 사회복지 레시피

사회복지사의 아름다운 도전과 변화

경기도사회복지협의회 부장
박일규

사람들과 만나고 소통하는 장이자, 직장 선택의 계기가 되었던 자원봉사활동

강원도 탄광지역에서 살았던 내가 무작정 춘천이란 도시에 혼자 올라와 아무도 알지 못했던 때, 친구를 사귀고 싶은 마음에 청소년 적십자회에 가입하게 되었다. 아마도 청소년 적십자활동이 사회복지란 단어도 알지 못했던 나를 사회복지사로 이끌어 준 것이 아닌가 생각된다.

나는 적십자활동을 통해 조직문화와 소통, 자원봉사라는 것을 처음 접했고 당시 청소년적십자 춘천지구 부회장으로 활동하면서 각종 야영대회, 응급처치대회, 노인복지시설에서 자원봉사활동 등을 하면서 다양한 사람들과 만날 수 있었으며 사회복지도 어렴풋이 인식하게 되었던 것 같다.

대학에 들어와서도 과대표를 하면서 학과 야유회와 엠티 등 기획을 하게 되었고 이를 통해 선배들뿐 아니라 동기들과도 빨리 친해질 수 있었다. 당시 나의 단짝인 기용이의 도움도 상당히 컸다.

대학생활 중에서도 가장 소중한 기억 그리고 지금까지 직장생활을 하면서 가장 많은 영향을 받은 것을 생각해 보면 자원봉사라 할 수 있다. 처음 자원봉사활동의 계기가 된 것은 동아리 활동이었다. 자원봉사활동을 목적으로 하는 '강남젊은새이웃'에 가입을 하면서 더 많은 또한 더 넓은 범주의 자원봉사활동을 경험할 수 있었다. 과거의 자원봉사 경험들은 현재 내가 하고 있는 자원봉사활동과 자원봉사활동 조정역할을 수행함에 있어 서로 큰 도움이 되고 있다.

아울러 좀더 새로운 자원봉사활동을 찾아보기 위해 시작한 한국여가레크리에이션협회 자격증 과정을 이수한 것이 나의 자원봉사활동을 질적으로 향상시키는 데 큰 도움이 되었던 것 같다. 단순한 자원봉사활동에서 프로그램을 기획하고 나아가 진행까지 하게 되는 데 도움이 되었으며, 그 결과 일부 복지관과 장애인시설의 여름캠프 프로그램을 맡아 준비하고 진행하게 되었다. 이와 같이 자원봉사활동은 내가 직장을 선택하고 많은 사람들과 소통하는 데 중심이 되는 기반이 되었다.

지역의 사회복지를 대변하는 구심점, 경기도사회복지협의회의 사업들

사회복지법인인 경기도사회복지협의회에 대학 졸업장도 나오기 전인 1994년 10월 1일 입사하여 올해로 19년이 되었다. 초기에 담당했던 업무는 사회복지사 자격증 발급과 어린이새생명돕기사업, 지역복지봉사센터사업이었다.

사회복지사 자격증 발급 업무는 당시 사회복지사협회가 없었을 때라 사회복지협의회에서 사회복지사 자격증 발급업무를 하였다.

다음으로 어린이새생명돕기사업은 소아암과 백혈병으로 힘들어 하는 아동들을 발굴하여 의료지원을 받을 수 있도록 하는 것이었다. 그때를 생각해 보면 참 많이 울고 한편으로 뿌듯했던 기억이 많다. 부모님들과 상담을 하면서 순진하게 옆에서 미소를 띠고 있는 아이가 지원대상이 된 지 불과 몇 개월 후에 하늘나라로 떠났다고 연락을 받았을 때, 지원이 어렵다는 결과에 아쉬워하며 돌아가시는 부모님들의 모습을 볼 때면 가슴이 먹먹해져 그날 하루 업무가 너무 힘들었다.

다음으로 지역복지봉사센터사업은 현재 우리들이 사회복지자원봉사 인증관리사업으로 알고 있는 것으로 경기도에서는 사회복지정보센터사업의 한 부분이 되었다. 입사 이래 현재까지 이어지는 사업이다. 초창기 사회복지시설에서 자원봉사자를 모집하고 자원봉사자들에게 자원봉사의 이론과 실천에 관련한 교육을 우리 협의회에 의뢰하면 경기도 일대를 돌아다니면서 강사들과 함께 교육을 진행하였다. 하지만 이제는 각 사회복지시설에서 현장 담당자가 자체적으로 교육을 하고 있다.

초창기 자원봉사 교육 중에서 우리 협의회가 삼성그룹의 임원들을 대상으로 자원봉사 교육을 실시하였으며, 이를 통해 기업 자원봉사활동의 계기가 마련되어졌음은 물론 그 이후 청구그룹과 LG 등 기업들의 신입사원교육 등에도 자원봉사교육과 활동이 포함되게 되었다. 특히 코오롱그룹의 경우 임원 부인들을 대상으로 한 자원봉사교육과 활동을 계기로 코오롱 가족봉사단이라는 조직을 만들어 현재까지도 자원봉사활동을 실시하고 있으며, 그룹 내에 신입직원 교육에 반드시 자원봉사교육과 활동을 기본적으로 실시할 수 있도록 하고 있다. 그때 만났던 기업의 실무자들과는 지금까지 지속적인 소통이 이루어지고 있다.

초기 입사 이후에 경기도사회복지협의회가 진행했던 사업으로는 사회복지도우미사업, 푸드뱅크사업, 코리아핸즈사업이 있다.

사회복지도우미사업은 IMF 시기에 남편의 실직으로 경제적 어려움이 생겨 도움이 필요한 실직가정의 주부들을 대상으로 하는 사업었다. 이들을 인력이 부족한 사회복지시설에 파견하는 것이었는데 3년간 총 30여억 원을 투입하였으며 이를 통해 실직가정들에게 도움을 제공하였다.

푸드뱅크사업은 기업이나 소규모 업체에서 유통, 판매 중 발생하는 잉여식품을 지역의 어려운 이웃에게 전달하는 사업이다. 경기도는 매년 200억 원어치 이상의 식품을 배분하고 있다. 초창기 푸드뱅크사업을 전개하면서 전담직원도 없는 기초 푸드뱅크와 연계하며 여러 우여곡절도 있었지만 전국에서 최초로 경기광역푸드뱅크 물류센터를 설치하여 식품 배분 및 기초 푸드뱅크의 업무 경감에 많은 도움을 주었다. 뿐만 아니라 담당공무원들에게 푸드뱅크 업무에 대한 인식 개선을 통하여 현재 각 기초 푸드뱅크에 한 명의 업무 담당 코디네이터를 배치하는 등 상당한 발전을 가져 왔다. 과거 식품의 일방적인 전달 형식에서 푸드마켓을 도입하여 서비스 이용자의 욕구를 바탕으로 직접 필요한 물품을 선택할 수 있도록 하였으며, 더 나아가 고정된 푸드마켓을 변형시켜 접근성을 향상시킨 이동푸드마켓을 통하여 지역의 어려운 이웃에게 더 가까이 다가갈 수 있도록 하였다.

코리아핸즈사업은 2011년 보건복지부 장관이 미국의 자원봉사

시스템 중 하나인 AmeriCorps와 같은 자원봉사시스템을 도입하고자 시범사업으로 진행한 것으로 경기도와 전라남도에서 시행되었다. 이는 현재 자원봉사시스템과는 차별적으로 대학생들에게 활동 후 장학금이나 해외봉사활동의 특전이 주어지는 사업이라 많은 학생들이 모여들게 되었고 3일간의 면접을 통하여 선발하였다. 선발된 학생들은 경기도 내 사각지대 또는 자원봉사자들의 손길로도 부족한 지역에 파견되어 장기적인 계획하에 각종 재능을 발휘한 프로그램을 통하여 도움을 주게 되었다. 결국 시범사업 2년으로 막을 내리기는 하였지만 지역사회에서 일반 자원봉사자들이 채워주지 못한 것들을 코리아핸즈 단원들이 해왔다는 점에서 큰 의의가 있었다. 이들이 취업을 해서도 직장 내에서 코리아핸즈의 경험을 바탕으로 도움의 손길이 필요한 곳곳에서 활동을 하리라 생각한다.

그간 경기도사회복지협의회와 시・군사회복지협의회 간의 원활한 관계정립과 공동사업을 위한 다각적인 노력들도 있었다.

경기도는 인구가 전국에서 가장 많은 곳이고 지역도 상당히 넓고 접경지역과 농어촌지역, 대도시지역 등 다양한 지역적 특색을 가지고 있어 지역주민들의 개별적 복지 욕구를 충족시키기 위하여 사회복지법인으로 설립된 도내 22개 시・군의 사회복지협의회가 중추적인 역할을 담당하고 있다.

각 시・군사회복지협의회는 사회복지정보센터 사업을 위해 시・군 매칭으로 전담인력 한 명을 배치하여 도내 사회복지시설과 복지정보를 한눈에 볼 수 있도록 하는 웰인포(WELINFO)라는 공동사업을 진행 중에 있다. 앞으로도 시・군사회복지협의회는 시・군과의 연계를 통한 지역사회복지의 중심축 역할과 시・군의 복지 증진을 위한 초석을 다지는 역할을 지속적으로 해나갈 것이다.

아울러 경기도의 지역적 특성을 고려하고 시・군단위의 복지사업을 보다 활성화하기 위하여 최근 경기도 북부지역의 복지 발전을 위한 사무소를 개소하였으며, 이를 통해 경기북부지역의 복지실천을 위한 다각적인 사업을 진행하고 있다.

사회복지협의회가 직접적인 사업과 단편적인 업무에서 벗어나 협의하고 조정할 수 있는 역할을 강화하고자 경기도 사회복지직능단체들로 구성된 사회복지연대회의라는 기구를 만들었다. 이 기구는 경기도지사 선거 등에 대비한 각종 정책의제를 발굴하여 제안하고자 도지사 후보 초청 정책토론회들을 개최하였다. 사회복지의 발전을 위한 다양한 정책적 제안을 통하여 경기도의 복지정책의 기초가 될 수 있도록 하고 있으며 현재 매년 회의개최를 통하여 지역의 사회복지를 대변하는 구심점 역할의 기구로 만들어 가고 있다.

미래의 발전적인 구상을 위해 함께하는 사람들과의 소통

사회복지 분야에 들어온 지 어느덧 20년이 되어가는 시점에서 내가 개인적으로 중요하게 생각하는 것들과 나의 일상에 영향을 준 일들에 대해서 생각해 보았다.

사회복지에 첫발을 딛고 현재까지 가장 중요하게 생각하고 있는 것이 바로 함께하는 사람들이다. 물론 힘들고 지칠 때도 있고 주변 사람들로 인해 어려운 시기도 있었지만 그래도 지금까지 19년간 나를 지탱할 수 있도록 도와준 것이라면 사회복지를 실천하고 있는 동료들이라고 말할 수 있다.

사회복지를 하는 사람이면 다양한 사람들과 함께 소통할 줄 알아야 한다. 특히 중요한 건 그들과 함께하는 순간 다양한 아이디어와 미래의 발전적인 구상을 할 수 있다고 생각한다. 가능한 많은 사람을 만날 것을 주문하고 싶다.

최근 들어 대외적인 활동 중 하나로 경기복지시민연대 활동을 하고 있다. 사회복지인뿐만 아니라 장애인 등 사회적 약자를 위한 활동과 복지권 향상을 위한 다양한 활동을 하는 곳이다. 회원들의 회비로만 운영되다보니 어려운 면도 있지만 새로운 아이디어를 나누며 지금도 계속 활동을 하고 있다.

새로운 길을 개척할 수 있도록 즐거운 충격을 준 교육

또한 나를 다시금 바라볼 수 있도록 기회가 되어주었던 것은 경기도문화복지아카데미 교육이다. 항상 같은 시각으로 바라보던 사회복지에 대한 시각을 더 넓고 다양하게 바라볼 수 있도록 한 정말 추천해 주고 싶은 교육이다. 교육이 끝난 후에 교육생들과 함께 모여 "꼴라쥬"라는 모임을 통해 서로 소통하고 문화복지를 통한 소소한 즐거움을 나누면서 지역사회를 새롭게 바라볼 수 있게 해주고 있다. 오늘날 나를 새로운 길을 개척할 수 있도록 즐거운 충격을 준 교육이 아닌가 싶다. 지금의 사단법인 힘찬동네를 만드는 데 견인차 역할을 하였다. 현재 문화복지아카데미는 진행되고 있지 않지만 다시 조직하여 새롭게 교육을 할 수 있었으면 하는 바람이 있다.

고정된 틀을 깨고 도전해 볼 수 있는 용기

우리가 정해놓은 틀 속에서 정형화된 사회복지서비스를 제공하고, 수없이 많은 대상자들을 똑같은 시각으로 바라보는 것은 실로 우리 사회복지사들이 주의해야 할 사항이 아닌가 생각한다. 사회복지협의회에서 그동안 수없이 많은 사업을 진행해 왔지만 늘 같은 방식을 선택하는 것은 변화에 대한 두려움 때문이 아닌가 하는 생각을 한다. 이제라도 고정된 틀을 깨고 우리가 만나는 개개인들의 입장에서 생각하고, 그들 스스로 인생을 개척해 나갈 수 있도록 지지하기 위해서는 먼저 우리 사회복지사가 변화에 앞장서고 실패하더라도 도전해 볼 수 있는 용기를 내야 하지 않을까 생각한다.

사회복지협의회에서의 20년 그리고 새롭게 준비하는 미래의 20년을 위해 도전하고 있는 한 가지가 있다. 바로 사단법인 힘찬동네의 설립이다. 비록 몇 사람의 힘으로 만들었지만 문화복지공동체 실현을 비전으로 낮별사진관, 문화복지아카데미 등 다양한 문화복지사업과 나눔의 복지공동체 실현을 위한 사업을 이제 막 시작하였다. 아직 성공적이라 할 수 없지만 새롭게 무엇인가를 준비하고 있다는 점에서 삶의 활력을 얻고 있다.

경영의 기초를 쌓고, 최대한 많은 사람을 만나고, 취미를 가지라

내 이야기를 한다는 점에서 자신감이 없고 쑥스럽기만 하다. 그래도 후배들에게 몇 가지는 당부하고 싶다.

첫째, 이젠 사회복지도 경영의 기초가 필요하다. 과거 사회복지사업만 하고자 했던 때도 있다. 회계업무는 상고 출신의 경리직원이 하는 것이라고 생각했고 회계와 관련된 일들이 주어지면 퇴사하는 경우가 종종 있어 왔다. 하지만 지금은 다르다. 사회복지학과 학생들도 회계를 배우고 다룰 수 있어야 한다. 학과에 회계과목이 없다면 다른 학과 회계과목을 이수하기를 제안하고 싶다. 최근 사회복지학을 전공하면서 경영학을 전공한 친구들을 보면 사회복지와 경영을 함께해서 더 큰 역량을 발휘하는 경우를 볼 수 있다. 특히 사회복지사들은 초기에는 사회복지 업무를 중심으로 하지만 점차 경력이 쌓이고 나면 조직의 경영을 중심으로 업무가 변하게 된다. 그때는 조직의 회계 등 더 세밀한 부분을 볼 수 있어야 하는데 이때 중요한 것이 법인 및 조직의 회계 부분이다.

둘째, 최대한 많은 사람을 만나고 그들 중에 정말 나에게 도움이 될 만한 사람이 있다면 멘토로 모시라. 그가 선배든 후배든 간에 말이다. 나 역시 멘토가 있다. 후배들에게도 한결같이 나의 고민을 듣고 조언해 주고 때론 내가 조언해 줄 때도 있지만 나의 고민 상담을 들어 줄 수 있는 멘토 한 명 만들어 보면 어떨까? 그래서 이후에 "저는 멘토가 여러 명이 있습니다. 지금까지 만나온 모든 분들이 나의 멘토지요." 사회복지현장을 이끌고, 고민을 나누고, 미래를 함께 그려나가는 수많은 멘토들이 있기에 지금의 내가 존재할 수 있었다고 말할 수 있기를 바란다.

셋째, 취미를 가지라. 공부에 취미를 가지면 더욱 좋겠지만 그러지 않아도 된다. 요즘 사진에 취미가 많은 동문들을 여럿 만난다. 나 역시 개인의 취미로, 아들과 소통할 수 있는 매개의 역할로, 어려운 이웃을 위한 봉사활동으로 사진을 찍고 있으며 삶의 일부분이 되었다. 아직 배워야 할 것도 많지만 취미가 또 다른 길을 열어줄 수 있다는 점을 기억했으면 좋겠다.

그간의 일상들을 글로 표현한다는 것이 힘들다는 것을 새삼 느낀다. 또한 찾아가고 나눌 수 있는 여유만 있다면 아마도 좋은 벗을 만들 수 있지 않을까 생각한다. 주저하지 말고 주변에 함께 걸어갈 수 있는 사람을 찾아본다면 분명 좋은 사람을 만날 수 있을 것이다.

마지막으로 김병완 님의 《성공이 목표일지라도 행복이 우선이다》라는 책에서 "오늘 행복하라. 그러면 내일 성공할 것이다. 성공은 오늘 행복할 수 있는 자의 것이다."라는 글귀처럼 우리 모두 행복한 삶을 살아가기 위해 자신을 믿고 긍정적으로 나아가기를 바란다.

사회복지의 저변확대와 역량강화를 위해

경기도의회 도의원

배수문

도의회로 간 사회복지 전문가의 사회복지현장이야기

2010년 6월 경기도의원으로 당선되고 3년이 지난 2013년 요즘 나에게 자문하는 가장 큰 주제는 "지금 제대로 가고 있나?" "처음 의도한 것은 이루어 놓고 있나?"이다.

구체적으로 내가 도의원이 되어야겠다고 생각한 후 복지현장 출신 사회복지인으로서 경기도의회에 입성한 후 얼마만큼 그동안의 문제의식을 풀어냈느냐에 대한 질문이다. 선거기간 내내 사회복지 전문가를 도의회로 보내달라고 호소한 내가 그에 맞는 역할을 얼마만큼 감당했나 하는 자문인 것이다. 사회복지현장에서 집행부와 행정을 담당하는 공무원과 알게 모르게 밀고 당기는 과정 속에 부족하고 개선이 필요하다고 생각했던 부분들을 나의 의정활동에 담고 있는지? 그런 답을 얻기 위해 나의 사회복지현장이야기를 먼저 해보아야겠다.

수입과 희망이 보장된 보험회사 대신 선택한 모험, 노인복지관 운영

사회복지를 전혀 알지도 못하던 내가 사회복지현장에서 일하게 된 경위와 학업을 병행하며 문제의식을 갖게 된 사연부터 소개하여야겠다. 1998년 IMF로 온 나라가 어려워졌을 때 나도 대학 졸업 후 바로 잡았던 직장생활을 접을 수밖에 없었다. 그후 이런저런 일들을 찾아 많은 경험과 시행착오를 겪으며 지내던 중 한 보험회사로 직장을 잡을 수 있게 되었다. 단체 보험을 주로 하는 영업인지라 팀원들과 팀워크를 맞추어 일을 하면서 꽤 괜찮은 수입과 안정적 생활에 대한 희망을 가질 즈음 인생에 있어 커다란 변화를 가져올 선택이 다가왔다. 어려서부터 섬겨왔던 교회에서 사회복지사업을 할 기회가 왔고 교인들 중 몇 명이 사회복지사업을 담당해야 하는 상황이 전개되었다. 교회에서는 교회의 역할과 사명에 대한 방향의 대전환이 시작되면서 사회복지사업을 시작하게 되었고 그 사업의 일환으로 사회복지 법인을 설립하고 시로부터 복지시설을 위탁받아 운영하게 되었다. 다름 아닌 노인복지관의 운영이었다.

교회에서는 복지관 운영에 시와 교회 그리고 직원들의 조화를 담당할 사람이 필요하게 되었고 적당한 연령대에서 많은 교인들을 물색하던 중 나에게 복지관 총무로 일할 것을 제안하였다. 사실 사회복지 법인 설립에도 조금 참여하였으나 직업과 미래를 바꾸어야 할 일에 뛰어든다는 것은 참으로 힘든 결정이었다.

회사에서 얻어지는 수입과 기대를 뒤로하고 전혀 알지 못하던 분야로 인생의 방향을 전환한다는 것은 참으로 큰 모험이었다. 주변 지인에게 물어보아도 누구하나 흔쾌히 사회복지 현장으로 뛰어드는 것에 찬성하지 않았다. 사실 처음에 복지관 직원의 급여조차 얼마인지 모르고 무슨 일을 담당해야 되는지도 모르는 상태에서 고민고민하기를 여러 날…….

담임목사님께는 복지관 개관식까지만 도와주기로 하고 복지현장에 발을 들여놓게 되었다. 그런데 개관식까지의 임시운영기간의 일들이 만만치 않았다. 시에서 요구하는 사항과 직원들의 업무수행능력, 복지법인에서 거는 기대를 담아내기에는 일반적인 상식과 살아온 사회생활의 경험으로는 참으로 벅찼다.

상식선에서 진행하려 하면 시의 담당공무원과의 합의점 찾기에 애를 먹었고 복지관을 처음 이용하시는 어르신들의 기대와 요구를 담아내기에는 좌충우돌할 수밖에 없었다. 나의 처음 계획은 개관까지만 도와주기로 했으나 이 일을 다른 사람에게 넘겨주기엔 발을 너무 깊게 담근 상태였고 사회복지의 가치를 좀더 구체적으로 실천해 보아야겠다는 생각을 하게 되어 본격적인 사회복지사의 길을 걷게 되었다.

소신 있는, '제대로 된' 복지사업을 추진하기 위한 학문적 소양

처음 접한 분야이고 나의 전공(자연과학)과는 전혀 다른 분야의 일인지라 처음 일을 할 때는 정답 없이 진행되는 업무로 인해 많은 혼란을 겪었다. 전국에서도 노인복지관의 모델을 찾기가 쉽지 않았다. 먼저 서울남부노인복지관의 노인복지사업과 경기도 내에서 앞서 복지관을 운영하고 있던 곳을 일일이 방문하여 복지관 운영에 필요한 자료 및 조언을 구하여 열심히 운영을 하였다.

그럴 즈음 사회복지에 대한 이해와 직원들에게 제공해야 하는 슈퍼비전 등 복지현장에 필요한 업무와 마인드를 새롭게 알아야겠다는 생각을 할 수밖에 없었다.

우선 급한 대로 시간과 형편이 되는 대로 가까운 곳의 사회복지대학원에 진학하여 제대로 사회복지학을 배워야했고 사회복지사 자격증도 취득해야 했다.

경기도 노인복지관들이 연합하여 업무를 협의하고 시로부터 복지업무에 대한 의견을 제시할 때 학문적 소양은 필수라는 생각이 들었다.

클라이언트를 행복할 수 있게 해주는 '복지행정'에 대한 고민

총무로서의 업무 중 가장 어려운 것이 예산과 결산 그리고 직원관리에 대한 부분이었다. 아마도 이익을 창출하는 것이 최대의 목표이던 일반 회사에서 근무하던 나에게 복지 분야는 다른 세계였다. 이런저런 자료를 검토하고 타 복지시설 운영자들과 교류하며 나름대로 열심히 운영하였다. 그러던 중 경기도 노인복지관들의 시설장과 부장단 모임이 이루어지고 마음이 통하여 경기도 노인복지관협회를 만들게 되었다. 이를 통해 복지현장에서 많은 경험과 실력 있는 사람과의 교류를 할 수 있었다. 2002년부터 모이기 시작하여 2003년에는 본격적으로 18개 노인복지관들이 모여 경기도노인복지관협회를 만들게 되었고 경기도 노인복지시설 연합회로까지 발전하게 되었다. 또 초대 노인복지관협회장에 우리 복지관장님이 협회장이 되시면서 자동으로 경기도 노인복지관협회 사무국장일을 병행하게 되었다. 기존의 복지관 업무만으로도 시간이 부족했는데 협회일을 병행하면서 더 힘들어지긴 했지만, 이 시기는 전체 복지시설과 예산의 주체인 경기도와 시·군 간의 관계에 대한 고민을 할 수 있는 계기가 되었다.

단순히 생각하면 복지시설은 클라이언트들이 행복할 수 있게 해 주면 된다. 그러나 관의 행정으로 인한 낭비적인 요소와 불필요한 행정소모의 일들을 보게 되었다. 일례로 각 시장들의 복지에 대한 생각만으로 대상자들은 전혀 고려치 않은 채 복지행정이 이루어지고 있었고 복지시설을 담당하는 공무원의 생각만으로 그 많은 예산과 시설이용자들의 복지 수준이 결정되고 있었다. 심지어 담당공무원의 마음에 들지 않는 일이 발생하면 위탁 주체가 바뀌고 복지시설의 직원마저 해임시키는 일이 발생하고 있었다. 참으로 안타깝고 화가 나는 일이었다. 경기도가 이럴 정도면 다른 지역은 더 심할 수 있다는 생각을 하게 되었다.

이러한 상황에서는 합리적인 생각으로 복지를 이해하는 공무원들이 많아진다면 더 나은 복지가 펼쳐질 수 있는 계기가 될 수 있겠다는 생각을 했다. 아마도 이런 과정을 겪으며 기회가 된다면 복지현장에 영향력을 미칠 수 있는 자리에 도전해 보아야겠다는 생각이 내 마음속에서 자라고 있었던 거 같다.

복지현장의 목소리를 전달하는 조직된 힘의 필요성

복지를 전공하고 현장 경험이 많지 않은 상황에서 처음부터 일선업무를 하는 부장의 자리를 맡고, 사무국장으로서 일을 하는 것은 일선 복지업무를 수행한 후 기관장이나 중간관리자가 된 사회복지사들에게는 이방인처럼 비춰질 수도 있었다. 경기도와의 업무 교류와 협조 요청을 하던 중 사회복지사 수당이 서울과 차이가 있음을 발견하고 다른 복지관 부장들의 힘을 등에 업고 경기도에 사회복지사 수당인상을 요청하게 되었다. 처음에는 난색을 표명했으나 3년 만에 서울시와 같은 수준의 사회복지사 수당을 지급받게 되었다. 그 다음해 서울시는 수당을 인상하여 지금도 서울보다는 경기도가 낮지만 참 의미 있는 활동이었다. 약한 힘이지만 조직된 힘으로 움직여야 함을 깨달았고 복지현장이 자신들의 목소리를 내는 데는 미처 신경을 쓰지 못한다는 것을 발견하기도 하였다.

4년간의 사무국장 일을 병행하면서 여러 가지 일들을 만들어 보려했으나 기관장 모임의 정례화, 중간관리자들의 분야별 모임 운영, 직원 세미나 개최, 직무능력 향상을 위한 연찬회 개최, 직원 체육대회, 직원 해외연수 정례화 등 협회의 일상적 업무만 자리를 잡게 하기에도 부족함을 느꼈다. 그래도 서로의 연대를 통해 복지 현장의 어려움을 공유하고 의견을 나누고 같은 고민들을 어떻게 풀어 가는지를 확인하고 업무에 접목할 수 있었던 것은 나름 큰 의미가 있었다고 생각한다. 그때의 경험과 나눈 정보들이 서로의 복지관들에 큰 자산으로 쌓였다고 생각한다.

지역 내 복지환경을 탄탄히 만들고, 인간의 참 가치를 발견하기 위한 노력

복지현장에서 육 년여를 보낼 즈음 나름 고민이 생겼다. 사회복지사로서 업무를 수행하면서 소진되어가는 마음의 변화를 어떻게 채울 것인가. '매너리즘에 빠진 것은 아닐까?' '복지사의 일을 단순히 생계유지를 위한 수단으로 활용하고 있지는 않은지' 고민하게 되었다. 그에 대한 해답으로 이때부터 본격적으로 지역 내 활동을 시작한 것 같다. 먼저는 환경운동을 하고 있는 의제에 가입하여 지역 내 복지환경에 대한 인식을 점검하고 학교현장에서 학교사회복지 실현을 위한 고민들을 전개하게 되었다. 지역복지협의체 활동도 이 즈음에 시작하게 되었다. 복지 현장에서 인적 네트워크 강화를 위해 노력하여 지역 내 복지 환경을 탄탄히 만들어 보려 노력했던 시기였다. 학교에서는 운영위원장으로 활동하면서 문제의식을 갖고 접근하였고 장애인들을 위해서는 장애인 합창단을 조직하고 지휘자로서 활동하면서 찾아가는 공연들을 만들어 가면서 다양한 방법의 사회복지현장을 경험하게 되었다.

늘 바쁘고 정신없고……. 그러나 그 속에서 인간의 참된 가치를 발견하기 위해 남다른 노력이 필요했다. 사회복지사로서 중심을 잃지 않으려 했고 복지관 운영에 소홀해지지 않으려고 했다. 쉽게 나태해질 수밖에 없는 업무의 반복 때문에 새로운 일들을 만들어 가야 했다. 그럼에도 불구하고 노인복지 현장은 국가의 복지사업확대와 어르신(클라이언트)들의 지속적 증가로 인해 바쁘고 힘든 일이 늘 벌어져서 자칫 소진(burn out)을 걱정해야 할 상태였다.

국가와 경기도 그리고 시에서 각각 시행하고자 하는 노인복지는 어르신들의 다양한 요구를 반영하여 모든 사업을 수행해야 하기 때문에 많은 업무 피로를 느끼게 했다. 직원들의 업무 분담과 복지관 나름대로 융화적인 복지사업 조절이 필요한데 현장에서는 그렇게 진행하고 싶어도 예산의 주체와 사업 결과를 직접 챙겨야 하는 기관마다의 입장이 달라서 따로따로 일을 진행해야 하는 등 복지 대상자를 고려한다기보다 복지 제공자에게 맞추어 복지사업을 진행하는 모순이 나타났다. 아마도 타 기관과 교류가 많았던 나로서는 문제의식이 더 많아지고 문제로 바라보는 시각이 더 넓어지기도 하였다.

각자의 위치에서 최선을 다하는 복지 종사자들이 있는 반면에 일부는 열정도 없고 클라이언트도 생각하지 않고 업무만을 수행하는 기관과 종사자들도 발견하게 되었다. 더 심각한 문제는 복지현장의 제도 및 구조적 모순을 극복하기 위해 관과 부딪치는 대부분의 경우에 관이 합리적 방향으로 변화하기보다는 이견을 지닌 사회복지사들을 좌절시키고 심지어는 복지현장을 떠나게 하는 상황이 빈번히 발생하였다는 것이었다.

복지정책에 영향을 미칠 수 있는 사회복지사로의 정치적 도전

'무엇이 문제인가?' 곰곰이 생각해 보니, 예산을 집행하는 관이 주도권을 가지는 것은 당연한 것 같아 보였다. '그 구조적 문제 해결을 위해 복지현장에 좀더 영향력을 끼칠 수 있는 위치가 어디일까?'라는 생각을 가지게 되었고 가장 큰 복지현장의 영향력은 대통령과 보건복지부 장관, 단위사업을 시행하는 주체들이었다. 지금도 각 기관과 협회들이 관과 유대관계를 갖고 더 나은 복지 사업의 확장과 효율성을 위해 노력하고 있지만 실제로 복지적 마인드를 가지고 복지정책에 영향을 미칠 수 있는 위치에 있는 사람은 많지 않다. 특히 보건복지부는 주로 보건 관련 직원이 더 많은 영향력을 행사하고 있어 제대로 된 복지를 실천하기 쉽지 않은 구조이기도 하다.

실제로 다양한 방법으로 안정적인 지역복지를 실천하고 사회복지 종사자들이 자부심을 느끼도록 여러 가지를 시도해 보았다.

이즈음 2010년 전국 지방선거가 치러지게 되었다.

늘 생각하던 복지 발전을 위해 내가 지금 도전할 수 있는 것은 정치로의 도전이었다. 사실 정치적 도전은 나 혼자의 결정으로 진행할 수 있는 일은 아니었다.

먼저 아내와 가족들을 설득시켜야 했고 주변의 우군도 만들어 놓아야 했다. 지방의원에 도전할지에 대한 결정을 하는 기간 내내 아내와 자녀의 지지는 얻을 수 있었으나 주변에서 우리 시의 여건과 유권자의 성향 상 당선이 쉽지 않고 지금의 위치에서 편안히 더 나은 길을 갈 수 있는데 굳이 어려운 길을 가려 한다고 말리는 사람들이 대부분이었다.

하지만 복지현장을 조금은 알고 있고 아직은 열정이 남아 있을 때 도전하는 것이 후회하지 않는 삶일 것 같았다. 일종의 사명감 같은 것이 나를 도의원에 도전하게 만들었다.

민주당원으로 예비후보 등록을 하고 나를 알리러 다니면서 사용한 명함에 구호로 '복지전문가를 도의회로'라고 하였는데, 지금 생각 하면 나 이외 다른 전문가도 많은데, 더 전문적인 역량을 갖추어야 하는데라는 생각을 가지게 된다. 복지관을 사직하고 선거 운동을 하면서 '과연 당선 후 잘 해낼 수 있을까?'라는 고민을 늘 하였다. 사실 지금도 제대로 하고 있는지 돌이켜보고 있지만 많이 부족함을 느낀다.

의정활동의 성과와 복지확장을 위한 근본적인 것을 다루려는 시도

2010년 6월 2일 밤, 선거 결과 도의원으로 당선되었다. 경기도에서 실제로 복지 기관장 출신을 제외하고 복지현장 출신으로는 드물게 당선된 경우라는 것을 알았다. 도의원으로 도의회에 입성하여 보건복지공보위원으로 활동한 기간 동안 마음에 담았던 것을 의정활동으로 담아내려 하였는데 시간과 공간의 제약, 제도와 법의 제약으로 인해 많은 부분 해내지 못한 것 같다. 최선을 다하지 못했음을 탓해본다. 그 속에서 먼저는 복지현장과 경기도 복지 담당 공무원들과의 연결을 정례화 하고 장애인인권을 위한 조례를 만들고 노인복지 향상을 위한 조례 제정과 예산 증액, 그리고 기존의 복지정책에서 불필요한 것과 중복성 사업의 조정 등 나름 애써 활동한 부분들이 조금은 성과를 보고 있다. 그중 사회복지 종사자 처우개선 조례 제정과 급여현실화를 위해 노력한 일은 가장 보람된 것이었다고 생각한다. 복지사업계획의 수립과 수행기관과의 거리를 없애고 실질적인 복지 혜택이 도민에게 제대로 제공되기 위해서 더 많은 제도의 개선과 구조적 조정이 필요하다고 생각한다.

나름 부족함을 만회하려 열심히 노력한 결과인지 전국 광역의원 대상과 행정사무감사 우수위원선정, 장애인 관련 최우수 도의원으로 2년 연속 선정된 것은 복지 현장의 목소리를 도에 알리려 한 진정성이 통한 결과라 생각한다. 그러나 아직도 많은 부분 부족하다. 지금은 경기도의 전체 계획과 예산을 담당하는 기획재정위원회로 옮겨 의정활동을 하고 있는데 이는 경기도의 계획 속에 복지가 얼마만큼 녹아 있는지, 부족한 복지 예산은 적절하게 확보되고 집행되는지를 알아보고 더 많은 복지 확장을 위해 근본적인 것을 다루어 보려는 의도이다. 위원회를 옮기자 복지현장 사람들은 왜 위원회를 옮겼냐고 질타하지만 조금 더 나은 복지발전을 위해 노력하고 있다는 것을 알아주었으면 하는 바람이다.

복지사업의 성패는 사람에 달려 있다

흔히 복지현장 사람들은 착한 사람들로 비추어진다. 자신들의 권익을 위해 다른 분야 종사자들처럼 목소리를 높이지 않기 때문일 것이다. 현장의 경험상 복지사업의 성패는 사람에 달려 있다고 생각한다. 특히나 복지서비스를 전달하는 사회복지종사자들의 처우와 근무환경의 개선은 그 무엇보다 중요하다. 늘 합리성을 바탕으로 종사자와 클라이언트들이 최대의 만족을 느낄 수 있는 복지의 전달이야말로 가장 먼저 선행되어야 할 일이라 생각한다. 복지 현장 내에서 복지사들과 종사자들, 자원봉사자들 모두 최선을 다해 노력하고 있다. 하지만 좀더 나은 복지발전을 위해 목소리를 하나로 모으고 제대로 된 복지 마인드로 더 나은 복지정책과 복지행정 실현을 위해 노력하여야 한다. 특히나 중간 관리자급들은 자기 발전과 조직의 역량 강화를 위해 더욱 노력하여야 한다. 복지 관련 정보들은 많이 있으나 우리 지역에, 우리 기관에 맞는 복지 사업수행을 위해 더욱 노력하여야 한다.

문제의식이 있는 곳에 발전이 있고 문제점을 개선하면서 더 나은 환경이 만들어지는 것이다. 복지현장도 우리나라의 발전 속도에 맞춰 변화해야 한다. 더 행복하고 더 인간의 가치를 높일 수 있는 복지의 확대와 질적 향상은 더 많이 필요하다고 생각한다.

생계유지 수단이 아닌 사명감이 필요한 복지현장

내가 복지현장에 있을 때 처음 사회복지 일을 시작하는 새내기 직원과 현장실습 예비 사회복지사들에게 하는 일관된 이야기가 있다. “지금이라도 단순히 사회복지를 본인의 생계유지 수단으로 생각한다면 그동안 수고했던 선배 사회복지사들의 명예와 본인 자신을 위해서 사회복지사의 길을 포기하십시오. 더 많은 돈을 벌 수 있고 사명감에 고민하지 않는 직업으로 방향을 전환하고 그곳에서 자원봉사활동과 복지후원금으로 복지현장을 돕는 것이 훨씬 나은 삶입니다." 라고 이야기 한다.

나에겐 아직도 배울 것이 많은 사회복지학이고 지금의 위치에서 더욱 고민하고 더 많은 복지정책을 담아내 효과적으로 복지현장에 영향을 미칠 수 있는 일들을 해내야 하는 일종의 의무가 있음을 가슴에 새기고 있다.

나는 사회복지 전담공무원이다

인천 중구 주민생활지원과 생활보장팀장
한국사회복지행정연구회장
선수경

'나는 대한민국 공공복지를 책임지는 자랑스러운 사회복지전담공무원이다'

지난해 서울대학교 문화관 대강당에서 있었던 사회복지전담공무원 임용 25주년 행사 중 '25년 역사 한눈에 돌아보기'란 4분여의 짧은 동영상의 엔딩화면에 큼지막하게 올라온 이 글이 가슴에 강하게 와 닿는다. 대한민국에서 사회복지사로 살아간다는 것! 58만 명의 사회복지사 자격증 소지자 중 사회복지사로서 또한 공무원으로서 사회복지 예산 100조 시대, 국민행복 시대를 맞아 사회복지 영역에서 관의 역할을 맡고 있는 대한민국 사회복지전담공무원들의 삶을 재조명하고자 한다.

손 귀한 집안의 장남으로 자란 학창시절

미군부대를 다니셨던 아버님의 직장관계로 태어난 지 갓 100일을 넘어서 평택시내에서도 1시간을 더 가야 하는 면소재지의 끝 동네로 이사를 갈 수 밖에 없었다고 한다. 하루에 버스가 세 번 다니고, 등잔불과 호롱불을 켜고 사는 그런 시골에서 초등학교 4학년 때까지 지내게 되었다. 덕분에 자연과 접할 수 있는 기회도 많아졌고 멀리 있는 새마을 유치원을 다니다가 우연히 초등학교 교장선생님의 권유로 6월에서야 청강생으로 초등학교에 입학하게 되었다. 가는 날이 장날이라고 지금도 기억나는 받아쓰기 시험시간 간신히 이름 정도만 쓸 수 있었는데 가는 날 시험일이라니……. 성질은 급하고 아는 것은 없고 급기야 "선생님 몰라요."를 외치며 엉엉 울었던 기억이 지금도 남아있다. 당시 가방은 고사하고 책보를 메고 한두 시간씩 걸어서 학교를 다녔던 검은 고무신에 누런 코를 흘리던 친구들과는 달리 유난히 하얀 얼굴에 계집아이 같이 연약해 보이던 아이. 하얀 타이스에 만화캐릭터가 그려진 운동화에 등에는 큰 호랑이가 새겨진 검정색 가방을 메고 다녔던 기억이 남는다. 특히나 소풍 때는 인기 많은 친구였다. 당시 듣지도 보지도 못한 미제 초콜릿이며 과자, 젤리, 바나나, 오렌지를 가져왔으니 말이다.

반에서 유일하게 가죽 축구공을 가진 아이, 또 하얀 공책에 연필깎이로 깎아 필통에 가지런히 넣은 노란색 미제 연필을 가진 아이. 당시엔 보리밥도 먹지 못하고 누런 공책에 뚝뚝 부러지는 연필을 가지고 다녔던 친구에게 나는 늘 부러움의 대상이었다.

1학년이 지날 무렵 글도 몰랐던 나를 담임선생님께서 2학년으로 올려보내셨다. 4학년 전학 이전까지 반장에 부회장까지도 하게 되었다. 100점 받은 친구에게는 집에 있던 공책이며 연필을 선물로 주기도 하였다. 나중에는 부모님께서도 그 사실을 알게 되셨지만 모른 척하시며 학용품은 늘 제일 좋은 것으로 사 주셨다. 얼마 지나

아버지는 성환으로 전근을 가시게 되어 평택 시내로 이사를 나오게 되었다. 손 귀한 집안의 장남인 나를 부모님은 최고로 키우고자 평택 시내에서 제일 큰 학교로 전학을 가게 하셨다. 졸업 당시 59회 졸업생이었으니 전통 있고 꽤 컸던 학교로 생각된다. 모든 것이 생소한데다, 친구들에게 인기 있는 친구에서 낯선 환경으로 온 나는 정말 적응하기 어려운 시기를 접하게 되었다.

그렇게 초등학교 2년을 마치고 추첨을 통해 인근 중학교에 배정을 받았다. 다행히 친한 친구와 같은 학교에 다니게 되었고, 그렇게 1년을 마치고 다시 고향 인천으로 오게 되었다. 중학교 2학년부터 다니게 된 학교의 적응은 쉽지 않았다. 우선 교과서가 달랐고, 친구들의 텃세 아닌 텃세로 힘이 들어 결국 학교 성적도 급격히 떨어졌다. 인생의 암흑기라고 표현할 정도로 힘든 생활이었다. 고등학교 진학 후 보이스카웃 활동을 통해 성격이 많이 외향적으로 바뀌었고 친구관계도 중학교 때와는 정반대가 되었다. 하지만 성적은 늘 중위권에 맴돌았고 광주 5·18민주화운동의 불똥이 대입시험에도 튀어 졸업정원제의 첫 번째 희생양이 되었다. 결국 원하는 대학 원서를 내보지도 못하고, 재수를 할 수 있는 여건도 아닌지라 수원에 있는 한 보건전문대학에 입학하게 되었다.

사회사업학과와 인연

학과의 과정이나 내용보다는 단지 취업이 잘된다는 것과 점수가 높다는 이유로 전문대학에서는 방사선과에 무조건 입학했지만, 문과 출신인 내가 수업내용을 이해하기는 쉽지 않았다. 그래서 학점 위주의 공부를 했고 모르면 무조건 외워버렸다. 그리고 이사 와서 고등학교 생활을 하면서 한동안 다니지 않았던 성당을 다시 다니게 되었고, 성당 대학생회에서 활동을 하게 되었는데 명문대학교 동기들 사이에서 조금은 주눅이 들기도 했지만 이내 친하게 지낼 수 있었다. 나는 성당 선배며 동기들의 많은 학교 축제를 참가하면서 많은 생각을 하게 되었다. 그러던 전문대 2학년 여름방학, 봉사활동으로 참여하게 된 인천 부평의 중증장애인 생활시설에서 장애아동들과의 동고동락은 오늘의 내가 있게 한 계기가 되었다고 생각된다. 봉사활동을 나갔던 생활시설에서 내가 담당한 방에는 2명의 여자아이(자폐아, 다운증후군)와 남자아이 1명이 있었다. 그중에 당시 유명한 영화배우였던 정윤희를 닮은 윤미라는 자폐아가 있었는데 유일하게 가족이 있는 아이였다. 장맛비가 부슬부슬 내리는 어느 날 엄마와 9살짜리 오빠가 면회를 왔다. 이런저런 이야기를 하는 동안 어린 오빠는 오랜만에 만나는 여동생의 손을 꼭 잡고 엄마가 사온 과자를 동생에게 먹이고 있었다. 엄마는 딸의 옷가지를 챙겨서 서랍에 넣고는 모자가정으로 살아가는 어려움에 대해 이야기하며 어쩔 수 없이 딸을 생활시설에 맡기게 되었다며 눈물이 그렁그렁한 채 말을 이어갔다. 당시 어린 나도 가슴이 찡해지는 기분을 느꼈다. 이따금 한두 마디씩 하던 윤미는 엄마가 갈 채비를 하자 불안해하는 모습을 보였다. 어린 오빠가 먼저 조용히 우산을 들고는 어린 동생의 머리를 한번 쓰다듬더니 먼저 방을 나갔다. 엄마가 가방을 챙겨 일어서자 아이는 엄마의 목을 끌어안고 울기 시작했다. 어쩔 수 없는 악역이었지만 엄마와 윤미를 떼어 놓는 순간 '엄마'라는 소리가 윤미의 입에서 나왔고 아이의 엄마는 한동안 아이를 꼭 끌어안고 큰 소리로 흐느끼며 울더니 냉정하게 아이를 떼어 놓고 방을 뛰쳐

나갔다. 원망스럽게 나를 바라보는 윤미를 안고 창문을 통해 아들을 향해 빗속을 달려가는 엄마를 보았다. 그때 흘렸던 나의 눈물이 내 가슴에 복지의 씨앗이 되었다고 생각한다. 이후 D 전문대학의 가톨릭 동아리 활동 중 사회복지학과를 알고 관심을 가지게 되었다. 이후 방사선사 국가고시를 준비하면서도 마음은 이미 편입에 가 있었다. 그러던 중 우연히 같은 학교, 같은 동아리에서 활동한 친구를 만나 편입원서를 접수하였고, 2학년에 편입하게 되었다. 지금 그 친구 역시 제천에서 사회복지전담공무원으로 근무하고 있다. 편입 후 당시 학장님의 "여러분의 패자부활을 축하한다."는 신·편입생 환영사는 아직도 기억에 생생하다.

정말 나는 그 패자부활전을 위해 많은 노력을 한 것 같다.

청소년복지와 저소득 가구지원을 맡았던 첫 번째 직장

군 제대 후 4학년 1학기 중간고사 기간 중 지도교수님의 호출이 있었다. 유학에 대한 말씀과 함께 마침 인천에 취업할 기회가 있는데 생각해 보고 시험 끝난 후 다시 이야기 하자는 내용이었다. 나는 내가 외국에 나가 잘할 수 있을까에 대한 의문과 빨리 취업해야겠다는 생각 사이에서 혼란스러웠다. 결국 중간고사 이후 취업을 하기로 결정하였다. 나는 임금은 적게 받아도 전공수업이 있는 날은 수업에 참여할 수 있는 조건으로 취업 했다. 인천가톨릭사회복지회가 그 첫 직장이었다.

당시 주요업무는 청소년복지와 저소득 가구지원으로 17가구를 맡는 것이었다.

퇴직 직전에는 인천지역에서는 처음으로 시도된 '사랑의 등불전화'라는 전화상담 담당자로 전화자원봉사자를 모집하고 강사를 선정하고 교육을 통해 수료한 봉사자를 관리하는 일을 하게 되었다. 나 역시도 1기 수료자였다. 하지만 일을 하면서 뭐라 말할 수 없는 한계를 느끼게 되었던 차에, 당시 사회복지전문요원으로 일하던 지역의 후배들의 권유로 사회복지전문요원 시험을 준비하게 되었다.

결혼, 공부, 그리고 사회복지전담공무원 생활

인천가톨릭사회복지회를 사직했지만 그래도 많은 인연을 만날 수 있는 기회를 가졌다. 전화상담원 봉사자로 왔던 지금의 아내를 만났던 것이다. 사실 자존심 때문에 대학기간 동안 미팅 한 번 안 해봤던 내게 당시 아내는 너무 신선했다.

1991년 6월 나는 공직에 발을 디디게 되었다. 하지만 그리 녹록치 않았다. 편입 후 동기들이 해준 말이 생각났다.

하지만 공직 역시도 7급의 직급이기는 한데 별정직이란다. '그런데 별정직이 뭐야? 그냥 사회복지전문요원을 별정직으로 부르는 거야? 아니란다 승진 없이 그 업무가 그 직급에 유사한 거라는 서무님의 말씀… 박쥐 같은… 업무는 7급으로 해도 포상이며 교육은 별정직이라 안 된다나? 뭐 이런 경우가 다 있지?'

첫 발령지는 차이나타운과 월미도 자유공원 아래의 달동네가 관내인 북성동사무소로 발령을 받았다. 이 시기에 결혼도 하고 92년부터는 행정대학원 사회복지학과를 다니기 시작했다. 아내 역시도 나를 따라 다음 학기에 기존 전공과 전혀 다른 사회복지학 공부를 위해 국립사회복지 연수원 과정을 시작했고, 수료 후 인천의 한 모자원에서 사무국장으로 일하게 되었다. 몇 년 후 다시 별정 7급 상당의 여성상담원으로 우리 구에서 근무하면서 학교도 함께 다니게 되었던 것 같다. 임신한 몸으로 함께 수업하고 돌아오면 다리가 퉁퉁 부었지만 그래도 우리는 무난히 졸업 할 수 있었다. 그렇게 7년 4개월 동안 전국 사회복지전문요원 중 한 근무지에서 가장 오래 근무한 기록을 세우며 두 번째 발령지인 영종동사무소로 발령을 받았다.

'사회복지전문요원' 정말 당시에는 공직 사회의 엘리트 집단으로 소수이지만 응집력도 강하고 자기계발을 위해 개인적으로도 노력을 많이 한 것 같다. 당시 인천의 10%가 석사 출신이었고, 비록 별정직 시험을 통해 임용되었지만 점수도 일반행정직과 별 차이도 없었다. 대학원 졸업 후 인하대학교에는 사회복지 관련 과목을 강의하던 선배의 권유로 동사무소에 근무하면서 공동강의 형태이긴 했지만 처음으로 대학 강단에 서게 되었다. 사실 근무시간에 강의를 나온다는 것은 쉬운 일이 아니었지만 영종에 가 있었던 기간에도 강의를 다녔다. 그만큼 근무시간에는 집중해서 일을 했고 다행히 수업도 자원봉사 관련 과목인지라 1학기에 6주 수업, 6주 실습 그리고 중간, 기말고사라 시간을 그리 많이 할애하는 과목은 아니었다. 박사과정 중에는 지방 전문대학의 사회복지과에서도 주말 강의를 하였고, 이후 여러 전문대학, 평생교육원에서도 강의를 하게 되었다.

2000년을 전후로는 별정직에서 일반직으로의 전환요구와 신분보장을 위해 전국사회복지전문요원 동우회가 본격적으로 활동하게 되었는데, 나는 96년 인천 3대 회장으로 출마를 하게 되어 99년 4대 회장까지 연임을 하게 되었다. 이후 연임만 가능한 회장 임기가 사회복지직으로 재임용되면서 초대 인천회장으로 재신임을 받아 당선되었고, 95년엔 전국사회복지행정연구회 수석부회장, 2011년 제11

대 회장으로 당선되었다. 소속된 지자체에서는 제일 선배로, 새로운 조직이 생길 때마다 무조건 발령을 내어 무에서 유를 창조하는 일을 맡았다. 전국회장은 참으로 버거운 짐이었지만, 사회복지공무원의 미래를 위해서 최선을 다하고자 노력하였다.

척박한 사회복지 현장에서의 또 다른 탐험 대장과 같은 역할

회장취임 후 맡게 된 첫 보직은 인천의 드림스타트센터 팀장이었다. 지역에서 유일한 사회복지직 팀장이라 1년 후 평가에서는 인천 멘토 센터로 지정을 받게 되었다. 당시 고3인 아들 통학에 사무실 업무, 전국회장과 당연직으로 얻어지는 한국사회복지사협회 부회장, 한국사회복지행정학회 특별이사, 한국사례관리학회 이사, 박사 과정생에게 요구되어지는 업무까지…….

2011년 가을의 풍요로운 수확을 위해서는 많은 희생이 요구되었다. 결국 병원에 입원까지 하게 되었다.

최근에는 용인과 성남 그리고 울산에서 발생한 자살로 인해 사회복지공무원과 사회복지현장 실무자의 근무환경에 대한 사회적 관심이 증폭되었다. 23개 사회복지 단체는 비상대책위원회를 구성하고 사회복지전담공무원 채용 이후 처음으로 거리투쟁에 나섰다. 전국의 사회복지 동료 1천여 명은 2시간 동안 계속된 추모제에서 우리 모두가 하나임을 여실히 보여주었다. "혼자가 아니라 1만 4천 명이 함께 합니다."라는 한 동료의 글이 아직도 생생히 떠오른다.

발톱과 날개를 가다듬고, 멀리 볼 수 있는 통찰력을 가진 눈을 가꾸어라

사회복지전담공무원! 한때는 사회복지학과 후배들의 선망의 직업군 중의 하나였다. 정기적인 채용이 아닌 사회적 이슈나 선거를 전후해 채용의 범위나 시기가 달랐으니 사실 경쟁률은 아무 의미가 없을지도 모른다. 우리 사무실에도 76 : 1의 경쟁률로 들어온 후배도 있고 최근에 들어온 9 : 1의 경쟁률로 들어온 후배들도 있다.

하지만 공직 사회는 독수리도 닭으로 만들어 버린다는 생각을 한다. 모두가 공평해야 하고 기회도 균등해야 한다는 기본적인 전제를 깔고 있기 때문이다. 사회복지직 자체가 아직은 소수직렬인지라 각종 포상이나 승진에서 많은 불이익을 받는 것이 사실이다. 그렇지만 독수리의 본능을 잃어버려서는 안 된다. 발톱과 날개를 가다듬고, 멀리 볼 수 있고 통찰력이 있는 눈을 스스로 가꾸어 나가야 한다. 사회복지전담공무원 이후 남들보다 특이한 경력이 더 많은 것도 새로움에 대한 준비와 도전에 매진하였기 때문이라 생각한다. 공직 사회는 모든 것이 열려져 있다. 그래서 독수리를 다시 독수리답게도 하고 닭으로 만들기도 한다. 물론 닭도 독수리가 될 수 있도록 많은 기회를 제공하고 있다. 흔히 사회복지전담공무원을 지원하는 이유로 안정적인 직장과 연금, 육아휴직 등의 복리후생을 꼽는 후배들이 있다. 맞다. 우리도 공공복지 속의 사회복지사로 일하고 단지 신분이 공무원이라는 것밖에는 없다. 민간복지 영역의 사회복지사들과 태생적으로는 같지 아니한가. 하지만 제도권 내에서의 공공복지를 전달하는 공직자로서의 소명의식과 책무성에서 차이가 있을 수 있다고 본다. 그래서 조금은 더 많은 자기계발이 필요하다고 생각한다. 개인적으로도 군 제대 후 처음으로 접한 것이 레크리에이션 자격증이었다. 그리고 수화와 점자도 배웠었다. 복학 후에도 사회복지와 관련된 교육은 틈틈이 참여했고, 전담공무원 임용 이후엔 당시 대학졸업자도 없던 동사무소에서 대학원을 다녀 보이지 않은 시기와 부러움의 대상이 되기도 하였다. 별정직 공무원으로 인천지역에서는 처음으로 경인일보사가 주최하는 민원봉사대상을 수상하기도 하였고, 관내 유일한 복지관 개관 이후 영종동으로 발령을 받기 전까지는 점심시간을 이용해 무료급식 봉사도 잊지 않았다. 인천자원봉사센터의 전문자원봉사 강사로도 참여하며 지역의 자원봉사활동도 지원하였다. 또 맡은 업무와 관련된 자격증에도 관심을 갖는 것도 좋겠다는 생각에 자원봉사 업무를 맡았던 복지연계 팀장 시절에는 자원봉사 관리사 자격증도 취득하였고 노인요양보호사 자격 관련 강의를 할 때는 강의를 마치고 다른 교육기관에서 피 교육생으로 참여하여 노인요양보호사 자격증도 취득하였다. 이렇듯 자신이 위치한 자리에서 사회복지 관련 자격증을 취득하는 것도 자기계발을 위한 하나의 방법이 될 수 있을 것이다. 요즘은 컴퓨터 활용능력의 수준이 업무평가 수준과 동일시될 만큼 컴퓨터의 활용범위가 넓어지고 있어 컴퓨터 활용능력을 넓히는 것도 좋은 방법일 것이다. 공직에서는 교육과 관련해서 1년에 일정 시간의 교육을 수료해야 하고 그렇지 못할 경우 인사상 불이익을 주기도 한다. 이러한 기회를 통해 본인의 부족한 부분을 보완해 갈 수도 있다고 본다. 특히 상급학위를 이수한 경우 더불어 어학능력이 탁월할 경우 더 많은 기회가 생길 수 있다. 물론 업무로 바쁘다 보면 화중지병이 될 수도 있겠으나 그 기회를 잘 활용하는 지혜가 필요하다 본다. 시간은 신이 모든 사람에게 공평하게 주어지는 것이지만 잘 활용한다면 화수분처럼 그 이상이 될 수도 있다.

사랑하는 후배들이여, 우리에겐 그 무엇인가가 가슴속에서 꿈틀거리지 아니한가

일을 하다 보면 개인의 안위와 세상의 논리에 젖어 변해가는 자신을 발견할 때가 있다. 흔히 말하는 매너리즘, 특히 사회복지사와 공무원이라는 이중성 속에서 많은 고민을 할 때가 있다. 그 해결책은 능력을 발휘하여 자신이 처한 현 상황에서 최선을 다하는 것이다. 헬리콥터 뷰의 관점으로 자신을 직시하며 객관적인 시각으로 바라보는 것도 좋은 방법일 수 있다. 최근 사회복지 후배들의 연이은 자살로 사기가 많이 떨어져 있음은 분명하다. 당근 없이 오로지 채찍만이 우리에겐 익숙해져 왔는지도 모른다. 산이 높으면 골이 깊고, 밤이 깊을수록 새벽이 가까워 옴을 알 수 있듯이 시대는 우리의 가치를 인정하는 방향으로 변해가고 있다. 몇 달 남지 않은 사회복지직 공무원 회장의 임기 중 우리 후배들의 더 좋은 근무환경을 위해 더 많은 사람을 만나고 이야기하고 또 개선해 나갈 것이다. 사회복지사가 행복해야 대한민국이 행복하다는 말처럼 우리 스스로 행복해 질 수 있도록 회장으로서 또 선배로서 산재한 많은 일을 하나씩 풀어나갈 것이다. 공공복지사로서 사회복지직 공무원에게는 우리의 젊음을 바쳐 일할 수 있는 좋은 기회가 열려져 있다. 결코 후회하지 않을 그런 기회가 여러분에게도 주어질 것이다. 그 동기가 공직의 안정성으로 시작을 했다 하더라도 사회복지사로서의 마인드를 잊지 말았으면 좋겠다. 또한 부단한 자기계발로 나 자신도 또 다른 누군가의 소중한 자원이 될 수 있도록 노력해 주길 바란다. 그리고 사회복지학도로서 대한민국의 사회복지 발전을 위해 최선을 다하는 여러분이 되어 주길 바란다. 그 출발점을 나로부터 시작해 보기 바란다. 우리에겐 다른 학과생에는 없는 그 무엇인가가 가슴 속에 꿈틀거리지 아니한가?

사람이 사람을 만나 변화를 만들어 가는 과정, 어렵지만 해볼 만한 일

광주시 남부 무한돌봄 행복나눔센터 센터장
전해진

처음 이 글을 쓰기로 제안을 받은 순간부터 고민은 시작되었다. '훌륭한 선배님들도 많은데 나 같은 사람이 글을 써도 될까?', '후배들은 이 글을 보면서 참 형편없어라고 말할까 아니면 조금이라도 도움이 됐다고 생각할까?', '이 글을 읽는 사람에게 어떤 유익이 될까?' 등.

막연한 고민은 며칠 동안 지속되었고, 다른 사람의 시각을 의식하기보다, 나의 관점에서 생각하는 것이 편할 것 같아 고민을 접고 펜을 들게 되었다. '그래, 조금이라도 다른 사람의 성장에 도움이 된다면 받아들이자, 나 또한 나를 돌아볼 시간이 필요하고, 나의 경험을 통해 발전할 수 있는 여지가 있다면 기꺼이 써보자'라고 용기를 내게 되었다.

'미래 유망직종'이라는 이유로 지원한 노인복지학 전공

내가 처음 노인복지와 인연을 맺은 것은 고등학교 담임선생님의 추천 때문이었다. 대부분의 고등학교 3학년 학생이 그러하듯이 뚜렷한 비전과 꿈을 가지고 시작하게 된 전공의 선택은 아니었다. 특별한 재능이 없어서가 아니라 앞으로의 미래와 꿈에 대해 진지하게 고민해 보지 않았던 결과라고 생각된다. 단지 '미래 유망직종'이라는 이유로 우리 반에서 60명 중 4명이 노인복지학과에 지원하게 되었고 그중 나를 포함하여 2명이 합격하였다.

생각해 보면 우리나라에서 노인복지학과는 처음 개설이 되었고, 대학에 학과가 개설되었다는 이유만으로 장래가 밝다고 할 수 없었을 텐데 담임선생님은 그렇게 미래를 얘기하면서 나를 노인복지학과에 추천해 주셨다.

사람에 대해 꿈꾸는 사회복지사로의 소명

그렇게 1992년에 노인복지학과와 처음 인연을 맺고 2학기부터 우리는 본격적으로 노인복지를 전공하는 학생으로 미래의 사회복지사로서의 꿈을 현실화시켰다. 한 학기 한 학기 사람에 대해 배우고 노인에 대해 배우면서 사회복지사가 하는 일에 대해 소명을 가지게 되었고, 비전을 꿈꾸게 되었으며, 자부심을 느끼게 되었다. 인간에 대해 알게 되고, 인간 이전에 나에 대해 돌아보고, 인생을 생각하며, 사회를 알아가며, 사회복지라는 것에 대한 매력을 느끼게 되었다.

하루하루가 조용한 날이 없었던 복지관에서의 생활

그렇게 학교를 졸업하고 사회복지사로서 첫발을 내디딘 곳은 '수서명화종합사회복지관'이었다. 2,600세대가 넘는 영구임대 아파트 단지에 있는 복지관은 말 그대로 하루도 조용한 날이 없었다. 강남구 수서동 아파트 단지 건너에는 부유층이, 또 복지관 인근에는 저소득층이 살고 있어 지역적으로도 대립과 편견이 존재하는 지역이었다. 어느 날 출근해 보면 강당 뒤편 커튼 뒤엔 초등학생이 잠을 자고 있었고, 점심을 먹고 나서 사무실에서 일을 하고 있으려면 누군가가 창밖으로 누군가를 욕하며 3시간이 넘도록 고래고래 소리 질렀다. 또 야근이라도 하는 날에는 복지관 복도에서 포터블 카세트를 들고 열심히 댄스 연습하던 청소년들을 쉽게 만날 수 있었고, 어떤 날은 복지관 벽에 걸려 있던 행사 사진이 불에 타 있었던 적도 있었다. 말 그대로 하루하루가 조용한 날이 없었다.

나는 노인복지를 전공한 졸업생으로서 노인복지사업을 담당했다. 그 당시 복지관에서는 아동복지를 전공한 사회복지사와 노인복지를 전공한 사회복지사가 있었는데 부장님은 항상 내빈이 오면 자랑처럼 나를 소개해 주셨던 기억이 난다. 아무튼 노인복지사업은 노인사회교육 사업과 노인주간보호센터사업 등의 업무로 진행되었다. 종합사회복지관의 다른 사업들과 병행해서 사업을 진행하다 보니 홍보, 진행, 프로그램 평가도 모두 담당자의 몫이었고, 사회복지사 초년생이 주간보호센터를 개소하고 운영하기도 쉽지 않은 일이었다. 그 당시 주간보호센터는 지금처럼 어느 복지관이나 가면 다 있던 체계가 아니어서 초기 상담양식이며 프로그램 진행일지, 하다못해 어르신을 위한 안전 손잡이 등의 환경이 제대로 구축되지 않은 터라 담당자인 내가 주도적인 역할을 해야 했다. 그렇게 야근도 하고, 타 기관 자료도 보며 세팅이 완료되었고, 치매와 중풍 어르신이 같이 공존하는 주간보호사업이 잘 진행되고 있었다.

그러던 어느날 주간보호 이용 어르신의 아들이 찾아와 알코올 때문에 정신병원을 퇴원하고 나니 취직자리가 생기지 않는다며 내게 취직자리를 부탁했다. 나는 짧은 상담을 하고 나서 알아보겠다며 돌려보냈는데 며칠 후 그 아들이 아파트 고층에서 뛰어내려 자살을 하였다. 나 때문에 한 사람의 중요한 삶이 끝났다는 죄책감으로 나는 매우 고민스러운 날을 보냈고, 선임이었던 선배가 해주었던 충고("너무 감정적으로 생각하지 말고 자책하지 말라.") 덕분에 그 상황에서 헤어 나올 수 있었다.

내가 원하고 그리는 방향으로 일하는 설렘 그리고 만족감

그렇게 1년여가 지나 노인복지를 전공한 사회복지사로서 좀더 전문적으로 일할 수 있을 것이란 기대로 고덕동에 위치한 '성가정노인종합복지관'에 입사하였다. 처음이라는 단어가 낯설지 않았던 터라 성가정노인종합복지관에서의 개관작업도 운명처럼 받아들였다. 노인복지학과도 처음 신설된 과였고, 수서명화종합사회복지관에서도 주간보호센터를 처음 개소하는 등 낯설지 않았다. '처음', '시작', '1'이 주는 특수성은 긴장되지만, 개척자로서의 길, 무엇인가 내가 원하고 그리는 방향으로 처음부터 시작하는 재미를 주었고, 즐겁고 설레는 과정 속에서 만족감을 가져다 주었다.

그 노인종합복지관에서 10년이 넘도록 사회교육, 상담, 치매주간보호센터, 일자리사업 등을 담당하며 수많은 어르신과 지역사회 속에서 많은 일들을 경험하게 되었다. 처음 복지관이 개관하기 전 3개월 정도는 사업세팅을 해야 했고, 어르신의 모집, 프로그램 기획, 상담, 행사에 이르기까지 많은 사업을 진행하였다. 특히 그 당시만 해도 어르신들이 직접 이메일을 보내는 것도 어려웠던 시기라 정보문화진흥원에서 정보화교실의 컴퓨터, 책상, 소프트웨어 등을 지원받아 정보화교육을 진행했던 일, 사회복지공동모금회 테마기획사업으로 어르신들의 사회참여를 위해 멘토링 사업을 3년 동안 진행했던 일 등이 기억에 남는다. 서울시의 노인복지관이 대부분 시립이나 구립으로 운영될 때 우리 복지관은 사립복지관으로서 어르신의 욕구에 맞는 수준 높은 사회교육을 운영할 수 있었고, 서울시가 추진하는 첫 평가에서 만족도 1위를 차지하여 다른 기관들의 부러움을 사기도 했었다.

성장과 발전을 하기 위한 변화 추구

사람이란 여러 가지 환경에 노출되며 그로 인해 성장과 발전을 한다. 노인복지 업무를 하던 내게 변화를 추구해야 할 일이 생겼다. 경기도 광주에 사례관리 전문기관이 생긴다는 정보를 접하고 사회복지의 꽃이라고 생각되던 사례관리를 할 수 있다는 부푼 기대를 안고 2009년 7월 경기도 광주시 남부행복나눔센터에서 일하게 되었다. 광주시는 경기도 남양주시에 이어서 두 번째로 사회복지 민관협력 전달체계인 행복나눔센터를 개소하게 되었고 경기도 특수시책으로 무한돌봄행복나눔센터로 명칭을 개칭하였다. 또한 보건복지부의 희망복지지원단으로 변화와 발전을 거듭하게 되었다.

기존의 사회복지서비스가 정책과 프로그램을 수립하고 그 내용에 맞게 대상자를 찾아 서비스를 제공하는 공급자 중심 패러다임에 비해 한 사람의 욕구와 필요한 서비스를 연계하고 제공하는 수요자 중심의 맞춤형 서비스를 제공하게 되는 무한돌봄의 통합사례관리 시스템은 나로 하여금 대상자의 욕구에 대해 다시 한 번 생각할 수 있게 되었다. 한 사례를 위한 지역 내 여러 기관의 협력과 조정은 지역 내 효율적인 서비스 제공의 기초가 되기도 했다.

경기도 광주시는 인구 28만의 중소도시임에도 불구하고 종합복지관이 없어 사회복지 자원이 많지 않다. 대상자를 발굴하고 욕구를 조사해서 서비스를 제공하려고 해도 복지관이나 사회복지 이용기관으로 연계할 기관이 많지 않았다. 그러다 보니 기관 사례관리자의 역량을 강화시킬 필요가 있었다. 그래서 지역사회 협의체 사례관리자 역량강화사업 등을 진행해서 사회복지사의 교육과 사례관리 관점을 어느 정도 동일시하게 하는 작업들을 진행했고, 지역 내 자원과 외부 자원을 발굴해서 대상자에게 연계하는 사업도 게을리할 수 없었다.

또한 민관협력의 부분도 따로 떼어 놓고 생각할 수 없다. 기존의 일반 사회복지기관들의 경우는 민과 관의 역할이 분명하였다. 하지만 무한돌봄의 체계에서는 관의 공신력과 민의 전문성이 충분히 그 역량을 발휘하여 상생할 수 있는 시스템으로, 그 장점을 충분히 살릴 수 있었다.

사례관리를 하는 데 있어서는 내담자와의 관계가 중요하지만, 무한돌봄행복나눔센터에서의 관계는 내담자의 경계를 넘어서 지역사회 전체의 기관과 후원자, 자원봉사자 그리고 잠재적인 고객이자 역량을 가진 시민 모두와의 관계를 포괄한다. 특히 도시화가 미진한 지역에서의 주민과의 만남은 매우 중요한 의미를 갖게 된다. 만나서 여쭙고, 의견을 듣고, 참여를 부탁하는 동안 우리는 내담자와의 관계를 넓히고, 단절된 의사소통을 이어주게 되며, 좀더 탄탄한 연결고리를 만들게 되는 것이다.

사랑을 전달하고, 신뢰 속에서 관계를 넓혀가는 일

사례관리를 실천하게 되면서 '사회복지사의 역량은 매우 중요하다'는 생각을 한다. 내담자와 개별적으로 상담을 하는 과정에서 내담자의 욕구와 강점을 파악하고, 공식적 · 비공식적인 지역사회 자원을 연계하여 서비스를 제공하는 일련의 과정에서도 그러하다. 자원을 발굴해 내고, 연계하며, 변화를 모니터링하는 일은 온전히 사회복지사의 몫인 것이다. 대상자의 언어적, 비언어적 욕구를 잘 파악해야 하며, 내담자와 지역사회에서 변화를 도출해내는 과정은 사람에 대한 희망과 신뢰 없이는 불가능한 일이다. 사람에게서 변화를 이끌어 내고, 사람으로부터 희망을 찾아야 하며, 사람을 통해 사랑을 전달하는 일이어야 한다. 그러한 신뢰 속에서 관계를 넓혀가는 일, 이것이 바로 사회복지를 실천하는 일이라 생각한다.

어떤 교재에서 사례관리는 만 · 사 · 대 · 전 · 복이라고 정의한 것을 읽은 기억이 난다. 사례관리는 만나고, 사귀고, 대화하고, 전문적으로, 복지를 하는 것이라고 요약할 수 있다. 사례관리를 이보다 더 쉽고, 간결하며 정확하게 설명할 수 있을까? 내담자와 전문가가 아닌 사람과 사람이 만나서 변화를 만들어 가는 과정, 쉽고도 어려운 일이다. 누구나 할 수 있지만 아무나 할 수 없는 일. 사회복지사이기에 가능한 일이다. 어렵지만 해볼 만한 일이다.

나에게 힘을 주는 것은 다름 아닌 사회복지가 지향하는 가치

사회복지는 독불장군처럼 혼자서 할 수 없는 일이다. 상담기술, 자원 개발, 기록과 행정업무, 기획과 홍보 등 나의 역량도 중요하지만, 관계의 역량도 중요하다. 내가 대학교에서, 수서명화종합사회복지관에서, 성가정노인종합복지관에서, 그리고 지금의 광주시 남부무한돌봄행복나눔센터에서 나를 가르쳐 주고, 이끌어 주며, 조언을 아끼지 않고, 정보를 제공해 주고, 동기를 부여해 주셨던 교수님과 선후배와 동료와 사회에서 만난 사람들이 없었다면 '이 자리에서 사회복지를 할 수 있었을까?'라는 생각이 든다.

어떤 것보다 가치와 의미를 부여하기 좋아하는 나에게 사회복지만큼 더 큰 가치를 주는 것은 무엇일까 생각해 본다. 가끔 힘들고 어려울 때에는 모든 것을 내려놓고 싶을 때도 있었지만, 역시 나에게 힘을 주는 것은 다름 아닌 사회복지가 지향하는 그 가치였던 것 같다.

나의 부족한 경험이 이 글을 읽는 사람에게 조금이라도 도움이 되기를 바라며 이글을 마치고자 한다.

내 멋대로 사회복지 레시피

살만한 세상을 함께 만드는 VitaminDoer 사회복지사
백경진

'사회복지학'이란 무엇일까? 3년 9개월 이라는 기간 동안 사회복지 실천현장의 최전방이라 불리는 종합사회복지관의 사회복지사로 일해 오면서 끊임없이 반복했던 질문이었다.

우리가 알고 있듯이 '사회복지학'은 사회학, 심리학을 비롯한 여러 학문이 얽히고 설켜 만들어진 융합학문이다. 학교에서는 단순히 "인간이 인간다운 삶을 살아갈 수 있도록 하는 학문"으로 배워왔고, 암기식 학습법에 익숙해져있는 우리는 그것이 정답인 줄로만 알아왔다.

하지만 나는 사회복지학은 그런 뜬구름 잡는 듯한, 한마디로 정의내릴 수 없는 학문이라고 생각한다. '인간다운 삶'은 다양할 뿐더러, '그러한 삶을 추구하는 방법' 또한 저마다 다르다. 그렇기 때문에, 사회복지사라면 자신이 꿈꾸는 자신만의 사회복지학, 그리고 사회복지에 대한 정의와 비전을 갖는 것이 우선시 되어야 하고, 그것을 실천하기 위해 노력하는 사람이어야 한다.

사회복지사로서의 나의 비전은 "살만한 세상을 함께 만드는 것"

이다. 이러한 비전을 실천하기 위해 "VitaminDoer"라는 예명까지 만들었다. 지금부터 내가 이러한 비전과 예명을 갖기까지의, 이야기들을 요리에 빗대어 전달하고자 한다.

주재료: 유기농 동기 두 뿌리, 자연산 각오 한 마리

영리를 추구하지 않는 비영리 단체에서 사회복지사로 일하기 위해서는 강한 동기와 굳은 각오라는 신선한 재료가 필수적이다.

그동안 내가 만난 동료들 중 많은 경우는 선의에 의해서 혹은 종교적인 이유로 사회복지사가 되었다. 나의 경우는 부모님의 영향이 컸다. 초등학교 1학년 시절(나는 2학년이라고 기억할 정도로 어렸던), 갑작스러운 아버지의 교통사고로 장애인 가정의 자녀가 되었다. 사실 그때는 너무 어려서 크게 놀라지도 않았던 것 같다.

1년이 조금 넘게 병원에 계시던 아버지는 휠체어라는 바퀴달린 의자를 타고 집으로 돌아오셨고, 초등학교 3학년 때 현재 살고 있는 동네로 이사 오기 전까지 나는 거의 매일 저녁 아파트 단지 내에 있던 공원에서 아버지의 휠체어를 밀며 재활운동(나에게는 산책)을 도와드렸다. 어린 시절에는 남들과는 다른 아버지를 부끄러워하기도 했지만, 다행히 사춘기 시절은 (공부를 열심히 한 것은 아니지만)큰 방황이나 일탈 없이 무사히 보냈다.

수능시험을 치르고 점수에 맞춰 대학과 전공을 물색하던 중 부모님께서 공무원이 최고의 직업이라고 말씀하시며 사회복지학과를 추천해주셨다. 초등학교 때 봉사상을 받은 경력과 중학교 시절엔 보이스카우트 활동을 통해 남을 도운 경험도 많아 특별한 거부감 없이 사회복지학과를 선택할 수 있었다.

사실 1학년 시절은 남들처럼 노느라 바빴지만, 군대를 다녀와서 복학 후에는 매 학기 내는 등록금이 아깝다는 생각이 들면서 본격적으로 봉사활동과 공모전, 학생회 활동에 참여하며 진로에 대해 고민했다. 결코 가볍지 않은 고민의 시간을 가지면서 사회복지에 대한 나의 동기를 되새겨보았고 사회복지사로서의 각오를 다졌다.

사회복지사로서 자신만의 동기를 분명히 하고, 헌신하고자 하는 각오를 명확히 한다면 열악한 사회복지현장에서 '버티는 사회복지사'가 아닌, '주도적으로 세상을 변화시키는 사회복지사'가 될 것이라 확신한다.

양념: 복수전공 두 큰술, 전문 봉사활동 한 큰술, 학생회 · 동아리 · 공모전 2스푼

요리에 들어가는 양념은 재료의 맛을 더해주고, 부족한 부분을 채워주며 주재료와 어울려 상호 보완하는 역할을 한다. 나는 동기와 각오라는 주재료와 함께 사용할 수 있는 복수전공, 봉사활동, 학생회와 공모전이라는 양념을 추천한다.

현장에 나와 가장 후회하는 것은 '복수전공'을 하지 않은 것이다. 내가 후배들에게 가장 강조하는 것이 이질적인 학문의 복수전공이다. 사회복지의 가장 큰 매력은 어떤 분야와도 융합이 가능하다는 것이다. 의료와 사회복지가 융합된 의료사회복지, 부동산학과 사회복지가 융합된 주거사회복지 등 사회복지는 이질적인 학문과 융합할수록 독특한 개성과 시너지 효과를 얻을 수 있다.

사회복지 이외에 자신만의 관심분야를 찾아 공부하여 개성을 갖길 바란다. 이 주장은 후배들에게 비빔밥에 비유해 설명해주곤 했다. 비빔밥은 대부분 그 모양이 같지만 산나물, 육회 등 주 재료가 무엇이냐에 따라(때로는 그릇에 따라) 각기 다른 맛을 낸다. 그리고 스스로 비벼 먹는 것이 맛있지, 남이 비벼준 비빔밥은 그 맛이 덜하다.

사회복지사가 되기 위해 경험하는 봉사활동은 보다 전문적이어야 한다. 누구나 할 수 있는 노력봉사는 사회복지사로서의 동기는 강화시켜 줄 수 있다. 그러나 어느 정도 자신만의 동기가 확고해졌다면 그 이상의 기획과정에 참여하거나, 대상자와의 관계형성, 혹은 기록을 담당하는 등 프로그램에 어느 정도 책임감을 갖고 참여하는 봉사활동을 추천한다.

사회복지사는 프로그램을 기획하고 추진하는 기획자의 역할을 지닌다. 기획력을 쌓을 수 있는 방법으로는 동아리 · 학생회와 같은 학생자치회 활동과 공모전 참여가 있다. 나 역시 2개의 동아리 활동과 2번의 학생자치회 활동, 다양한 공모전 도전 경험이 있다. 특히, 동아리 · 학생자치회 활동은 기획력 뿐 아니라 리더십과 팔로우십, 그리고 광범위한 네트워크를 갖게 한다. 대학생활 중에 가장 자랑스러운 기억은 사회복지대학 학생회장을 지내던 4학년 시절, 교정을 걸을 때면 3분에 한번 씩 누군가와 인사하는 '안녕맨'이었다는 것이다.

공모전은 주로 교내 공모전에 참여했다. 교내 공모전은 비교적 경쟁률이 낮기 때문에 수상 확률이 높은 편이다. 나 역시 실버산업 특성화사업에 국고 장학생 선발, 창업동아리 지원사업 선정, 실버산업 블로그 공모전 수상, 해외연수단 선정 등 일주일에 한번 학교 홈페이지 방문만으로 적지 않은 기회와 성과를 얻을 수 있었다.

위에서 내가 추천하는 양념 외에도 자신의 취향에 맞는 향신료를 적절히 배합해 보길 바란다.

익히기: 강하지만 짧게 타는 번개탄 보다, 오래 타고 향이 있는 숯불

너무 센 불을 사용하면 겉만 타고, 속은 익지 않는다. 적절한 온도를 유지하는 숯불 위에서 타버리거나 눌어붙지 않도록 계속 지켜보며, 골고루 익을 수 있도록 때로는 뒤집어 주어야 한다.

대개는 4학년 2학기를 마친 후 사회복지사 1급 시험을 준비하거나 이른 취업에 성공한다. 그리고 2월 쯤 사회복지사 1급 시험을 치르면 3월경 시험결과가 나오고 본격적인 취업준비를 시작한다. 더러는 이른 취업시험에 합격하였다 하더라도 1급 시험에 불합격하여 쫓겨 나오는 경우도 있다.

알다시피 사회복지사 1급 시험의 합격률은 점차 낮아지는 추세다. 운전면허증 다음으로 많다는 사회복지사 자격에 대해 꼭 필요한 조치이기는 하지만, 1년에 한번 시험이 있다는 것을 고려하면 1급 시험 불합격이 다소 가혹하게 느껴지기도 한다.

여차저차 1급 시험에 합격한 후 겪게 되는 가장 곤란한 상태는 본인이 어떤 분야에서 일하고 싶은지 모른다는 것이다. 열악한 사회복지 현장에 대한 이야기들 때문에 사회복지를 해야 할지부터 고민하게 되고, 광범위한 사회복지현장의 어떤 분야에서 일을 할 수 있을지 불안해한다. 그렇게 자신감이 결여된 상태로 취업에 도전하다 보면 적지 않은 실패를 경험하게 되고 실패를 거듭하면서 자신감은 더욱 떨어지게 된다.

나 역시 근로복지공단에서 3개월 동안 청년인턴을 하며 계속 취업에 도전했지만 실패를 거듭하다 7월에서야 실습을 했던 잠실종합사회복지관에 정규직으로 취업되었다. 이마저도 실습 때 좋은 이미지를 보여주지 못했더라면 취업이 더 늦어졌을 테고, 지금의 이런 재미없는 이야기도 해줄 수 없을 것이다.

내 생각에 취업은 운이 크게 작용하는 것 같다. 들어가고 싶은 기관이 있더라도 대부분 충원이 필요한 시점에서야 채용공고를 내기 때문에 그 타이밍이 맞지 않을 수도 있고, 어떤 기관에서 필요로 하는 인재는 평균적으로 모든 능력이 뛰어난 사람보다는 그 기관의 그 자리에 필요한 능력을 갖춘 사람일 수도 있다.

취업실패는 지원했던 기관에서 필요로 하는 능력이 비교적 부족한 것이었지, 합격한 사람보다 모든 것이 부족한 사람은 아니라는 것이다. 어차피 평균적으로 2~30년 이상은 일을 하며 살아야 한다. 쉴 수 있을 때 충분히 쉬면서 자신을 되돌아보고 들어가고 싶은 기관에서 필요로 하는 능력을 준비하는 여유를 갖자.

그렇게 꿈꾸던 사회복지현장에 취업해도 결코 만만치 않다. 사회복지사가의 평균 이직률 40%는 우연이 아니다. 나 역시도 소진이 온다는 1, 3년차에 이직하고 싶은 욕구가 생겼다(소진에 의해서라기보다는 더 큰 성장을 위해 현재는 잠시 쉬는 중이고, 길지 않은 시간 후 다시 사회복지사로 일 할 계획이라는 것을 밝혀둔다.).

첫 직장인 잠실종합사회복지관에서는 지역복지팀에 소속되어 주민조직사업과 홍보를 주로 담당하였다. 새롭게 조직된 팀이었기 때문에 주로 신규 사업을 기획하여 진행했고, 적성에도 맞는 분야여서 3년 이상 담당업무를 지속 할 수 있었다. 책임감과 자부심을 갖고 일하다 보니, MBC 라디오 생방송과 KBS 아침방송에도 출연할 정도로 사업에서는 성과를 거뒀다.

내가 오랫동안 사회복지사로 일하겠다는 각오를 다질 수 있었던 이유는, 사회복지를 위해 끊임없이 노력하고 더 나은 사회복지를 실천하기 위해 고민하며, 잘 익고 있는지 종종 확인하기 때문일 것이다.

간 보기: 먼저 맛보기

자신만의 사회복지가 잘 익고 있다면 간을 보자. 오랜 시간을 필요로 하는 요리지만 운이 좋게 맛이 있을 수도, 혹은 아직 충분히 익지 않아 맛이 없을 수도 있다. 그렇기 때문에 먼저 맛을 봐야 한다. 다른 사람에게 자신 있게 자랑할 만한 요리가 됐는지 알기 위해서는 끊임없이 간을 봐야 한다.

간을 보는 과정으로는 다른 사람에게 자신의 경험을 전달 할 수 있도록, 강단에 서 보는 것을 추천한다. 나는 운이 좋게도 모교의 교수님으로부터 후배들에게, 학교 사회사업과 관련된 일을 하는 후배들로부터 중 · 고등학생들에게 사회복지사에 대한 강의를 해보라는 제안을 받았었다. 두세 번의 강의는 나의 사회복지 행로를 점검해볼 수 있는 기회가 되었고, 이러한 경험을 거듭할수록 나의 사회복지의 맛은 깊이를 더해갈 것이라 확신한다.

꼭 강단에 서는 것 외에도 읽었던 책을 정리하여 블로그에 공개하거나, 크고 작은 스터디 모임에 참여하여 발표를 준비하며 간을 보는 방법도 있으니 참고하였으면 한다.

푸드 스타일링: 요리와 어울리는 그릇에 예쁘게 담기

사실 첫 직장인 잠실종합사회복지관에서 3년 9개월이란(첫 직장 치고는 비교적 짧지 않은) 시간 동안 일 할 수 있었던 가장 큰 이유는 '지리적 편리성' 때문이었다. 집에서 지하철로 3(세)정거장 거리였고, 지하철과도 가까워 이동이 편리할 뿐 아니라, 번화가 한가운데 위치하고 있어 다양한 경험을 할 수 있었다.

나는 이러한 지리적 근접성으로 얻을 수 있었던 '시간'을 자기계발에 활용했다. 첫 번째는 책을 읽었고, 두 번째는 SNS를 통해 비슷한 고민과 관심사를 가진 사람들과 교체하였다.

사실 소속 기관에서 성장 할 수 있는 데에는 한계가 있다. 내가 느낀 사회복지의 가장 큰 딜레마는 "배운 내용과 다른 현장"이다. 사회복지사는 사회복지사협회, 협의회 등에서 진행하는 다양한 교육의 기회를 가질 수 있다. 사례관리, 조직, 홍보 등 그 분야와 내용마저 다양하다. 딜레마를 느낀 부분은 전문가에 의한 교육내용과 실제 기관에서 진행되고 있는 상황이 너무도 다르고, 이러한 괴리는 좀처럼 좁혀지지 않는다는 점이다.

상황이 이렇다 보니 슈퍼비전에 목이 말라 조직 외부로 눈을 돌릴 수밖에 없었다. 내가 사회복지사로서 관심을 갖고 성장을 원하는 분야에 대해 내부 슈퍼비전만으로는 만족 할 수 없었으니까 말이다.

이러한 연유로 비영리조직 전문경영, 비영리 마케팅, 온라인 모금, 홍보, PR, 지역재단 등 관련된 분야에 관련된 스터디 모임에 참여하거나 이를 직접 조직하고 운영하며 나만의 사회복지에 대한 맛과 향기, 그리고 모양새를 갖추게 되었다.

한 가지 더 강조하고 싶은 것은 이러한 노력이 지속되어야 한다는 것이다. 어떤 유명한 식당은 음식이 쉽게 식지 않도록 그릇을 미리 따듯한 물에 데워 음식을 담아준다. 숨 쉬는 그릇이라는 뚝배기를 사용하는 것도 음식이 쉽게 식지 않게 하기 위함이다. 느려도 좋으니 오래가야한다. 속도보다 중요한 것이 방향이기 때문이다.

백경진이 요리 중인 사회복지는 "살 만한 세상을 함께 만드는 VitaminDoer"다.

"살만한 세상"은 자신의 삶에 만족 할 줄 아는 세상을, "함께 만드는"의 의미는 클라이언트와 협력하여 노력한다는 것을 뜻한다. Vitamin은 인간에게 꼭 필요한 영양소 같은 존재가 되고자 함이며, 실천가라는 의미의 Doer는 수동이 아닌 능동적인 삶을 다짐하는 것이다.

이러한 요리명을 붙이기 위해 3시간 정도 조용한 카페 구석에 앉아 빈 노트에 내 가슴을 울리는 단어들을 모두 쓰고, 지우기를 반복했다. 'VitaminDoer' 이전에 붙였던 요리명은 '복지Innovator'였다. 젊은 열정으로 혁신을 추구했지만, 혁신만이 의미 있는 변화는 아니라고 생각되어 요리의 이름을 바꾸게 되었다. 이렇듯 이 글을 읽는 예비 사회복지사, 혹은 현직 사회복지사의 경우처럼 나의 사회복지 또한 현재 진행 중인 요리인 것이다.

그러나 나의 사회복지는 다른 사회복지사의 사회복지보다 맛있다고 할 수 없을지도 모른다. 그러나 짜장면과 짬뽕을 비교할 수 없듯이 나의 사회복지를 틀린 요리가 아닌 다른 요리라 생각하길 바라며, 이 글을 읽는 모두가 자신만의 맛과 향을 내는, 맛 좋은 사회복지를 만드는 사회복지 요리사로 성장할 수 있기를 바란다.

열세 번째 꿈: 문화복지

행복에게 사회복지사의 길을 묻다

문화예술을 통해 행복한 삶을 그리다

의존하지 않고 사람을 사랑하는 법

행복에게 사회복지사의 길을 묻다

한국메세나협회 문화사업팀 과장
장진숙

다른 사람이 행복할 수 있도록 배려하는 가족의 영향

내가 사회복지에 관심을 갖게 된 것은 가족의 영향이 컸다. 어릴 때부터 부모님께서 어려운 사람들을 도와주시는 모습을 자주 보고 자랐다. 그리고 나의 우상이었던 큰언니가 사회복지사이고, 큰언니와 결혼한 형부도 사회복지사이다.

가족끼리 서로 배려하는 문화. 다른 사람을 도우면서 보람을 느끼고, 다른 사람이 행복해 하는 모습을 보면서 함께 행복해 하는 집안 분위기는 나를 사회복지 분야로 인도하였다.

사회복지학 교과, 관련 있는 학과의 교과도 폭넓게 공부하고, 적용

사회복지학과 교과목 및 교육과정은 지금 되돌아보면 모두 많은 도움이 되는 것 같다. 법이나 정책 관련된 과목은 물론 실천현장에서 활용 가능한 임상 관련 과목까지 정말 유용한 과목들이라고 생각한다. 사회복지학 분야별로 골고루 수강해서 폭넓게 이해하는 것도 중요한 것 같다.

혹자는 이론과 실제는 별개라고 이야기하지만, 나는 조금 다르게 생각한다. 이론에 대해서 정확하게 이해하고, 실천현장에 적용하는 데에 한계점이 무엇인지 간파해서 적절하게 적용한다면, '이론과 실제' 사이의 간극을 최소화할 수 있다고 생각한다.

그리고, 사회복지와 관련이 있는 학과의 과목도 함께 수강하면 더욱 시너지 효과가 있을 것이다. 나는 사회학과와 심리학과 강좌도 함께 수강했는데 큰 도움이 되었다. 사회학을 통해서 사회의 모순된 부분에 대한 날카로운 비판 의식도 배우고, 심리학을 통해서 인간의 심리는 물론 나 자신에 대한 이해도 높일 수 있었다.

장애인복지관, 노인복지관, 어린이집에서 자원봉사를 했고, 실습은 노인복지관과 청소년복지시설에서 했다. 다양한 분야에서 자원봉사와 실습을 해본 경험은 내 자신이 어떤 분야에 더 관심이 있고, 적합한지 확인해 볼 수 있는 기회였다.

모든 사람들에게 동일하게 도움이 되는 자원봉사활동이란 없다고 생각한다. 각자가 자신의 관심 분야를 찾아서 봉사활동부터 시작해 보는 것이 중요하다고 생각한다. 그래서 시간이 허락한다면 충분히 다양한 분야의 자원봉사를 두루두루 경험하고, 자신의 관심 분야를 찾을 것을 후배들에게 권하고 싶다.

자신을 가장 필요로 하는 기관을 만날 때까지 계속 힘을 내라

내가 졸업할 당시는 IMF 금융위기의 여파로 복지기관들의 신규 채용이 현저히 줄어들었던 시기였다. 선배나 지인들의 소개, 공채 공고를 보고 입사지원을 해서 간간이 면접을 보러 갔지만 매번 고배를 마셨다. 그 당시 한 면접관이 들려준 말이 오래도록 기억에 남는다. "이번에 채용이 되지 않더라도, 당신의 능력이 부족해서가 아니라, 현재 공석인 업무에 가장 적합한 사람을 뽑기 위해서, 다른 사람이 뽑힌 것이라는 것을 기억하고, 앞으로도 열심히 구직활동을 하세요."

혹시 취직 때문에 고민하는 후배들이 있다면, 자신을 가장 필요로 하는 기관을 만날 때까지 계속 힘을 내라고 이야기 하고 싶다. 그리고 인맥을 탄탄히 해두는 것은 직접적인 취직이라는 결과가 아니더라도 다양한 정보를 입수하는 데 큰 도움이 되므로, 많은 사람들을 만나고 돈독한 관계를 쌓을 것을 권하고 싶다.

나의 첫 직장은 종합사회복지관이었고, 그 뒤로 장애인종합복지관과 노인복지협회에서 근무했고, 현재에 이르렀다. 종합사회복지관에 근무할 때에는 1년 단위로 업무 로테이션을 했었다. 그 당시에는 한 번 더 하면 더 잘할 수 있을 것 같다는 생각이 들어 업무가 바뀌어 아쉬웠다. 하지만 그때 아동·청소년·노인·장애인 업무를 골고루 맡았던 경험이 후에 장애인종합복지관과 노인복지협회에서 근무할 때 큰 도움이 되었다. 결국, 먼저 했던 업무와 경력이 다음 업무에 도움이 되었던 것이다.

자격증은 1급 사회복지사 자격증을 취득했다. 그외에는 각종 워크숍과 세미나 등에 꾸준히 참석해서 받은 수료증들이 있다. '자격증을 더 취득할 것이냐'와 '여러 분야의 교육을 받아볼 것이냐'를 고민하는 후배가 있다면 이렇게 말하고 싶다. 특별한 분야에서 활동하려는 사람은 해당 분야의 자격증을 더 취득하는 것이 좋겠고, 다양한 분야를 융합해서 활동하고 싶은 사람은 여러 분야를 고르게 경험(교육 과정 이수)해 보는 것이 좋겠다.

삶의 마중물이 되어준 '사회복지사 해외연수'

2002년, 한국사회복지사협회가 삼성의 후원을 받아 진행하는 해외연수에 참여하게 된 것은 내 삶에 큰 영향을 끼쳤다. 펌프에 부어 넣은 마중물 한 바가지로 많은 물을 길어올릴 수 있는 것처럼, 2002년 해외연수는 또 다른 세 차례의 연수 기회를 얻게 해주었다.

2002년 당시 나는 복지관 근무 경력 4년차 사회복지사였다. 주어진 업무를 열심히 하긴 했지만, 무언가 부족한 느낌이 들고 자기계발의 필요성을 절실히 느꼈다. 해소되지 않는 갑갑함, 미래에 대한 불안감을 채워준 것이 '사회복지사 해외연수'였다.

미국 자원개발팀에 참여하여, USC 대학에서 받았던 자원개발 관련 강의들도 유익했고, 기관 탐방을 가서 보고 들었던 것들도 무척 인상 깊었다. 연수를 받고 돌아온 뒤에도 '도움과 나눔'의 모금 교육에 계속 참여하는 등 기업 사회공헌 및 모금 전문기술 습득을 위해 노력했다.

'고기도 먹어 본 사람이 맛을 안다'는 말이 있듯이 나도 그랬다. 2002년 해외연수가 너무나 좋았기 때문에, 또 다른 연수 기회를 찾게 되었다. 2004년에 (일본)전국사회복지사협의회에서 운영하는 '아시아 사회복지종사자 연수'를 통해 9개월간 아시아 8개국(한국, 대만, 타이, 말레이시아 등)의 사회복지사들과 교류하며, 일본의 사회복지현장에서 실습을 하기도 했다. 그때 쌓게 된 네트워크와 일본어 실력으로 2007년에는 일본국제교류기금과 일본 사회복지공제회에 각각 제출한 프로포절이 당선되어 기금을 지원받아 사업을 수행하기도 했다.

2008년에는 노동부와 함께일하는재단이 주최하고, SK가 후원한

'사회적기업가 날개 달아주기 연수'를 통해 캐나다 사회적기업 14곳을 탐방하고 심포지엄에도 참가해 견문을 넓혔다.

2009년에는 사회복지사 해외연수 '심화과정'에 선발되어 미국 서부의 복지기관 9곳을 탐방하고, UCLA 대학 교수 등 전문가를 면담하면서 '프로그램 개발과 평가'에 대해 많은 것을 배우고 체험할 수 있었다.

서비스의 질적 향상이 가능하게 하는 요인들은 다양하겠지만, 역량강화와 소진 예방이 무엇보다 중요하다고 생각한다. 2002년부터 시작된 해외연수 경험들은 사회복지사로서의 역량강화에 큰 도움이 되었다. 기업이나 후원자와 관련된 업무를 처리할 때 '후원자와 NPO 사이의 정당한 가치교환과 win-win'이 가능하도록 노력한다. 현재는 기금후원처인 기업, 사업 수혜대상자인 문화소외계층, 서비스 전달체계인 복지기관과 예술단체, 기타 봉사자 등등 관계자들의 서로 다른 욕구들을 최대한 충족시킬 수 있도록 프로그램을 설계하고 실행하고 있다.

그리고 2009년 심화과정 연수를 통해서는 '성과 측정'의 중요성과 방법을 깨닫게 되어, 담당하고 있는 저소득층 아동 대상 '문화예술교육 사업의 효과성 측정'에는 외부 전문가와 함께 참여하였다. 문화예술교육의 효과를 아동들의 정서와 행동 면에서 측정하고, 봉사자로 참여한 기업의 임직원들의 만족도를 측정하는 것에 그치지 않고, 조직 동일시와 조직 시민행동 측면에서의 인과관계를 도출하기도 했다.

해외연수를 경험하기 전에는 스트레스를 해소하는 방법을 잘 몰랐고, 소진(Burn out)을 자주 경험했다. 하지만, 연수 기간 동안 경험한 '쉼과 회복' 노하우는 조금씩 내게 익숙해져서, 이제는 소진의 기미가 보이면, 자동적으로 예방법을 가동시킨다. 노하우라는 것이 거창한 것은 아니고, 예를 들면, 낯설고 새로운 것을 즐겁게 받아들이기, 아름다운 자연을 만끽할 수 있는 곳으로 여행가기, 전시나 공연 관람하기, 다른 사람에게서 배우고 그들을 통해 내가 알지 못했던 나를 발견하기와 같은 간단한 것들이다.

소진을 예방하고 나서는 나 스스로가 여유로워진 것을 느낀다. 사회복지사가 마음이 평안하고 여유로워야 클라이언트를 잘 케어할 수 있다고 생각하며, 현재 클라이언트들에게 최고의 서비스를 제공하고 있다고 자부한다.

해외연수를 경험하기 전에는 우물 안 개구리에 불과했는데, 해외연수를 통해서 국내외 사회복지에 대한 시야가 넓어졌다. 해외에 나가서 해외 사회복지에 대해서 배우는 것은 물론, 아이러니하게도 외국에서 우리나라 사회복지 정보를 구체적으로 알게 되는 일도 있었다. 현지 관계자들이 한국의 사회복지 현황을 궁금해 할 때 정확하게 알지 못하는 내용들은 별도로 책을 찾거나 확인을 해서 알려주곤 했기 때문이다.

2009년에 일본 도쿄에서 열린 세미나에서 한국의 사회복지 현황에 대해 발표를 할 기회도 있었다. 일본 사회복지 관계자 200여 명, 아시아 8개국 관계자 100여 명이 참석한 자리에서 일본어로 30분간 발표를 했다. 2006년에도 대만 타이페이에서 열린 세미나에서 한국의 노인복지를 소개한 바 있다.

사람을 변화시키는 문화예술교육의 힘

현재는 '문화복지'와 관련된 일을 하고 있다. 문화예술을 활용하여 사회복지를 구현하는 것이다. 문화예술을 좋아했던 것도 한몫했지만, 전통적인 사회복지 기관이 아닌 곳도 개척하여 사회복지사가 활동해야 한다고 생각하던 차에 기회가 주어졌다. 나는 현 직장에 사회복지사로 취업한 첫 번째 사례이다.

'메세나'는 문화예술에 대한 지원을 총칭하는 프랑스어이다. 로마시대에 문예보호에 기여한 인물인 마에케나스의 이름에서 유래했다. 한국메세나협회는 한국의 경제와 문화예술의 균형발전에 이바지할 목적으로 1994년에 설립된 비영리 사단법인이다. 2013년 현재, 200여 개의 기업을 회원사로 두고 있으며 상호 긴밀한 네트워크를 구축하여 다양한 영역에 걸쳐 메세나 활동을 전개하고 있다.

주요 사업으로는 문화소외 계층이 있는 곳에 찾아가는 '찾아가는 메세나', 아동과 청소년을 대상으로 하는 예술교육사업 'Arts for Children', 1기업 1예술 단체의 전략적 제휴 '기업과 예술의 만남', 중소기업의 예술 지원을 촉진하는 '중소기업 매칭펀드', 메세나 우수 기업에 시상하는 '메세나대상', 기업의 예술지원 및 협력에 필요한 내용을 연구하는 '조사연구/발간사업' 등이 있다(www.mecenat.or.kr).

현재 나의 담당 업무는 저소득층 아동 대상 문화예술교육과 미술영재 육성 사업이다. 직·간접적으로 담당하고 있는 복지기관 수는 전국적으로 125개, 수혜아동 인원은 1,620여 명이다. 정기적인 문화예술교육, 예술캠프, 발표회 형태의 페스티벌, 사생대회, 전시회, 심포지엄 등 다채로운 프로그램들을 실행하고 있다.

저소득층 아동들의 마음의 상처를 어루만져 주고, 사회성 향상, 예술적 기량과 창의력 증진은 물론, 건전하게 성장할 수 있는 발판을 만들어 줄 수 있어 현재 하고 있는 일에 매우 만족한다.

내가 맡았던 사례 중에 전교생에게 왕따를 당하던 아이가 예술교육을 받은 후에 자존감이 향상되어 친구들을 사귀기 시작했고, 자살을 결심했던 아이가 예술적 재능을 인정받고 다시 열심히 살아보겠다고 다짐을 했다. 아이 돌보기가 힘 들어 보육시설에 보내겠다고 결심했던 아버지가 아이와 계속 함께 살겠다고 마음을 바꾸게 하는 데에도 문화예술교육이 힘을 발휘했다. 지역아동센터에 다니는 저소득층 아이들을 터부시하고 낙인을 찍었던 지역주민들이 아이들의 악기 연주 실력과 나눔활동을 보면서 인식을 바꾸었다. 난생 처음 공연장 무대 위에 올라가 멋지게 공연을 펼쳐 보이고, 사람들이 쳐주는 박수갈채에 아이들은 가슴 벅차했다.

일일이 열거하자면 끝도 없을 만큼 많은 아이들의 변화 사례를 지켜보면서 눈물이 핑 돌곤 한다. 또한 사회복지사로서 자긍심을 느낀다.

우리 협회에서 요구되는 소양, 바람직한 인간상이라면 문화예술에 대한 소양과 관심이 반드시 필요하다. 공연을 기획해야 하는 경우도 있고, 예술계와 학계 인사들을 패널로 모시고 심포지엄이나 세미나를 진행해야 하는 경우도 많기 때문에 문화예술을 좋아하는 사람에게는 즐거운 일터이다. 특히, 내가 일하고 있는 문화사업팀은 국악/미술/연극/음악/무용/사진/디자인/미디어아트 등 다양한 분야를 골고루 다루고 있기 때문에, 문화예술 관련해서도 폭넓게 알고 있는 사람에게 유리하다.

바람직한 인간상으로는 매사에 적극적이고 긍정적인 태도와 타인을 배려하는 마음을 지닌 사람을 꼽고 싶다. 직원 1인당 1년간 담당하는 사업의 규모는 작게는 3~4억, 크게는 12억 규모이다. 대규모 사업을 담당하는 경우에는 매우 다양한 세부 사업들이 동시다발적으로 진행되고, 다양한 변수들이 발생하기 때문에, 매사 적극적이고 긍정적인 태도가 반드시 필요하다.

그리고 자신의 업무를 챙기면서도 도움이 필요한 동료가 있을 때에는 적극적으로 돕는 배려심과 팀워크도 필요하다. 혼자서 진행하는 업무도 있지만, 대체로는 두 명 이상이 함께 협업을 하기 때문에 타인과 소통을 잘 하고, 배려심이 깊은 사람이 잘 맞다. MBTI 성격 유형 중에서는 ENFJ와 ESFJ 성향이 적합하다고 생각된다.

행복이 알려주는 길을 가는 것

나는 사회복지사가 된 이후로 '지금 나는 행복한가?', '지금 나는 다른 사람의 행복에 기여하고 있는가?'라는 질문을 항상 던져왔다. 이 질문에 긍정적인 답이 나오지 않았을 때에는 재충전의 시간을 갖거나 이직을 했다. 앞으로도 이 질문은 나 스스로에게 계속 던질 생각이다.

행복이 알려주는 길을 가는 것, 참 근사하다는 생각이 든다. 나도 행복하게, 다른 사람도 행복하게 살아갈 수 있도록 돕기 위해, 오늘도 나는 새로운 꿈을 꾸고 계획을 세운다. 5년 후, 10년 후에 더 멋지게 성장한 모습을 나 스스로에게 선물하고 싶다.

여러 분야를 깊이 있게 익히고, 탄탄한 네트워크를 바탕으로 다양하게 경험하라

끝으로, 사회복지를 공부하는 후배들에게 하고 싶은 이야기가 세 가지 있다.

첫째, 융복합에 관심이 있다면, 파이(π)형 인재가 되라.

예전에는 한 가지 분야만 깊이 있게 아는 T자형 인간이 성공했지만, 이제는 적어도 두 가지 이상의 분야에 정통한 파이(π)형 인재를 필요로 하는 분야가 많아지고 있다. 융복합, 통섭 등의 용어는 5~6년 전부터 유행이 되었다. 하지만 융복합에 성공하기 위해서는 여러 분야를 골고루 알면서도 두 가지 이상의 분야에서는 깊이가 있어야 한다고 생각한다.

나 역시 사회복지와 문화예술을 복합시킨 '문화복지'를 구현하기 위해서 노력하고 있지만, 취미로 시작된 문화예술에 대한 지식은 아직도 많이 부족하다고 느낀다. 그래서 지금의 직장은 내게 사회복지를 구현하는 일터인 동시에, 문화예술에 대해서 익혀가는 배움터이며, 행복한 꿈을 꾸게 만드는 꿈터이다.

융복합에 관심이 있는 후배들은 사회복지 이외에 자신이 관심을 가지고 있는 분야를 찾아 깊이 있게 익히고, 사회복지와 접목시켜 발전시키는 노력을 기울여 볼 것을 권한다.

둘째, 네트워크 구축은 꼭 필요하다.

네트워크, 흔히 말하는 인맥은 꼭 필요하다. 인터넷과 각종 서적에서 구할 수 있는 정보는 누구나 얻을 수 있다. 진짜 중요하고 귀한 정보는 사람과 사람을 통해서 얻게 되는 경우가 많다. 결국, 탄탄한 네트워크를 가진 사람은 고급 정보를 구하고, 효과적 · 효율적으로 일을 하며, 자신이 원하는 삶을 살아가기가 수월해진다. 취직 · 승진 · 이직도 손쉽게 풀리는 경우가 많다.

하지만, 네트워크는 하루아침에 만들어지지 않는다는 것. 진심이라는 근본적인 바탕이 필요하고, 오랜 시간과 노력이 더해져야 한다. 다른 사람에게 먼저 친구가 되어 주고, 다른 사람을 먼저 돕는 것을 주저하지 않으며, Give & Take를 따지지 않는 진심을 담아 대하는 모습이라면 네트워크는 저절로 다져질 것이다.

셋째, 모든 길은 연결되어 있다.

길을 헤매본 경험은 누구나 있을 것이다. 빠른 시간 안에 최단거리 또는 지름길로 가고자 하는 데 길을 잘못 접어들었다고 생각이 되면 낙담하고 좌절할 것이다. 하지만 호기심과 탐구심을 가지고 떠나는 것이라면 길을 잘못 들었어도 그 나름의 즐거움과 행복을 찾게 될 것이다

사회복지사로서의 삶이든 그렇지 않든 인생은 길고 긴 마라톤이다. 막다른 길에 접어들었으면 되돌아 나오면 그만이고, 길을 지나쳤으면 좌회전 · 우회전 · 유턴 등의 방법으로 얼마든지 제 길을 찾아갈 수도 있다.

나 역시 취미로만 여겼던 문화예술이 본업과 밀접한 일이 될 줄은 예전에 상상하지 못했다. 이 글에서 일일이 설명할 수는 없지만, 지금의 일을 하게 되기까지는 사람의 인연이라는 놀라운 힘이 작용했다. 그리고 문화예술의 아름다움에 눈뜨게 해준 작은언니의 혁혁한 공이 있었다. 공연 티켓을 구입할 만한 넉넉한 형편이 아니기 때문에 라디오며 여러 곳에 일일이 신청을 해서 무료로 얻은 티켓으로, 내가 중학생이던 시절부터 10여 년간 공연에 나를 데리고 가주

었던 작은언니에게 고마울 뿐이다. 지금 내가 사회복지사로서의 삶에 만족하고 행복할 수 있게 도와준 모든 이들에게 감사의 뜻을 전한다.

나는 사회복지사라는 정체성은 유지하되 활동하는 필드는 다양하게 경험해 보았다. 어떤 이들은 사회복지사로 살다가 다른 일을 해볼 수도 있을 것이고, 다른 일을 하던 사람이 사회복지사로 새로운 길을 찾는 경우도 있을 것이다. 여러분들도 자신이 걸어 온 길에서 보고 듣고 느끼고 생각한 것들을 잘 살려서 오늘 하고 있는 일에서 구현하는 것을 게을리 하지 않기를 바란다.

그리고 무엇보다도 지금 스스로가 행복한지, 다른 사람의 행복에 기여하고 있는지를 묻고, 그렇게 살아갈 수 있는 길로 뚜벅뚜벅 걸어나가기를 기원한다.

문화예술을 통해 행복한 삶을 그리다

문화예술교육 단체 빙고믹스 문화예술교육 팀장

박모아

부모님의 권유로 자연스럽게 시작한 사회복지

누군가 가끔씩 나에게 "어떻게 사회복지를 시작하게 되었어요?"라는 질문을 한다. 그럴 때면 나는 "부모님 권유로 하게 되었습니다."라고 대답을 한다. 나에게 있어 사회복지의 시작은 이렇게 자연스럽게 찾아온 기회였다. 고등학교 3학년 시절 앞으로의 진로에 대해 고민을 하고 있던 중, 부모님께서 사회적 약자에게 도움을 줄 수 있는 사람이 되었으면 좋겠다고 하셨다. 그리고 '사회복지사'라는 직업을 알려 주셨고, 나 역시 '다른 사람에게 좋은 일을 할 수 있겠다.'라는 막연한 생각과 호기심으로 사회복지를 선택하게 되었다.

대학시절을 보내면서 나는 다양한 사회복지 영역 중 어떤 일을 할지 고민을 많이 했던 것 같다. 정보와 경험이 없는 나는 방학기간을 이용하여 장애인복지관과 종합사회복지관에서 현장실습과 자원봉사활동을 하였고, 교수님과 선배님들의 현장이야기를 들으면서 사회복지를 하는 나의 모습을 상상하고, 채용정보에 있는 자격요건에 있는 사회복지사 1급, 운전면허, 컴퓨터 활용자격증 등을 취득하면서 사회복지사가 되기 위한 준비를 했다.

지역사회에 좋은 활력을 불러일으키는 사회복지사로서의 보람

4년여 동안 사회복지 공부를 하면서 지역사회의 좋은 활력을 불어 일으키고, 소외된 계층을 위한 복지사업을 하면서 그들의 삶에 도움을 주는 사회복지사가 되고 싶었다. 그렇게 나는 종합사회복지관의 사회복지사가 되었다. 초등학생들과 토요일에 만나 문화체험 나들이를 통해 여가시간을 풍요롭게 만들어 주었고, 학부모들과 그림책 읽어주는 모임을 만들어 자녀교육에 대해 서로 정보를 공유하였다. 또 청소년들과 기자단을 만들어 지역 신문을 발간하는 등 지역주민들의 문화활동을 지원하는 업무를 담당하기도 하고, 독거노인 밑반찬 지원, 후원자 관리, 사례관리 등 일상생활지원 사업들을 하면서 3년 정도 근무를 하였다. 나는 무엇보다도 다양하고 많은 사회복지사업을 수행하는 과정 속에서 참여자들이 웃는 모습을 볼 때면 사회복지사로서 뿌듯하고 보람을 느끼며 내가 꿈꾸던 모습이라고 생각했다.

그러던 언제부턴가 고민이 시작되었다. 사업을 진행하고 평가하며 추후 사업 계획들을 세울 때마다 '자원은 한정적인데 어디까지 지원을 해야 되는가? 앞으로 사회복지관에서 지속적으로 프로그램을 지원하지 않으면, 참여자들은 행복한 삶을 살 수 없게 되는 것인가?'를 질문하게 되었고, 담당하던 사업을 종료하였을 때는 무능한 사회복지사가 된 느낌도 받으며 딜레마에 빠지기도 했다.

주민 스스로가 자발적·능동적 문화를 창조하는 '문화예술교육'과 의 만남

나는 정해진 사회복지서비스에 의존하는 수동적 문화가 아닌 주민 스스로가 지역을 고민하고, 자신의 가치를 찾아가는 문화를 형성해 나가며, 복지관 이외에도 지역 곳곳에서 그들만의 자발적이고 능동적인 문화를 써내려 가는 것이 중요하다고 생각했다. 문화를 만들어 가는 데 동기를 유발시킬 수 있는 활동들은 어떤 것들이 있는지, 지역주민들에게 필요한 것이 무엇인지를 계속해서 고민을 하게 되었고, 그 안에서 사회복지사로서 전하고 싶은 이야기가 무엇인지를 찾았다.

그러던 중 우연한 기회에 OO문화재단에서 진행한 '문화복지 아카데미 과정'에 참여하게 되었다. 그 과정 안에서 펼쳐지는 문화예술활동 사례들과 강의 내용은 내가 고민하고 있는 문제들을 풀어낼 수 있게 해주었다. 과정 안에서 문화예술활동은 참여자 모두의 이야기를 담고 있었다. 결과물은 화려하지 않아도 그 안에 있는 사람들의 모습은 자신감이 넘치고 행복한 표정이었다. 나는 이를 계기로 문화예술교육에 관심을 기울이게 되었고, 문화예술교육은 사회복지 현장을 혁신시킬 수 있으리라는 생각을 했다. 그래서 나는 근무하고 있던 사회복지관을 그만두고 문화예술교육단체에 입사하게 되었고, 사회복지사라는 타이틀이 아닌 '문화기획자'로 활동하게 되었다.

문화예술교육이라는 분야가 사회복지 분야에서는 아직 생소할 것이다. 예를 든다면, 얼마 전 한 방송국의 예능 프로그램에서 진행했던 '청춘합창단'이 문화예술교육이라고 볼 수 있다. 어르신들이 합창단 오디션 참여를 시작으로 소리내는 방법과 노래 한 곡 한 곡을 함께 배워가며 합창 대회까지 참가하면서 어르신들의 모습이 변화하고 그 안에서 의미를 찾아가는 과정들을 보며 우리들도 감동을 받았다. 그리고 어르신들뿐 아니라 그 합창단을 함께 만드는 스태프들과 그 과정을 지켜보는 우리를 포함한 많은 관중들까지 모두 다 감동이었다. 이렇게 문화예술교육이란 음악을 포함하여 다양한 문화예술을 매개로 대상자들을 만나고 그들과 함께 이야기를 만들어 가는 과정들이라고 할 수 있겠다. 나는 이런 활동을 하면서 7, 8살 아동부터 시작해 70, 80세가 넘으신 어르신들을 만나기도 하고, 시장에서 장사를 하는 상인들, 학교 선생님들, 그리고 노숙인들까지 만나 다양한 문화예술을 매개로 함께 프로그램의 시작부터 마지막까지 전체 과정을 기획하고 실행하는 역할을 담당하고 있다.

문화를 매개체로 하여 변화를 만들어 내는 마술 같은 이야기

우리의 활동 중 대상자들을 만나 이야기를 만들어 내는 대표적인 프로그램이 공동체 라디오 방송이다. 라디오는 우리 일상의 소소한 이야기를 나누고, 쉽게 접할 수 있는 매체 중 하나이다. FM 라디오 방송 프로그램을 들으면 청취자들의 사연도 읽어주고, 신청곡도 틀어주고, 때로는 반가운 게스트를 초대해서 이야기를 나누기도 한다. 이 라디오 매체의 형식을 활용하여, 전통시장, 그리고 노인복지센터에 라디오 방송국을 만들고 있다. 여기서 라디오 방송국을 만들고 있다는 의미는 단순히 마이크와 헤드폰, 컴퓨터를 비치한 시스템을 구축하는 것만을 이야기하는 것이 아니다. 시장 상인들이 장사를 하는 바쁜 시간을 쪼개서 그 분들이 직접 시장 라디오 방송국의 디제이가 될 수 있도록 교육을 하고 있다. 물론, 전문 작가가 써주는 대본처럼 자연스러울 수 없고 아나운서처럼 발음이 좋을 수 없지만, 시장에서 벌어지고 있는 이야기들, 시장을 찾은 고객과 있었던 이야기들을 직접 작가가 되어 적어보고, 직접 방송에서 디제이가 되어 소개하기도 한다. 또 그 사연에 어울리는 음악을 스스로 선곡하기도 한다. 또 노인복지센터의 실버 디제이들도 마찬가지이다. 인생이야기, 건강 정보 등 어르신들이 다른 어르신들에게, 또는 젊은 세대들에게 들려주고 싶은 이야기들을 직접 작성하여 음악과 함께 전달한다. 물론 어르신들이 선곡하시는 음악은 나도 처음 들어보는 오래된 가요가 많은데 이러한 음악들을 함께 들어보는 재미도 각별하다. 이렇듯 청춘합창단에서 '합창'을 매개로 함께하는 사람들의 변화를 만들어 낸 것처럼, '라디오 방송'이라는 누구에게나 익숙하고 편안한 매개체로 우리의 이야기를 만들어 가는 작업들을 하고 있다.

또 하나 이야기를 하자면 대상자들과 이야기를 만들어 가는 마술활동이 있다. 요즘 많은 인기를 얻고 있는 장르이기도 하다. 그만큼 많은 사람들이 관심을 갖고 참여하고 싶어하는 프로그램이다. 내가 처음 마술을 만난 것은 2년 전부터인데, 서울시 종로구에 위치한 서울노인복지센터의 어르신들이 그 주인공들이다. 처음에는 단순한 호기심에, 간단한 마술을 배워보고 싶어서 시작하셨던 어르신 마술사들은, 지금은 홍대 앞 프리마켓에서 진행되는 공연 무대에서 20~30대 젊은이들과 외국인들 앞에서 공연을 하시기도 하고, 얼마 전에는 서울시청 시민청 개관식 행사에 초대받아 축하공연을 펼쳐 보이기도 했다. 작년부터는 인근 어린이집에 마술 선생님으로 활동하시는 분들도 있다. 이렇게 세대가 소통의 장을 벌인다. 2년 전만 하더라도 소극적이고 남들 앞에 서는 것도 어려워하셨는데 지금은 무대에서 관객들과 농담을 하기도 하시고, 더 많은 마술을 보여주고 싶은 마음에 짧은 공연시간을 아쉬워하기도 하신다. 마술을 배우고 사람들을 만나면서 인생이 너무 재미있고 가는 시간이 너무 아깝다고 말씀하시는 어르신들이 계신다. 또 본인 모습에 자신이 없어서 항상 하얀 머리를 검게 염색하고 다니셨다는 어르신은 지금은 본인의 모습이 너무 멋있어서 염색하지 않고 하얀 머리로 멋지게 다니신다고 한다. 이런 어르신들의 멋있는 변화가 소위 우리가 말하는 '마음을 움직이는 마술'이 아닐까 하는 생각이 든다.

이 밖에 자신의 이야기를 할 수 있는 과정들을 만들고 싶어 나는 학교, 교육기관, 청소년관련시설, 그리고 도시숲 등 다양한 공간에서 청소년들과 축제기획을 통해 만나고 있다. 나는 축제가 청소년들 본인의 가치를 담아내는 과정들 속에서 그들만의 새로운 문화를 형성할 수 있다고 생각한다. 그래서 우리는 '축제를 기획한다'가 아닌 '문화를 기획한다'라고 한다. 서울숲이라는 도심에 있는 도시숲이라고 하는 녹지 공간이 있다. 4~5월이면 청소년들이 서울숲 축제를 위해 서울숲 청소년 문화기획단이 되어 활동을 한다. 도시숲에 있는 '나는 무엇을 느꼈는가', 그리고 '여기 있는 사람들이 무엇을 느꼈으면 좋겠는가' 그래서 우리 기획단은 '축제를 참여하는 사람들에게 무슨 이야기를 전달하고 싶은가'를 논의 하며 축제의 기본 콘셉트부터 세부프로그램을 기획한다. 서울숲 청소년 문화기획단 친구들은 내가 생각했던 그 이상으로 창의적인 아이디어들을 쏟아내었고, '도시숲에서 일출(일상탈출)을 보다', '내 안에 영웅을 깨우다' 등 매년 기발한 축제 콘셉트를 만들어 낸다. 이처럼 우리는 청소년들과 함께 어른들이 정해준 틀 안에서 만들어진 축제가 아닌 하얀 백지 안에 자신의 이야기를 그려내고 색칠하며 청소년 그들이 있는 축제, 다양한 사람들과 소통하고 메시지를 전달할 수 있는 축제를 만들어 가며 새로운 청소년들의 문화를 만들어 가고 있다.

자신의 가치를 찾는 이력을 만들고 어떤 이야기를 담을지 고민

내가 중요하게 생각하는 것은 참여자에 기술적 기량을 키우는 교육이 아니라 교육과정 속에서 자신감을 가지고, 주변사람들과 소통하며 일상에서 소중한 의미들을 발견하는 과정이다. 나뿐만 아니라 연극, 음악, 미술, 영화 등 다양한 장르들을 통해 이야기를 만들어 가고 있는 다양한 단체들이 있다. 혹시 관심 있다면 '한국문화예술교육진흥원(www.arte.or.kr)' 을 포함하여, 서울문화재단(www.sfac.or. kr), 경기문화재단(www.ggcf.or.kr) 등 지역문화재단 등의 사이트를 방문하면 다양한 문화예술 정보와 관련된 사업들을 보는 데 도움이 될 것이다. 이처럼 나는 사회복지사로 일을 했을 땐 지역사회와 그 안에 구성원들을 위주로 만났다면, 문화예술교육을 통해서는 앞에서 이야기한 것처럼 각기 다른 공간에서 폭넓은 대상자들을 만나면서 그들의 혹은 나의 행복한 삶을 누릴 수 있는 과정들을 함께 하고 있다. 그래서 내게는 특정 대상이나 정책에 집중하는 공부보다는 다양한 대상과 현장들을 경험할 수 있는 수업을 듣는 것이 중요한 것 같다.

사회복지라는 것이 사회의 모든 구성원들을 위한 것이기에 사회복지를 전공하는 사람이라면 다양한 관점에서 바라볼 수 있는 능력을 키워야 한다. 사회복지 전공을 하면 자원봉사활동은 필수라고 생각하고 사회복지시설에서 활동을 한다. 사회복지현장을 직접 느낄 수 있는 기회이자 취업을 할 때 가산점이 될 수 있어서이다. 나 역시 그 방법이 최우선이라고 생각했다. 그렇지만 사회복지는 모든 대상을 위해 존재 한다. 요즘은 복지영역도 세분화되어 다양하기 때문에 자원봉사활동은 내가 직업을 선택할 때 작은 일부분에 불과하다고 생각한다. 자원봉사활동도 사회복지 공부와 마찬가지이다. 사회복지시설이나 공공 기관에서 한다는 고정관념을 버리고 다양한 곳에서 활동가로 참여하는 해보는 것 또한 넓은 관점으로 복지를 바라볼 수 있는 좋은 경험이 될 수 있다고 생각한다.

예를 들자면 청소년수련관 대학생 기획단이나 정부기관 주최로 운영하는 다양한 대학생 문화활동 같은 경우 사회복지를 전공하는 대학생 이외에도 다른 전공을 하는 대학생들도 참여한다. 기획단 활동은 다양한 생각들을 공유하고, 목표를 두고 활동을 하면서 축제, 모니터링, 문화기획 등 여러 가지 형태로 결과물을 만들어 간다. 이런 활동들은 잠재되어 있는 본인 모습을 발견하고, 새로운 것에 도전을 두려워하지 않는 용기를 줄 것이라고 생각한다. 사회복지사가 되기 위한 이력을 쌓는 것이 아니라 자신의 가치를 찾아가는 이력을 만들어 가며, 그 속에서 나의 어떤 이야기를 담을지 고민하는 것은 아주 중요하다. 이런 고민들은 내가 일하고 있는 곳에서도 중요시 하는 부분이다.

내가 문화예술교육을 시작할 때쯤 누군가 나에게 "사회복지현장을 경험한 사람은 문화예술교육에서 할 일들이 많을 것이다."라는 말을 했었다. 지금 나는 이 말에 공감한다. 문화예술교육은 지역사회를 구성하고 있는 구성원들과 함께 만들어 가는 것이다. 아동에서부터 어르신까지 다양한 계층들과 공동체를 만들고, 그들만의 독특한 방식의 문화를 만들기 위한 활동은 지역사회 안에서 이루어지고 있다. 또한 프로그램을 기획할 때 대상, 지역, 환경을 고려하여 어떤 방식으로 그들의 문화로 풀어갈 수 있을지를 고민하는데 사회복지 프로그램과 문화예술교육 간에 큰 차이가 없다는 것을 느꼈다. 다만 다른 점이 있다면, 문화예술 장르에 대한 고민들을 더 한다는 점과 시작부터 끝까지 참여자와 같이 하며 프로그램 안에 들어가 활동한다는 점이다. 그렇기 때문에 참여자들의 특징이나 모습들을 더 유심히 관찰하게 되었고, 참여자를 또 다른 시각으로 볼 수 있는 관점이 생기게 되었다.

내가 원하는 길, 내가 행복할 수 있는 자신만의 길을 찾으라

이처럼 복지는 다양한 곳에서 다양한 형태로 진행되고 있다. 중요한 건 사회복지사, 문화기획자가 되는 것이 아니라 내가 원하는 길, 내가 행복할 수 있는 길을 찾는 것이라고 생각한다. 나는 사회복지 전공을 하면서 사회복지사가 꿈이자 목표였다. 다양한 경험들을 했지만 결론은 '사회복지사이고 싶다'였다. 목표이자 꿈이 실현되었지만 사회복지사를 하면서 무언가 해소되지 않고 '내가 정말 원하던 사회복지는 이런 모습인가'를 나에게 계속해서 질문했고, 답을 찾고자 새로운 도전을 두려워하지 않았다. 이제 나는 사회복지사의 자격을 지닌 사람으로서 문화예술 영역에서 또 다른 복지 이야기를 만들어 갈 것이라는 확신이 있다. 사회복지관에서 일할 때 보다 더 많이 일하고 더 많이 뛰어다니지만 그만큼 자기 성찰을 하는 지점들이 생겨나고 나만의 이야기들을 써가고 있다. 나는 5년 후에는 조그마한 공간을 운영하면서 육아로 지치고 힘든 엄마들이 찾아와 힐링하고, 갈 곳 없는 청소년들이 재미있는 놀이를 할 수 있는 공간으로 만들어 가면서 살고 싶다. 문화예술을 통해 우리의 이야기를 만들고 함께 나누는 방법을 고민하며 행복을 나누고 싶은 꿈이라고 하겠다.

여러분들도 앞에 놓인 진로 걱정은 잠시 내려놓고, 자신의 이야기를 어떻게 만들어 가고 어떻게 나눌지를 생각해 보자. 그렇다면 자신만의 즐겁고 행복한 복지 이야기가 솔솔 피어오를 것이라 생각한다.

의존하지 않고 사람을 사랑하는 법

한국정서교육개발원 대표
최윤정

사람을 사랑하고 사람을 위하는 일

자원봉사를 통해 사람을 사랑하고 사람을 위하는 일이 천성이라는 것을 알아차리면서 나는 사회복지 실천현장에서 필요한 사람이 되고자 사회복지학을 공부하고 미술치료 대학원으로 진학을 했다.

구청 사회복지과의 소개로 만난 그룹홈 '나섬의집'과의 인연

9년 전 쌀쌀한 봄이었다. 타고난 능력과 소질이 학문이 아니라서 늘 부모님 눈치를 보느라고 책상 앞에만 앉아있었던 나는 합격이라는 편입 시험의 결과를 듣고 오랫동안 마음으로 원하기만 했던 자원봉사를 하기 위해서 구청 사회복지과로 갔다. 건물 2층에 위치한 사회복지과는 굉장히 분주한 분위기였다. 누굴 불러서 물어볼까 살펴보다가 직원 중 눈이 마주친 분께 이때다 싶어서 찾아온 이유를 말했다. "부모님께 보호를 받지 못하는 아이들이 지내는 기관 중에서도 인원이 좀 적은 기관에서 자원봉사를 하고 싶어요." 마침 나와 눈이 마주친 직원은 지역의 그룹홈을 담당한다고 하면서 그룹홈의 이름과 주소 그리고 전화번호가 프린트 되어 있는 기관리스트 두 장을 건네주며 직접 연락을 해보라고 안내를 해주셨다. 그룹홈은 가정해체, 방임, 학대, 빈곤, 유기 등의 이유로 보호가 필요한 아동에게 가정과 같은 주거환경에서 아동의 개별적인 특성에 맞추어 보호 양육서비스를 제공하는 소규모 아동보호시설이다. 어떤 경험이나 지나고 떠올려 보면 부족한 부분이 늘 있기 마련이지만 지금 생각해 보면 나는 정말 준비되지 않은 자원봉사자였다. 나는 그룹홈에 대한 내가 어떤 재능으로 자원봉사를 할 것인지 그리고 무엇을 위해 봉사를 하고자 하는지에 대한 정리없이 오로지 헌신하겠다는 마음만 준비되어 있었다. 그러나 사실 이런 것들을 모두 정리하고 진행하려 했다면 자원봉사실천은 더 늦어졌을지도 모른다. 구청직원에게 리스트를 전해받은 나는 기관리스트 중 한 기관을 선택해 전화를 걸었다. 최대한 공손하게 내 소개를 끝내자 기관에서는 자원봉사자로서 적합한지 확인할 만한 간단한 질문을 했다. "무슨 일을 하시나요?", "학생이신가요?", "어느 학교 다니나요?", "지금 올래요?" 긴장한 상태에서 전화를 해서 그랬는지 아직도 생생하게 기억이 난다. 그렇게 처음 전화한 기관에, 전화한 첫 날, 특별한 준비 없이 기관을 방문했고 그렇게 인연이 된 '나섬의집'은 9년이 지난 지금까지도 왕래하며 지낸다. 이렇게 '나섬의집'과의 인연으로 나는 학문적인 사회복지보다 실천현장의 사회복지에 관심을 갖게 되었다.

나의 재능과 능력을 끌어내 준 봉사의 경험

'나섬의집'은 경기도 수원에 위치한 아동청소년 그룹홈이다. '나섬의집'은 내 능력을 끌어낸 묘한 곳이었다. 첫 번째, 나는 꾸준하게 무엇인가를 하는 것이 힘든 학생이었다. 그런데 나섬의집에는 연락한 첫날부터 가기 시작해서 약속한 매주 금요일 6시에 방문하여 늘 아이들과 함께 하였다. 나에게 맡겨진 역할은 '누나'였다. 매주 우리는 먹고 싶은 저녁 메뉴를 정해서 만들어 먹었고, 게임을 통해서 비디오를 빌려다 보았다. 아이들과 나는 교육을 목표로 하는 행동은 어려웠지만 서로에게 성의를 다하는 데는 익숙해졌다. 그렇게 우리는 하루도 어기지 않고 2년 이상을 매주 만났다. 나섬의집을 매주 단 한 번도 거르지 않고 가는 내가 스스로도 신기했다. 꾸준한 실천을 지켜본 가족과 친구들에게도 좋은 평가를 받게 되면서 가족과 친구, 그외 지인들까지도 후원금을 보내주셨다. '나섬의집'은 주변으로부터 신뢰할 수 있는 나를 만들어 주었다. 두 번째, 후원금을 본격적으로 모으게 되었고, 아이들이 혜택받을 수 있도록 각 분야의 전문가들에게도 도움을 부탁드렸다. 뿐만 아니라 대기업에 메일을 보내서 고급 레스토랑에서 외식도 했다. 아이들이 좋아하는 모습을 떠올리며 프로포절을 써서 보냈던 것이다. 서툴렀지만 정성스러운 마음은 긍정적인 결과를 가져왔다. 사랑과 책임감이 강한 아버지의 딸로 부족함없이 자라서 늘 원하기 전에 어떤 것이든 주어졌던 외동딸은 과자를 먹어도 인원 수 만큼 정확하게 개수를 나눠야 하는 낯선 환경에 적응하면서 적게 나누어 먹던 것을 많이 나누어 먹을 수 있기를 희망했고, 더 좋은 것들로 채워주고 싶었다. 나섬의집 가족들과 지내면서 사회가 참 따뜻하고, 간절히 원하고 바라는 일은 실현된다는 것을 알게 되었다. '나섬의집'은 내가 가진 능력과 재능을 확인하게 해주었고, 내가 나를 재발견하고, 내가 살아있는 존재가치와 긍지를 확인하게 해주었다.

나의 세 가지 일

나는 다양한 일을 하고 있다. 첫 번째는 미술치료사이다. 미술치료는 내담자에게 미술을 매개로 언어로 표현하기 어려운 내면세계를 외면화하는 과정 속에서 개인의 갈등적인 심리상태나 정서상태를 파악하고, 고통스러운 기억, 억압된 경험, 즉 심리적 갈등을 창작이라는 과정을 통하여 적절히 배출되도록 하여 심리적인 갈등을 완화시키거나 병리적인 정신구조를 재통합하는 역할을 한다.

두 번째는 한국정서교육개발원 대표이사이다. 이곳에서 나는 정서교육에 필요한 프로그램 연구, 개발, 보급 및 정서교육 및 심리상담 자격증 과정 교육을 하고 있다. 미술치료 자격증 과정에서는 미술치료사의 자질을 갖추기 위해서 기본적인 인성적 자질에 대하여 점검하고, 전문적으로 해야 할 공부를 할 수 있다.

미술치료사가 되기 위해서는 기본적으로 미술치료 과정을 경험하고 미술치료에 대한 효과성에 대하여 스스로 확신을 갖는 것이 선행되어야 한다. 그리고 미술치료의 이론적 모델 및 다양한 심리이론 등에 대한 이해를 필요로 한다. 즉 끊임없이 인간에 대하여 탐구해야 하는 심리치료의 전문 분야인 것이다.

세 번째, 대학에서 외래교수로 어린이 행동발달 · 어린이 창의력발달 · 어린이 정서발달 · 아동복지론 · 아동 관찰 및 행동연구 과목을 강의하고 있다.

전문성을 더해주는 관련 자격증과 경력 쌓기

2008년에 미술치료를 시작하면서 미술치료 관련 협회와 학회 단기연수를 통해 미술치료 전문가, 색채심리치료 전문가, Solution

Color Master Therapist, Color Reading Course, 예술심리치료사 1급 등 현재 열 개의 자격증을 가지고 있다. 그리고 서울특별시립어린이병원에서 미술치료인턴을 하였으며 관련 학술연구도 진행하였다. 그리고 임상분야 및 강의경력으로는 서울지방경찰청 제1기동대 인권상담실과 과천경찰서에서 전·의경 집단·개인 미술치료 임상과 직원교육, 서울 영동초등학교·서울 대경중학교·서울 당서초등학교·서울 한서초등학교에서 학교 부적응 집단미술치료 임상, 정심여자정보산업학교(소년원)에서 비행청소년 집단미술치료 임상, 주몽종합사회복지관에서 장애아동부모 집단미술치료 임상보조, 전진상의원(호스피스 전문 의료기관)에서 호스피스병동 미술치료 임상·환자의 보호자 미술치료 임상·사별가족을 위한 미술치료 임상, 위로의 성모수녀회에서 성범죄 비행청소년 집단·개인 미술치료 임상 및 직원교육, 서울특별시유아교육진흥원에서 유·아동 미술치료 임상 및 유치원 원장님들을 대상으로 유·아동의 미술치료적 접근에 대하여 어려움을 보완하고 해결해 갈 수 있도록 자문가로서의 역할을 했다. 서대문 장애인복지관에서 장애인 집단미술치료 임상 실습지도, 성빈센트병원(전반적 발달장애)과 우만종합사회복지관(새터민가정의 아동)에서 미술치료동아리 임상 실습지도, 산성동복지회관에서 여름방학 캠프 미술활동 실습지도, 도래미 상담센터에서 미술치료 및 색채심리치료 강의, 가톨릭 신앙상담센터에서 색채심리치료 특강 등 다양한 경력을 가지고 있다.

사회복지사의 경쟁력, 자신만의 전문영역을 찾기

한 사회에서 개인과 가족은 급격한 사회의 변화를 겪으며 다양한 어려움을 경험하고 있다. 때문에 일부 전문가들은 장기적 안목으로 치료프로그램 교육이 활성화되어야 한다고 주장한다. 이렇게 인간 서비스 영역 중에서도 정신건강에 대한 중요성이 대두되면서 사회복지 전공자들뿐만 아니라 사회 전반적으로 미술·색채 심리치료에 대한 관심도 높아졌다.

미술치료는 다양한 매체를 활용하기 때문에 어린아동에서부터 노인에 이르기까지, 그리고 인지기능이 매우 낮은 대상에서부터 매우 높은 대상에 이르기까지 폭넓게 활용할 수 있으며 미술치료의 효과성은 이미 많은 사례로 확인할 수 있다. 또한 사회복지와 미술치료 분야는 일맥상통하는 부분을 가지고 있다. 예를 들면 내담자와의 신뢰가 중요하고, 문제해결과 심리적 안정감을 주는 데 노력하며, 실현가능하고 성취 가능한 목표를 설정하고 내담자와 함께 지속적으로 노력한다.

사회복지사, 미술치료사가 되기 위한 교육과정

미술치료를 공부할 때 가장 도움이 되었던 사회복지 교육과정으로는 인간행동과 사회환경 과목을 들 수 있다. 이 과목으로 인해 미술치료를 공부하는 데 필수적인 인간발달심리에 대한 접근이 생소하지 않았고, 이해도 빨랐다. 그리고 노인복지론 시간에는 노인체험을 통해 노인의 신체적 조건을 느껴보면서 '기능이 저하된 신체적인 불편함이 심리적 위축으로 이어질 수 있다'고 생각했었기 때문에 신체적인 에너지가 낮거나, 신체 기능의 역할이 저하된 내담자들이 미술치료를 받을 때 나름대로의 배려를 하기도 하였다.

사회복지사이면서 미술치료사가 되고 싶은 학생들이 가장 많이 하는 질문 중 하나는 “미술을 잘 해야 하나요?”이다. 나의 대답은 “그렇지 않다.”이다. 미술치료사는 예술가일 필요가 없다. 미술을 전공한 자는 다양한 미술재료를 경험하고, 매체를 활용하여 내면을 표현하는 방법을 알고 있는 강점이 있지만 미술치료사가 되기 위해서는 보다 많은 수련을 필요로 하다. 미술을 전공했다고 미술치료사로서 필요한 것이 모두 갖추어진 것은 아니다.

미술치료사에게 요구되는 인성은 사람됨이 바람직하여야 하고, 사회적인 지성을 갖춰야 하며, 진실하고, 신뢰할 수 있어야 하고, 내담자를 향한 온정과 관심을 유지해야 한다. 건전한 자기애를 가지고 내담자의 가치를 인정해 줌으로써 정서적 관계를 발전시키는 능력이 필요하며, 치료사는 자기분석을 끊임없이 하는 노력을 해야 한다. 아무리 좋은 기술을 습득하였다고 하더라도 치료사로서 마땅히 있어야 할 기본적인 인성이 결여되어 있다면 내담자로 하여금 더 어려운 상황을 겪게 할 수 있다. 때문에 미술치료사는 자신이 치료사로서의 역할을 할 수 있는지에 대해 자문할 필요성이 있다. 그래서 늘 자신의 목표, 정체성, 동기, 요구, 제한, 장점, 가치관, 느낌 등에 대하여 자각하고 있어야 하며, 자신이 누구이며, 무엇을 어떻게 하고 있는가에 대하여 지속적으로 슈퍼바이저의 도움을 받아 자기수련을 통해 치료사의 자질을 구비해 나아가야 한다.

마음에 품고 있었던 일을 시도하고, 실천하라

사회복지사로서 또는 미술치료사로서 자신의 미래를 꿈꾸는 후학들에게 전하고 싶은 말은 누군가를 괴롭히거나 힘들게 하는 일이 아니라면 망설이지 말고 추진해 보라고 권하고 싶다. 다른 사람을 부러워했던 것이든, 영화에서 본 한 장면이든, 이유 없이 끌리는 것이든, 그게 무엇이든지 시간이 지나도 내 마음 한 켠에 자리하고 있는 그 어떤 일을, 다른 사람의 시선을 신경쓰느라 더 미루지 말고 실천해보기를 바란다. 마음에 품고 있었던 그 일이 나를 더 배우게 하고, 나를 더 책임감 있게 하고, 내가 더 멋지게 성장하게 할 수 있게 하는 일인지도 모른다. 다시 말하면 나를 발견하기 위해서는 시도하고 도전해야 나다운 모습을 찾아갈 수 있다. 도전한 일에 대한 결과가 긍정적이지 아닐지라도 실망할 필요도 없다. 그 결과 역시 도전의 성과다. 나와 맞지 않다는 것을 알게 되는 것도 인생에서 큰 소득이다. 앞에 이야기한 '나섬의집'을 알게 된 과정에는 어떤 누구의 개입도 없었다. 마음에서만 몇 년을 망설이게 했던 그 일이 그룹홈에서 생활하는 아동 · 청소년 그리고 사회복지사들을 만나게 했고, 그곳에서의 긴 만남으로 '나섬의집' 아이들에게 필요한 도움을 주는 누나가 되고 싶어서 그 이끌림으로 공부를 시작했다. 그들과 충분히 소통했던 그 시간의 경험이 내가 지금 일을 하는 데는 너무나 큰 자원이다. 그리고 미술치료를 전공하면서 만난 호스피스 병동, 장애아동 병동, 장애아동을 둔 부모님들, 소년원, 학교 부적응 청소년 등 삶의 균형을 잃어가고 있는 분도 치료과정을 통해 스스로를 긍정적으로 평가하고 미래에 대한 희망을 느꼈으면 한다. 나는 내가 배운 것을 나누면서 더 많은 것을 배우고 있다. 그 과정에서 나는 더 균형 있는 사람이 되어가고 있는 것을 느낀다. 다시 강조해서 말하지만 나는 사람을 통해 성장했고, 사람으로 성숙해져 가고 있다. 나는 내 마음에만 두었던 일을 끊임없이 추진하고자 한다.

앞으로는 생활 속에서 많은 이들이 마음을 나누고, 의견을 공유할 수 있도록 하는 정서교육 프로그램을 구현하는 데 미술치료를 활용해 보고 싶다. 정서표현이 위축된 사람은 자기의 능력에 대하여 낮은 평가를 하는 경향이 있다. 자신을 무기력한 사람으로 판단하거나 자신의 결점에 집착하여 어떤 상황을 실제보다 더 어려운 상황으로 지각하며, 또한 어려움에 직면하면 쉽게 포기하곤 한다. 나는 자연스럽게 칭찬하고 격려하며, 꾸밈없이 자기표현을 할 수 있는 과정을 통해 자기를 긍정적으로 인식할 수 있는 정서교육 프로그램을 개발하고 보급하는 것으로 사람을 사랑하는 일을 이어 나가고 싶다.

엮은이
이홍직(강남대학교 사회복지학부 교수)
hongjiklee@kangnam.ac.kr

지은이
백소영(용인시청소년수련관 관장)
baek0509@hanmail.net

정찬희(전 서울시 서울청소년수련관 관장)
jchabel@naver.com

김미영(수원매화초등학교 학교사회복지사)
shalla99@hanmail.net

최경규(이천시노인종합복지관 관장)
kkchoi7@hanmail.net

김성국(사단법인 굿하트 대표이사)
ksg7090@nate.com

류승남(강남시니어플라자 과장)
ryuteacher@hanmail.net

이수진(의정부실버문화센터 부장)
lee2sujin@hanmail.net

고한철(탐라장애인종합복지관 직업재활팀 사회복지사)
harubangi@hanmail.net, facebook: www.facebook.com/harubangi
블로그: http://blog.daum.net/harubangi

김성현(사회복지법인 향림원, 장애인거주시설 향기로운집 원장)
ykshh1999@naver.com

임효순(해든솔직업지원센터 원장)
nclient@naver.com

강필수((한국장애인고용공단 실장)
feel@kead.or.kr

이수경(성남시 정신건강증진센터 정신보건사회복지사)
tskkpretty@naver.com

이미영(수원시 아동청소년정신건강센터 정신보건사회복지사)
suwoni-momo@hanmail.net

임은정((주)다인시엔엠 팀장)
serena_ej@naver.com

허정은(경기도여성능력개발센터 주무관)
huhje@gg.go.kr

강방글(법무부 서울남부보호관찰소 보호주사보, 이화여자대학교 사회복지전문대학원 박사과정)
papilu@hanmail.net

강성옥(오산건강가정지원센터장)
tjddhr2000@hanmail.net

공상길(신길종합사회복지관 관장)
sgkong1@hanmail.net

정흥채(강남종합사회복지관 부장)
jung9241@hanmail.net

이창훈(원광종합사회복지관 과장)
ich1110@nate.com

안옥경(구리시종합사회복지관 과장)
aoklove@lycos.co.kr

이정탁(KT&G복지재단 남부복지센터 센터장)
E-mail: ljungtak@hanmail.net

최원희(전 서울시 복지재단 사회복지사)
wonheehi@gmail.com

박일규(경기도사회복지협의회 부장)
pik1919@hanmail.net

배수문(경기도의회 도의원)
b5003002@hanmail.net

선수경(인천 중구 주민생활지원과 생활보장팀장)
sunlight24@korea.kr

전해진(광주시 남부 무한돌봄 행복나눔센터 센터장)
7seastar@hanmail.net

백경진(살만한 세상을 함께 만드는 VitaminDoer 사회복지사)
vitamin100kr@naver.com

장진숙(한국메세나협회 문화사업팀 과장)
peace785@daum.net

박모아(문화예술교육 단체 빙고믹스 문화예술교육 팀장)
moa1027@nate.com

최윤정(한국정서교육개발원 대표)
youryj@gmail.com

사회복지사를 꿈꾸는 그대에게

2013년 10월 25일 1판 1쇄 인쇄
2013년 10월 30일 1판 1쇄 발행
2015년 3월 10일 1판 2쇄 발행
2018년 4월 10일 1판 3쇄 발행
2021년 3월 10일 1판 4쇄 발행
2022년 3월 10일 1판 5쇄 발행
2023년 3월 10일 1판 6쇄 발행

엮은이 이홍직
펴낸이 최용구
펴낸곳 도서출판 신정

주 소 (04316) 서울시 용산구 원효로 89길 19 (원효로1가)
전 화 3211-4782・0266(영업부), 3211-4783(편집부), 3211-4784(팩스)
이메일 shinjeong72@naver.com
홈페이지 www.sjbook.co.kr
등 록 2001년 5월 11일 제13-702호

기획마케팅 최용구 장만동 최충구 송대용
책임편집 석기은 황가연
표 지 SDY

ISBN 978-89-5912-298-1 93330

정가 16,000원